Gertrude

Autobiographie d'Alice Toklas

*Traduit de l'anglais
par Bernard Faÿ*

Gallimard

© *Éditions Gallimard, 1934, pour la traduction française.*

PRÉFACE

Miss Gertrude Stein est le premier des grands écrivains de l'Amérique contemporaine.

Elle fut la première à s'apercevoir qu'il y a une Amérique contemporaine, que cette Amérique est différente de l'Europe et différente de l'Amérique d'hier.

Elle fut la première à vouloir écrire ce que parlait l'Amérique d'aujourd'hui et à penser ce que penserait l'Amérique de demain.

Elle est la première de ces novatrices et ces novateurs qui, à partir de 1900, ont entraîné l'Amérique littéraire et artistique en dehors des chemins frayés du xixe *siècle, de la tradition romantique et post-romantique, des survivances puritaines et du ronronnement oratoire hérité du* xviiie *siècle.*

Miss Gertrude Stein fut la première à découvrir la phrase américaine et à inventer le paragraphe américain : elle fut la première à imaginer un roman-fleuve et des poèmes magiques dans une Amérique qui oubliait Poe et qui continuait Georges Ohnet. Elle a tant inventé qu'il a fallu trente ans aux Américains pour la découvrir dans cette rue de Fleurus où elle vit depuis le début du vingtième siècle. Mais maintenant elle est fameuse. Son dernier livre a fait le tour des Etats-Unis. Il a suscité plus d'étonnement et d'enthousiasme qu'aucun autre ouvrage paru en 1933-1934. L'opéra que l'on vient de donner d'elle à New York, Quatre saints en trois actes, *a été le grand événement artistique de l'hiver. C'est pourquoi nous sommes heureux d'offrir au public français une traduction de cet ouvrage qui a permis à l'Amérique de reconnaître en Miss Stein le grand artiste créateur et novateur qu'elle a toujours été et que son pays cherchait :* l'Autobiographie d'Alice Toklas.

*Alice Toklas est la secrétaire et confidente de Gertrude Stein et l'*Autobiographie *est l'histoire de sa vie. Cette vie s'est déroulée à côté de Gertrude Stein, dans la compagnie et la contemplation de Gertrude Stein. Seule Miss Toklas pouvait parler de Gertrude Stein, car Gertrude Stein elle-même, qui est poète et romancier, ne peut point parler d'elle-même. Chacun son métier. Ce livre est donc l'*Autobiographie *d'Alice Toklas, et il émane bien de la sensibilité, de la pensée, de la sagesse d'Alice Toklas. Seulement, comme Alice Toklas est très occupée, qu'elle doit s'occuper des chiens, du jardin, des manuscrits, de la cuisine, et des mille soins de la vie quotidienne, Gertrude Stein, qui est plus libre et qui est mieux habituée à tenir la plume, a bien voulu rédiger cette* Autobiographie *de son amie, pour son amie.*
*Voilà comment Gertrude Stein est l'auteur de l'*Autobiographie d'Alice Toklas, *que j'ai eu l'honneur de traduire*[1].

Bernard Faÿ.

---

1. Il m'est aussi un agréable devoir de remercier M. Walter H. Murphey, qui m'a aidé à préparer le texte de cette édition française et à en rédiger les notes.

CHAPITRE PREMIER

Avant mon arrivée à Paris

Je suis née en Californie, à San Francisco. J'ai donc toujours préféré de vivre dans un climat tempéré, mais il est difficile, en Europe et en Amérique, de trouver un climat tempéré et d'y vivre. Le père de ma mère était un des premiers immigrants qui arrivèrent en Californie, en 1849 ; il y épousa ma grand-mère qui était très bonne musicienne. Elle était l'élève du père de Clara Schumann. Ma mère était douce et charmante ; elle se nommait Emilie.

Mon père sortait d'une famille polonaise très patriote. Son grand-oncle avait levé pour Napoléon un régiment, dont il était le colonel. Son père, aussitôt après son mariage, avait quitté sa jeune femme pour venir se battre à Paris sur les barricades, mais comme sa femme avait refusé de lui envoyer de l'argent, il avait dû rentrer chez lui où il avait mené la vie d'un propriétaire riche et bien-pensant.

Pour moi je n'ai jamais aimé la violence et j'ai toujours recherché les plaisirs du travail à l'aiguille et ceux du jardinage. J'aime les tableaux, les meubles, les tapisseries, les maisons et les fleurs ; j'aime même les légumes et les arbres fruitiers. J'aime un beau paysage, mais j'aime lui tourner le dos.

Dans mon enfance et ma jeunesse j'ai mené l'existence agréable et régulière de ma classe et de mon milieu. J'eus alors quelques aventures intellectuelles mais elles furent toujours fort tranquilles. Vers dix-neuf ans j'admirais beaucoup Henry James ; je pensais que *The Awkward Age (L'Age ingrat)* ferait une très bonne pièce de théâtre et j'écrivis à Henry James pour lui proposer d'en faire l'adaptation. Il me répondit une lettre charmante, mais ensuite, en comprenant mon insuffisance, je rougis de moi et de ma présomption ; je ne voulus même pas garder sa lettre. Peut-être pensais-je alors que je n'avais pas le droit de la conserver ; en tout cas elle a disparu.

Jusqu'à ma vingtième année la musique m'a beaucoup intéressée ; je travaillais et je m'exerçais très consciencieusement, mais arrivée à cet âge, j'ai cessé de m'y intéresser ; ma mère venait de mourir, je n'en éprouvais point de désespoir mais je n'avais pas assez d'enthousiasme pour continuer mes études musicales. Dans le récit *Ada* de son livre *Geography and Plays*, Gertrude Stein a donné une très bonne description de ce que j'étais alors.

Ensuite et durant six années environ j'eus une vie bien remplie et très agréable ; j'avais beaucoup d'amis, des plaisirs variés, des occupations intéressantes, une existence sagement pleine que je goûtais fort sans qu'elle m'excitât jamais. Elle dura jusqu'à l'incendie de San Francisco ; cette catastrophe eut pour conséquence d'amener le frère aîné de Gertrude Stein et sa femme de Paris à San Francisco et de changer ainsi tout le cours de ma vie.

Je vivais alors avec mon père et mon frère. Mon père était une nature paisible qui prenait tout paisiblement, bien qu'il eût une profonde sensibilité. Le matin du terrible incendie de San Francisco je l'éveillai pour lui dire que la ville venait d'être secouée par un tremblement de terre et était en train de brûler. « Cela va nous donner une bien mauvaise réputation dans l'Est », répondit-il en se retournant et en se remettant à dormir. Je me rappelle un jour où mon frère et un de ses camarades étaient partis se promener à cheval, un des chevaux revint sans cavalier à l'hôtel, la mère du jeune homme commençait à faire une scène terrible. « Calmez-vous, Madame, lui dit mon père, c'est peut-être mon fils qui a été tué. » Une de ses maximes, je me le rappelle, était que l'on doit toujours mettre de la bonne grâce à faire ce que l'on est obligé de faire. Il me disait aussi qu'une maîtresse de maison ne doit jamais faire d'excuses pour les maladresses ou les insuffisances du service, car il ne peut pas y avoir d'insuffisance puisqu'il y a une maîtresse de maison.

Comme je le disais, nous vivions ensemble confortablement et je n'avais aucun désir ni aucune idée précise de changer.

Mais le train-train de nos vies fut bouleversé par l'incendie ; puis l'arrivée du frère aîné de Gertrude Stein et de sa femme changèrent tout.

Mrs. Stein avait apporté avec elle trois petits tableaux de Matisse, les premiers tableaux modernes qui parurent de ce côté-ci de l'Atlantique. Je fis sa connaissance dans le brouhaha général qui suivit la catastrophe et elle me montra les tableaux, elle me décrivit sa vie de Paris. Petit à petit je me mis à dire à mon père que j'allais sans doute quitter San Francisco. Il ne s'en agita pas ; après tout, il y avait alors beaucoup de remue-ménage et beaucoup de mes amies s'en allaient. Un an plus tard j'étais partie moi aussi et j'étais à Paris. J'y fus voir madame Stein qui, entre-temps, était aussi retournée à Paris, et c'est là, chez elle, que j'ai rencontré Gertrude Stein. Sa broche de corail et sa voix firent sur moi une grande impression. Je peux dire que trois fois seulement dans ma vie j'ai rencontré des personnes de génie et chaque fois en moi une cloche a tinté en sorte que je ne pouvais m'y tromper ; et dans chacun de ces trois cas je puis dire que cet appel résonna en moi avant que l'opinion publique eût reconnu chez ces personnes le génie qu'elles possédaient. Les trois génies dont je veux parler sont Gertrude Stein, Pablo Picasso et Alfred Whitehead [1] ! J'ai rencontré beaucoup de grands personnages, j'ai vu quelques grands hommes mais je n'ai connu que trois génies et pour chacun d'eux, à leur vue, une cloche a tinté en moi. Dans aucun de ces trois cas je ne me suis trompée.

C'est ainsi que commença ma vie nouvelle, ma vie active.

---

1. Illustre savant et mathématicien anglais, maintenant professeur à l'Université Harvard. Surtout connu pour ses ouvrages sur le « Concept de Nature » et le « Principe de Relativité ».

CHAPITRE II

Mon arrivée à Paris

C'était en 1907. Gertrude Stein était en train de surveiller l'impression de *Three Lives*, dont elle faisait une édition hors commerce, et en même temps elle était plongée dans la rédaction de *The Making of Americans*, son grand roman de mille pages. Picasso venait de finir le portrait de Gertrude Stein, mais personne alors ne l'aimait, excepté le peintre et le modèle ; maintenant c'est un tableau fameux. Picasso venait aussi de commencer son tableau étrange et compliqué de trois femmes. Matisse venait de finir son *Bonheur de vivre*, sa première grande toile, celle qui le fit surnommer un « fauve ». C'était l'époque que Max Jacob a nommée depuis l'âge héroïque du cubisme. Je me rappelle avoir entendu récemment Picasso et Gertrude Stein parler de diverses choses qui étaient arrivées alors, l'un des deux disait : « Mais tout cela n'a pas pu arriver en une seule année. — Oh, répondit l'autre, vous oubliez que nous étions jeunes alors et que nous faisions des masses de choses en une année. »

Il y aurait beaucoup à dire sur tout ce qui est arrivé alors et sur tout ce qui était arrivé auparavant, mais maintenant il faut que je décrive ce que je vis à mon arrivée.

L'installation de Gertrude Stein, 27, rue de Fleurus, comprenait alors, comme maintenant, un petit pavillon à deux étages et quatre petites chambres avec une cuisine, une salle de bains et un très grand atelier attenant. Maintenant l'atelier est relié au pavillon par un petit passage-antichambre ajouté en 1914, mais alors l'atelier avait son entrée particulière, on sonnait à la porte du pavillon ou on frappait à la porte de l'atelier ; beaucoup de gens sonnaient et frappaient, mais le plus grand nombre frappaient à la porte de l'atelier. J'eus l'honneur de faire l'un et l'autre. J'avais été invitée à dîner pour le samedi soir qui était le soir où tout le monde venait ; et je puis dire que tout le monde venait vraiment. J'allai à ce dîner. Le dîner était préparé par Hélène. Il faut que je vous dise quelques mots sur Hélène.

Hélène avait déjà passé deux ans chez Gertrude Stein et son frère. Elle était une de ces bonnes à tout faire admirables qui font bien la cuisine et qui ne songent qu'à l'intérêt de leurs patrons et d'elles-mêmes, toujours convaincues que tout ce qu'elles achètent est trop cher. « Oh, mais c'est si cher », était sa réponse ordinaire. Elle ne gaspillait jamais rien et nous faisait vivre pour huit francs par jour. Elle ne voulait même pas dépasser cette somme quand nous avions des invités, elle en faisait son point d'honneur, mais bien entendu c'était difficile parce qu'il fallait aussi, pour ne point déshonorer la maison et pour obéir aux patrons, donner assez à manger à chacun. Elle était une excellente cuisinière et elle faisait très bien les soufflés. En ce temps-là la plupart des invités de Miss Stein vivaient d'une façon plus ou moins précaire, mais personne ne mourait de faim, il se trouvait toujours quelqu'un pour aider les artistes — qui, du reste, n'avaient pas la vie large. Quatre ans plus tard, quand ils commençaient tous à être connus, Braque disait avec un soupir et un sourire : « Comme la vie a changé ; maintenant nous avons tous des cuisinières qui font des soufflés. »

Hélène avait ses goûts à elle, par exemple elle n'aimait pas Matisse. Elle disait qu'un Français ne doit jamais rester manger chez des amis à l'improviste, surtout s'il a demandé auparavant au domestique ce qu'il y avait pour dîner. Elle disait que les étrangers avaient le droit de faire cela mais pas les Français, or Matisse l'avait fait une fois. Aussi, quand Miss Stein disait à Hélène : « M. Matisse reste à dîner ce soir », Hélène répondait : « Dans ce cas je ne ferai pas d'omelette mais des œufs sur le plat. Cela prend autant d'œufs et autant de beurre, mais c'est moins respectueux et il comprendra. »

Hélène est restée chez les Stein jusqu'à la fin de 1913. Alors son mari (elle s'était mariée et elle avait un petit garçon) n'a plus permis qu'elle travaillât pour les autres. A son grand regret elle (nous) a quittées et plus tard elle disait que la vie chez elle ne fut jamais aussi amusante qu'elle avait été rue de Fleurus. Beaucoup plus tard, il y a environ trois ans, elle revint passer un an chez nous, elle et son mari avaient eu des revers et l'enfant était mort. Elle était aussi gaie que jadis et tout l'intéressait. « Comme c'est drôle, disait-elle, tous ces gens que j'ai connus quand ils n'étaient rien, maintenant les journaux en parlent tout le temps et l'autre soir à la radio j'ai entendu le nom de M. Picasso. On parle même dans les journaux de M. Braque, qui accrochait pour nous les grands tableaux, parce qu'il était le plus fort de tous, pendant que le concierge enfonçait les clous, et, est-ce croyable, on met au Louvre, au Louvre, un tableau de ce pauvre petit M. Rousseau, qui était si timide qu'il n'osait même pas frapper à la porte. » Elle avait une terrible envie de revoir M. Picasso, sa femme et son fils, et pour lui, quand il vint dîner, elle mit les petits plats dans les grands : « Mais comme il a changé, dit-elle, — oui, dit-elle, mais je suppose que c'est naturel ; et puis il a un si beau fils ! » Nous pensions qu'Hélène en réalité était venue faire une inspection de la jeune génération. C'était bien cela, en somme, mais la jeune génération ne l'intéressa pas. Elle prétendit qu'ils ne lui disaient rien, ce qui leur fit beaucoup de peine, parce que la renommée d'Hélène était déjà connue de tout Paris. Au bout d'un an, comme les affaires allaient mieux et que son mari gagnait plus d'argent, elle nous quitta pour rentrer chez elle, où elle vit désormais. — Mais revenons à 1907.

Avant de parler des visiteurs de l'atelier je veux dire ce que je vis. Comme je l'ai dit, j'avais été invitée à dîner ; je sonnai donc à la porte du petit pavillon, et je fus introduite dans l'antichambre minuscule puis dans la petite salle à manger dont les murs étaient couverts de livres. Dans le seul espace qu'ils laissaient libre étaient épinglés quelques dessins de Picasso et de Matisse. Comme les autres invités n'étaient point encore arrivés, Miss Stein m'emmena dans l'atelier. Il pleut souvent à Paris et il était toujours difficile de se rendre du petit pavillon à la porte de l'atelier sous la pluie en robes du soir, mais nul n'était censé se préoccuper de telles contingences, puisque, au demeurant, elles ne préoccupaient ni les maîtres de maison ni la plupart de leurs hôtes. Nous pénétrâmes donc dans l'atelier, dont la porte s'ouvrait avec une clef Yale, la seule de cette sorte qui existât alors dans le quartier. (Ce n'était point là, du reste, souci de sécurité, car à cette époque ces tableaux n'avaient aucune valeur, mais cette clef Yale était petite et pouvait se mettre dans une bourse tandis que les clefs françaises étaient énormes.) Le long des murs étaient de lourds meubles Renaissance italienne, et, au milieu de la chambre, une table Renaissance, sur laquelle on voyait un ravissant encrier, et à une extrémité une pyramide de cahiers soigneusement empilés les uns sur les autres comme ceux dont se servent les écoliers français, avec des chromos sur la couverture représentant des tremblements de terre, des explorations, etc. Sur les murs qu'ils couvraient jusqu'au plafond étaient accrochés des tableaux. A un bout de la pièce se trouvait un grand poêle de fonte, qu'Hélène venait remplir avec un bruit de crécelle, dans un autre coin se trouvait une grande table sur laquelle étaient étalés des clous de fer à cheval, des cailloux, de petits fume-cigarette en forme de pipe, que tout le monde considérait curieusement sans les toucher, mais en somme ce n'était que les résidus accumulés des poches de Picasso et de Gertrude Stein. Mais revenons aux tableaux. Ils étaient si étranges que d'abord on regardait partout sauf de leur côté. Je viens de rafraîchir mes souvenirs en regardant des photos prises dans l'atelier à cette époque. Les chaises de l'atelier étaient aussi toutes Renaissance italienne, elles n'avaient rien de confortable pour quiconque avait les jambes courtes, et l'on prenait l'habitude de se tenir debout. Miss Stein se tenait près du poêle dans une ravissante chaise à haut dossier et elle laissait paisiblement pendre ses jambes, comme elle en avait l'habitude, et, quand un des visiteurs venait vers elle pour lui poser une question, elle se levait, quittait sa chaise et d'ordinaire répondait en français : « Pas en ce moment » ; ceci avait trait d'ordinaire à quelque chose qu'ils souhaitaient voir, des dessins qui avaient été rangés, par exemple, depuis le jour où un Allemand avait renversé de l'encre sur l'un d'eux ; ou bien encore il pouvait s'agir de tout autre désir qui ne devait point être exaucé immédiatement. Mais revenons aux tableaux. Comme je l'ai dit, ils couvraient entièrement les murs, blanchis à la chaux, et les revêtaient jusqu'au plafond, qui était fort haut. La chambre était alors éclairée par une suspension au gaz. C'était la deuxième période de l'éclairage de l'atelier ; le gaz venait d'y être installé. Auparavant il n'y avait que des lampes et le plus grand de nos hôtes avait à tenir la lampe pendant que les autres regardaient. Mais on venait d'installer le gaz et un peintre américain ingénieux, nommé Sayen, pour se reposer de la naissance de sa fille aînée, était en train d'arranger un allumage automatique pour la suspension. La propriétaire, qui était vieille et fort timorée, ne voulait point permettre que l'on posât l'électricité dans ses maisons ; et jusqu'en 1914 on ne put pas l'installer ; mais à cette époque elle était trop vieille pour s'apercevoir de la différence et son gérant accorda la permission. Mais maintenant je veux vraiment parler des tableaux.

Aujourd'hui personne ne s'étonne plus de rien, et il est difficile de donner une idée du malaise que l'on éprouvait la première fois que l'on regardait tous ces tableaux accrochés aux murs de l'atelier. En ce temps-là on y voyait des tableaux de toutes sortes ; le moment n'était pas encore venu où il n'y aurait plus que des Cézanne, des Renoir, des Matisse et des Picasso ; ni même, comme plus tard, rien que des Cézanne et des Picasso. En ce temps-là il y avait beaucoup de Matisse, de Picasso, de Renoir, de Cézanne, mais il y avait encore des toiles de beaucoup d'autres peintres. Il y avait deux Gauguin, des Mauguin, un Monticelli, un grand nu par Vallotton qui donnait l'impression de l'*Odalisque* de Manet ; seulement c'était une fausse impression ; il y avait aussi un Toulouse-Lautrec. Une fois, à cette époque, Picasso, après avoir regardé ce tableau, dans un moment d'audace s'écria : « Tout de même je peins mieux que lui. » Toulouse-Lautrec avait exercé sur lui une influence prépondérante durant sa jeunesse. Plus tard j'ai acheté un petit tableau de Picasso de cette époque. Dans l'atelier il y avait aussi un portrait de Gertrude Stein par Vallotton, qui avait l'air d'un David mais n'était pas un David, il y avait un Maurice Denis, un petit Daumier, beaucoup d'aquarelles de Cézanne ; en somme, il y avait de tout, il y avait même un petit Delacroix et un Greco un peu plus grand. Il y avait d'énormes Picasso de la période des Arlequins, il y avait deux rangées de Matisse, un grand portrait de femme par Cézanne et divers petits Cézanne ; tous ces tableaux avaient leur histoire et je la raconterai bientôt. Alors j'étais tout embrouillée, je regardais et je regardais et je m'embrouillais de plus en plus. Gertrude Stein et son frère étaient si habitués à voir leurs visiteurs dans cet état d'esprit qu'ils n'y faisaient point attention. Soudain on entendit un coup brusque à la porte de l'atelier. Gertrude Stein l'ouvrit, et un petit monsieur fringant, dont les cheveux, les yeux, le visage, les mains et les pieds semblaient frémissants de vie, entra dans la pièce. « Hallo Alfy, dit-elle, voici mademoiselle Toklas. — Comment allez-vous, mademoiselle Toklas ? » dit-il avec beaucoup de dignité. C'était Alfy Maurer, un vieil habitué de la maison. Il l'avait fréquentée avant qu'il y eût tous ces tableaux, quand il n'y avait encore que des estampes japonaises, et il était de ceux qui allumaient une allumette pour regarder un coin du portrait de Cézanne. « Bien entendu, on peut affirmer que c'est un tableau terminé, expliquait-il aux autres peintres américains qui visitaient l'atelier et regardaient la toile d'un air hésitant, on peut l'affirmer parce qu'il est encadré, personne n'aurait l'idée d'encadrer un tableau s'il n'était pas terminé. » Il avait toujours suivi le mouvement avec une humilité toujours chaleureuse, toujours sincère ; ce fut lui qui choisit le premier lot de tableaux pour la fameuse collection Barnes de Philadelphie, quelques années plus tard, avec la même chaleur et le même enthousiasme sincère. Ce fut lui qui, le jour où Barnes[1] arriva brandissant son carnet de chèques, s'écria : « Mon Dieu, ce n'est pas moi qui l'ai amené ! » Gertrude Stein, qui possède une nature explosive, entrant dans l'atelier un autre soir, y trouva son frère, Alfy et un inconnu. L'inconnu ne lui plut pas. « Qui est-ce ? dit-elle à Alfy. — Je ne l'ai pas amené, dit Alfy. — Il a l'air d'un juif, dit Gertrude Stein. — Il est pire que cela », répondit Alfy.

Mais revenons à ce premier soir. Quelques minutes après l'arrivée d'Alfy on entendit un coup violent à la porte et la voix d'Hélène qui annonçait que le dîner était servi. « C'est drôle, dit Miss Stein, Pablo est toujours l'exactitude incarnée, il n'est jamais en avance et il n'est jamais en retard, il se

---

1. M. Barnes a réuni une magnifique collection de tableaux modernes français, qu'il conserve dans sa propriété proche de Philadelphie.

vante que l'exactitude est la politesse des rois, il rend même Fernande exacte. Bien entendu, souvent il dit " oui " quand il n'a aucune intention de faire ce qu'il a promis, il ne peut pas dire " non ", non n'est pas dans son vocabulaire et il vous faut deviner si son " oui " veut dire oui ou non, mais quand il dit un " oui ", qui veut dire oui — et c'était le cas ce soir —, il est toujours exact. » C'était avant l'époque des automobiles et l'on n'était pas encore obsédé par la crainte des accidents. Nous venions de finir la soupe quand on entendit dans la cour un remue-ménage et Hélène sans attendre le coup de sonnette ouvrit la porte. Pablo et Fernande, comme tout le monde les appelait alors, entrèrent. Lui, petit, plein de vivacité mais sans agitation, ses yeux doués d'une curieuse faculté de s'ouvrir tout grands et d'engloutir ce qu'il cherchait à voir. Il avait l'isolement et les mouvements de tête d'un toréador à la tête de son équipe. Fernande était une grande et belle femme avec un chapeau énorme et magnifique et une robe toute neuve, comme on le voyait bien ; elle et lui étaient très embarrassés. « Je suis désolé, dit Pablo, vous savez bien, Gertrude, que je suis toujours à l'heure, mais Fernande avait commandé une robe pour le vernissage de demain et elle n'était pas arrivée. — Ça ne fait rien puisque vous voici, dit Miss Stein ; et, comme c'est vous, Hélène ne dira rien. » Tout le monde se rassit. J'étais à côté de Picasso qui ne disait rien et qui se calma petit à petit. Alfy se mit à complimenter Fernande qui bientôt se calma elle aussi. Au bout d'un instant je murmurai dans l'oreille de Picasso que j'aimais son portrait de Gertrude Stein. « Oui, dit-il, tout le monde prétend qu'il n'est pas ressemblant, mais ça ne fait rien, elle finira par lui ressembler. » Bientôt la conversation s'anima, on parlait de l'ouverture du Salon des Indépendants, qui était le grand événement de l'année. Tous discutaient des scandales qui allaient ou n'allaient pas y éclater. Picasso n'exposait jamais mais tous ses disciples exposaient et il y avait beaucoup d'histoires à raconter sur chaque disciple ; espoirs et craintes étaient montés à un très haut diapason.

Pendant que nous prenions le café, nous entendîmes dans la cour le piétinement de pas nombreux et Miss Stein se leva et nous dit : « Ne vous pressez pas ; je vais les faire entrer. » Et elle sortit.

Quand nous passâmes dans l'atelier il y avait déjà beaucoup de gens dans la pièce, des groupes, des isolés, et des couples, tous en train de regarder de tous leurs yeux.

Gertrude Stein était assise auprès du poêle, elle parlait et elle écoutait tour à tour, elle se levait pour ouvrir la porte et elle causait avec différents visiteurs. En général elle ouvrait la porte en prononçant la formule consacrée : « De la part de qui venez-vous ? » En principe tout le monde pouvait entrer mais, pour la forme et parce que l'on était à Paris, il fallait une formule, chacun était supposé pouvoir dire le nom de celui qui lui avait parlé de la collection. Ce n'était que pour la forme, en fait tout le monde pouvait entrer et, comme alors ces tableaux n'avaient pas de valeur et qu'il n'y avait aucun avantage social à connaître aucune des personnes présentes, ne venaient que les visiteurs sincèrement curieux de peinture. Ainsi, comme je le dis, tout le monde pouvait entrer mais il y avait une formalité. Miss Stein une fois en ouvrant la porte dit, comme elle faisait toujours : « De la part de qui venez-vous ? » Et nous entendîmes une voix attristée répondre : « Mais de la vôtre, Madame. » C'était un jeune homme que Gertrude Stein avait rencontré quelque part, avec qui elle avait eu une longue conversation et à qui elle avait fait une invitation cordiale, qu'elle avait ensuite oubliée sur-le-champ.

La pièce se remplissait très vite d'une masse de gens divers. Il y avait des Hongrois, des peintres et des écrivains, quelqu'un avait amené un Hongrois et par lui toute la Hongrie avait su l'existence de l'atelier ; il n'y avait pas de village en Hongrie, où vécût un jeune homme ambitieux, qui n'eût entendu parler du 27, rue de Fleurus, et qui ensuite ne fût obsédé du désir d'y aller ; et un grand nombre y allait. Ils étaient toujours là, il y en avait de toutes sortes et de toutes tailles, de tous les degrés de richesse et de pauvreté, quelques-uns charmants, d'autres simplement rustiques et, enfin, de temps à autre, apparaissait un jeune paysan très beau. Il y avait aussi une masse d'Allemands, mais on ne les aimait guère car ils désiraient toujours voir un dessin ou un tableau que l'on avait rangé et ils avaient l'habitude de casser les objets cassables, or Gertrude Stein a une faiblesse pour les objets cassables, elle déteste les gens qui ne font collection que d'objets incassables. Il y avait aussi un assortiment assez complet d'Américains, Mildred Aldrich de temps en temps, ou bien Sayen, l'électricien, en amenait un groupe, ou encore un peintre, parfois un étudiant en architecture venait visiter l'atelier ; il y avait aussi les habitués parmi lesquels Miss Mars et Miss Squires, que plus tard Gertrude Stein a immortalisées dans son histoire de *Miss Furr and Miss Skeene*. A ma première visite Miss Mars et moi parlâmes d'un sujet alors entièrement neuf : comment peindre son visage. Les types l'intéressaient, elle distinguait les « femmes décoratives », les « femmes d'intérieur », et les « femmes intrigantes » ; sans aucun doute, Fernande Picasso était une « femme décorative », « mais qu'était donc madame Matisse ? » « Une femme d'intérieur », répondis-je, et Miss Mars fut charmée de ma réponse. De temps en temps on entendait le rire de Picasso, éclatant, guttural et espagnol, et les joyeux éclats du contralto de Gertrude Stein ; les gens allaient et venaient, entraient et sortaient. Mademoiselle Stein me dit de m'asseoir auprès de Fernande. Fernande était une beauté mais elle était un peu pesante. Je m'assis auprès d'elle, ce fut ma première séance avec la femme d'un génie.

Avant de me décider à écrire ce livre — mes vingt-cinq ans avec Gertrude Stein — j'avais souvent dit que je voulais écrire : « Les Femmes des génies avec qui j'ai causé. » J'ai causé avec tant de femmes de génies ! J'ai causé avec des femmes, qui n'étaient point femmes, de génies, qui étaient de vrais génies. J'ai causé avec de vraies femmes de génies, qui n'était pas de vrais génies. J'ai causé avec des femmes de génies, de génies à la manque, de futurs génies, en un mot j'ai causé très souvent et très longtemps avec beaucoup de femmes de beaucoup de génies.

Comme je le disais, Fernande, qui vivait alors avec Picasso et avait vécu avec lui déjà depuis longtemps (à la vérité ils avaient vingt-quatre ans, mais ils vivaient ensemble depuis longtemps), Fernande était la première femme d'un génie avec qui j'eusse causé, et elle n'était pas la moins amusante. Nous parlâmes de chapeaux. Fernande avait deux sujets de conversation : les chapeaux, les parfums. Ce premier jour nous parlâmes de chapeaux. Elle aimait les chapeaux, elle avait le vrai point de vue français au sujet des chapeaux ; si un chapeau ne suscitait pas les plaisanteries des hommes dans la rue, ce n'était pas un chapeau réussi. Plus tard, un jour, à Montmartre, elle et moi, nous nous promenions ensemble. Elle avait un grand chapeau jaune et moi un chapeau bleu beaucoup plus petit. Comme nous marchions dans la rue, un ouvrier s'arrêta et cria : « Voilà le soleil et la lune qui se baladent ensemble. — Ah, me dit Fernande, avec un sourire radieux, vous voyez, nos chapeaux sont réussis. »

Mademoiselle Stein m'appela et me dit qu'elle voulait me présenter Matisse. Elle parlait à un homme de taille moyenne avec une barbe rousse et des lunettes. Il avait l'air très vif bien qu'un peu lourd et Miss Stein et lui échangeaient des propos pleins de sous-entendus. Quand je m'approchai j'entendis mademoiselle Stein dire : « Oui, mais ce serait plus difficile maintenant. — Nous parlions, dit-elle, d'un déjeuner que nous avons eu ici l'année dernière. Nous avions juste fini d'installer les tableaux sur les murs et nous avions invité tous les peintres. Vous savez comment sont les peintres, je voulais les rendre heureux, aussi avais-je assis chacun d'entre eux en face de son tableau, et ils étaient ravis, tellement que nous avons dû envoyer chercher du pain deux fois ; quand vous connaîtrez la France vous saurez que cela veut dire qu'ils étaient ravis ; un Français ne peut pas boire ni manger sans pain et, s'il nous fallut envoyer chercher du pain deux fois, c'est qu'ils étaient vraiment ravis. Personne ne remarqua ma petite manœuvre, sauf Matisse, et il ne la remarqua que juste en s'en allant, maintenant il me dit que c'est la preuve que je suis très rusée. » Matisse se mit à rire et dit : « Oui, je sais, mademoiselle Gertrude, le monde est un théâtre pour vous, mais il y a théâtre et théâtre ; et, quand vous m'écoutez si attentivement et si soigneusement, sans entendre un seul mot de ce que je dis, je peux affirmer que vous êtes très rusée. » Puis tous deux, comme tous les autres présents, se mirent à parler du vernissage des Indépendants, mais naturellement, moi, je ne comprenais pas de quoi il s'agissait. Mais graduellement j'ai compris et plus tard je raconterai l'histoire des tableaux, des peintres, de leurs disciples et de tout ce que signifiait cette conversation.

Plus tard je me trouvais à côté de Picasso, qui se tenait pensif dans un coin. « Pensez-vous, me dit-il, que je ressemble vraiment à votre président Lincoln ? » J'avais pensé à bien des choses ce soir-là, mais cette idée-là ne m'était pas venue. « Vous voyez, continua-t-il, Gertrude (je voudrais pouvoir exprimer cette affection franche et cette confiance entière qu'il mettait à prononcer son nom et qu'elle mettait à dire " Pablo ". Durant toute leur longue amitié avec ses incidents, ses agitations, et ses complications, ceci n'a jamais changé), Gertrude m'a montré une photographie de lui et j'ai cherché à me coiffer comme lui pour lui ressembler, je pense que mon front ressemble au sien. » Je ne savais pas s'il était sérieux ou non, mais je me montrai pleine de compréhension. Je ne savais pas alors à quel point Gertrude Stein était américaine. Elle l'est entièrement et complètement. Plus tard je l'ai souvent taquinée, l'appelant un général, un général de la Guerre de Sécession, de l'un des deux ou même des deux camps. Elle avait une série de très belles photographies de la Guerre de Sécession, et elle et Picasso passaient des heures à les regarder. Parfois ils se rappelaient soudain la guerre hispano-américaine, et Picasso devenait très espagnol et très amer ; en leurs personnes l'Espagne et l'Amérique échangeaient de dures vérités. Mais ce premier soir, où j'étais là, je ne savais rien de tout cela, j'étais polie, et voilà tout.

La soirée touchait à sa fin. Tout le monde s'en allait, et tout le monde parlait encore ; en s'en allant, on parlait encore du vernissage des Indépendants. Je partis moi aussi et j'emportai avec moi une carte d'invitation pour le vernissage. Ainsi finit cette soirée, l'une des plus importantes de ma vie.

J'allai au vernissage et j'emmenai avec moi une amie, car l'invitation que l'on m'avait donnée permettait de faire entrer une autre personne. Nous nous y rendîmes de très bonne heure ; on m'avait dit d'y aller de bonne heure, si nous voulions voir quelque chose et si nous désirions nous asseoir, or mon amie aimait s'asseoir. On avait construit un musée spécial pour cette exposition. En France on a l'habitude de construire des monuments pour une journée ou pour quelques jours et ensuite de les démolir. Le frère aîné de Gertrude Stein dit toujours que la raison secrète pourquoi la France a toujours du travail pour tout le monde et pourquoi il n'y a pas de chômage en France est que tant de Français travaillent constamment à bâtir et à démolir des monuments temporaires. La nature humaine est si permanente en France qu'ils peuvent se permettre d'être aussi temporaires qu'ils le veulent dans leurs monuments. Nous entrâmes donc dans ce musée, un édifice long, bas, je puis même dire, très très long, qui servait de musée temporaire et que l'on construisait chaque année pour les Indépendants. Quand avant la guerre, ou juste après, je ne me rappelle plus, on donna aux Indépendants une place dans un monument stable, le Grand Palais, où se tiennent les principales expositions de Paris, les Indépendants devinrent bien moins intéressants. Après tout, c'est l'aventure qui compte. Une belle lumière, la lumière de Paris, emplissait les salles basses.

Dans un temps plus ancien, beaucoup plus ancien, au temps de Seurat, le Salon des Indépendants se tenait dans un bâtiment qui ne protégeait même pas de la pluie. C'est même la raison pour laquelle le pauvre Seurat, en accrochant ses tableaux sous la pluie, attrapa le rhume qui le tua. Maintenant il ne pleuvait plus au Salon des Indépendants, c'était une belle journée, un jour de fête pour nous. Quand nous entrâmes nous étions certes de bonne heure — à peu près les premières. Nous allions d'une salle dans l'autre et, franchement, nous ne savions pas du tout lesquelles parmi toutes ces toiles passaient pour du grand art auprès des hôtes des samedis de la rue de Fleurus, et lesquelles étaient simplement l'œuvre de ces « peintres du dimanche », comme on les nomme en France, ouvriers, coiffeurs, vétérinaires et visionnaires, qui ne peignent qu'une fois par semaine, quand leur travail les laisse libres. J'ai dit que nous ne savions pas nous y reconnaître parmi ces toiles, mais peut-être, après tout, savions-nous. Mais nous ne comprenions rien à Rousseau, et il y avait un énorme Rousseau, qui constituait le principal scandale de l'Exposition, il représentait les hauts fonctionnaires de la République. Picasso le possède maintenant, mais alors nous ne pouvions pas deviner en lui l'une des grandes toiles du siècle, un tableau qui, selon l'expression d'Hélène, finirait au Louvre. Il y avait aussi là, si je me rappelle bien, un curieux tableau du même douanier Rousseau, une sorte d'apothéose de Guillaume Apollinaire avec, au second plan, une vieille Marie Laurencin, en guise de Muse. Cela non plus je n'aurais pas su le reconnaître comme une vraie œuvre d'art. A cette époque, bien entendu, je ne savais rien de Marie Laurencin ni de Guillaume Apollinaire, mais il y a beaucoup à dire à ce sujet et je le dirai plus tard. Puis nous continuâmes et nous vîmes un Matisse. Ah, alors, nous commencions à nous y reconnaître. Nous reconnaissions un Matisse au premier coup d'œil, nous le reconnaissions, nous l'aimions, nous savions que c'était là du grand art et quelque chose de beau. C'était un grand tableau de femme couchée parmi des cactus. Après la clôture du Salon, le tableau émigra rue de Fleurus. Là, un jour, le petit garçon du concierge, un enfant de cinq ans, qui venait souvent voir Gertrude Stein, parce qu'elle l'aimait bien, un jour donc qu'elle se tenait à la porte de l'atelier, le petit se jeta dans ses bras et regardant par-dessus son épaule, à la vue du tableau, s'écria dans un élan spontané : « Oh, là là ! Quel joli corps de femme ! » Miss Stein racontait toujours cette histoire quand un visiteur profane, sur le ton agressif que prennent en pareil cas les visiteurs profanes, disait en regardant ce tableau : « Et qu'est-ce que cela est censé représenter ? »

Dans la même salle que le Matisse, un peu dissimulé par une cloison, se trouvait une version hongroise du même tableau par un certain Czobel, que je me rappelais avoir vu rue de Fleurus ; c'était la bonne tradition des Indépendants de mettre un disciple violent en face du maître violent aussi, mais un peu moins violent.

Nous allâmes de salle en salle, il y avait beaucoup de salles et beaucoup de tableaux dans chaque salle, enfin nous arrivâmes à une salle centrale où il y avait un banc de jardin, et, comme il arrivait des gens, beaucoup de gens, nous nous assîmes sur le banc pour nous reposer.

Nous nous reposions et nous regardions tous les passants, car c'était bien la « vie de bohème » exactement comme nous l'avions vue dans l'opéra de ce nom, et c'était un merveilleux spectacle. Alors, soudain, quelqu'un s'approchant par-derrière plaça sa main sur notre épaule et éclata de rire. C'était Gertrude Stein. « Vous avez su vous installer superbement, dit-elle. — Mais pourquoi ? lui avons-nous demandé. — Parce que, juste devant vous, vous avez toute l'histoire. » Nous regardâmes, mais nous ne vîmes que deux grands tableaux qui paraissaient semblables, mais pas absolument semblables.

« L'un est un Braque, l'autre est un Derain », expliqua Gertrude Stein. C'était d'étranges tableaux, représentant des êtres étranges, anguleux et rigides, l'un, si je me rappelle bien, une sorte d'homme ou de femme, l'autre trois femmes. « Bien », dit-elle, toujours riant. Nous étions abasourdies, nous avions vu tant de choses étranges que nous ne savions pas pourquoi ces deux tableaux pouvaient être plus étranges que le reste. Bien vite Gertrude Stein disparut au milieu d'un groupe bruyant et excité. Nous reconnûmes Pablo Picasso et Fernande, nous pensions en reconnaître beaucoup d'autres ; en vérité notre coin semblait attirer l'attention de tous, aussi nous y restâmes, mais nous ne savions pas pourquoi tous paraissaient si excités ; au bout d'une période de temps assez longue Gertrude Stein revint, cette fois évidemment encore plus excitée et amusée. Elle se pencha au-dessus de nous et nous dit avec solennité : « Voulez-vous prendre des leçons de français ? » Nous répondîmes en hésitant : « Oui, bien entendu, nous voudrions prendre des leçons de français. — Eh bien ! Fernande vous donnera des leçons de français. Allez la trouver et dites-lui que vous êtes absolument consumées du désir de prendre des leçons de français. — Mais pourquoi nous donnerait-elle des leçons de français ? avons-nous demandé. — Parce que... oui, parce qu'elle et Pablo ont décidé de se séparer pour toujours. Je suppose que cela est déjà arrivé mais pas depuis que je les connais. Vous savez que Pablo prétend que si vous aimez une femme vous lui donnez de l'argent. Eh bien, quand vous voulez quitter une femme, il faut attendre jusqu'au jour où vous avez assez d'argent pour pouvoir lui en donner. Vollard vient de lui acheter son atelier, il peut donc se payer le luxe de se séparer d'elle, en lui donnant la moitié de ce qu'il a touché. Elle veut avoir une chambre à elle, et donner des leçons de français. — Mais qu'est-ce que cela a à voir avec ces deux tableaux ? demanda mon amie, qui voulait toujours aller au fond des choses. — Rien du tout », répondit Gertrude Stein en s'en allant avec un grand éclat de rire.

Je raconterai toute cette histoire comme je l'ai apprise plus tard, mais maintenant il me faut retrouver Fernande à qui je dois demander de prendre avec elle des leçons de français.

Je flânais et je regardais la foule, jamais je n'aurais pu

penser qu'il y avait tant d'hommes occupés à faire et à regarder des tableaux. En Amérique, même à San Francisco, j'avais été habituée à voir des femmes aux expositions de tableaux et aussi quelques hommes, mais ici, dans cette exposition, il y avait des hommes, une masse d'hommes, quelquefois des femmes avec eux mais plus souvent trois ou quatre hommes avec une femme, quelquefois cinq ou six hommes avec deux femmes. Plus tard je m'habituai à cette proportion. Dans un des groupes de cinq ou six hommes avec deux femmes je vis les Picasso, c'est-à-dire que je vis Fernande et que je reconnus son geste caractéristique, son index orné d'une bague dressé droit en l'air. Plus tard j'ai découvert qu'elle avait un index napoléonien, c'est-à-dire aussi long ou peut-être une nuance plus long que le troisième doigt, et cet index, dès qu'elle était agitée (ce qui après tout n'arrivait pas très souvent parce que Fernande était indolente) se dressait tout droit. J'attendis un instant, ne voulant pas faire irruption dans le groupe dont elle à un bout et Picasso à l'autre bout étaient les centres, car elle et lui paraissaient absorbés par la conversation, mais, enfin, faisant appel à mon courage, je m'avançai pour attirer son attention et lui dire mon désir.

« Ah, oui, dit-elle gentiment, Gertrude m'a parlé de votre désir, cela me ferait grand plaisir de vous donner des leçons à vous et à votre amie, mais ces jours-ci je vais être très prise par mon installation dans mon nouvel appartement. Gertrude vient me voir à la fin de la semaine, si vous et votre amie voulez l'accompagner, nous pourrons alors arranger cela. » Fernande parlait un français très élégant, parfois entremêlé de « montmartrois » que je trouvais difficile à suivre, mais elle avait été élevée pour être une maîtresse d'école, sa voix était charmante et elle-même elle était très belle, elle avait un teint délicieux. Elle était grande mais pas trop grande, et elle avait ces petits bras ronds qui donnent à toutes les femmes françaises leur beauté caractéristique. C'est bien dommage que les jupes courtes soient devenues une mode en France, parce qu'auparavant on n'aurait jamais pu imaginer que les femmes françaises eussent des jambes aussi athlétiques ; on connaissait seulement leurs beaux petits bras ronds. Je promis à Fernande de l'aller voir et je la quittai.

Tandis que je traversais les salles pour rejoindre mon amie

qui m'attendait sur le banc, je commençai à m'habituer non pas tant aux tableaux qu'aux gens. Je commençai à discerner entre eux une certaine uniformité de type. Bien des années plus tard, c'est-à-dire récemment, quand Juan Gris, que nous aimions tous beaucoup, mourut (il était, après Pablo Picasso, l'ami le plus cher de Gertrude Stein), j'entendis Gertrude dire à Braque, alors qu'elle et lui se trouvaient côte à côte à l'enterrement : « Mais qui sont tous ces gens ? Il y en a tant, et ils me semblent si familiers, mais je ne sais le nom d'aucun d'entre eux. — Oh, répondit Braque, ce sont tous les gens que vous voyiez au vernissage des Indépendants et au Salon d'Automne, vous voyiez leurs figures deux fois par an tous les ans, et voilà pourquoi il vous sont tous si familiers. »

Gertrude Stein et moi, dix jours plus tard, nous allâmes à Montmartre ; pour moi, c'était la première fois. Je n'ai jamais cessé d'aimer Montmartre. Nous y allons de temps en temps et j'éprouve toujours le même sentiment d'affection et d'attente que j'avais alors. C'est un endroit où vous vous tenez debout tout le temps et où vous attendez souvent, sans jamais attendre rien de précis, mais simplement pour être là debout. Les habitants de Montmartre ne s'asseyaient guère, en général ils se tenaient debout, et ils avaient raison parce que les chaises, les chaises de salle à manger de France, n'étaient guère tentantes. Ainsi je fus à Montmartre et je commençai mon apprentissage dans l'art de me tenir debout. D'abord nous allâmes voir Picasso, puis nous allâmes voir Fernande. Maintenant Picasso n'aime pas aller à Montmartre, il n'aime pas à y penser ni à en parler. Même avec Gertrude Stein il hésite à en parler, son orgueil espagnol eut, à la fin de sa vie à Montmartre, à subir de dures épreuves, son existence fut alors une succession d'amertumes et de désillusions, et il n'y a rien de plus amer qu'une désillusion espagnole.

Mais à ce moment-là il vivait à Montmartre, il *en était* et il habitait rue Ravignan.

Nous allâmes à l'Odéon et prîmes un omnibus, c'est-à-dire que nous montâmes sur l'impériale d'un omnibus, un de ces bons vieux omnibus à chevaux qui vous conduisaient assez vite et directement à travers Paris sur la butte Montmartre jusqu'à la place Blanche. Là nous laissâmes l'omnibus et nous grimpâmes par une rue très en pente, bordée de boutiques de mangeaille, la rue Lepic, puis, tournant le coin d'une rue, nous montâmes une côte encore plus raide, en fait presque à pic, et nous entrâmes dans la rue Ravignan, maintenant place Emile-Goudeau, mais autrement toujours la même, avec ses escaliers aboutissant à un petit square plat où végètent quelques gentils petits arbres, et un charpentier au travail dans un coin ; la dernière fois que j'y allai, il n'y a pas longtemps, le charpentier était toujours là dans son coin, il y avait aussi un petit café juste avant l'escalier et tout le monde mangeait à ce café, il est toujours là ; à gauche se trouvait un bâtiment bas, en bois, des ateliers, qui sont toujours là.

Nous montâmes quelques marches et nous franchîmes la porte ouverte, laissant à notre gauche l'atelier où plus tard Juan Gris devait vivre sa vie de martyr, mais où vivait alors un certain Vaillant, un vague peintre, qui devait prêter son atelier comme vestiaire pour dames le jour du fameux banquet pour Rousseau ; ensuite nous dépassâmes un escalier très raide qui descendait à la maison où un peu plus tard Max Jacob eut son atelier ; nous dépassâmes aussi un autre petit escalier-échelle qui conduisait à l'atelier où peu de temps auparavant un jeune homme s'était suicidé. (Picasso peignit à cette occasion une des plus étonnantes de ses premières toiles : les amis du jeune homme autour de sa bière.) Nous laissâmes derrière nous tout cela et allâmes frapper à une grande porte, que Picasso ouvrit pour nous. Puis nous entrâmes.

Il était habillé de ce que les Français appellent « un singe », une salopette de coton bleue ou brune, je pense que la sienne était bleue ; on l'appelle un « singe » parce que c'est fait d'une seule pièce avec une ceinture, et si la ceinture n'est pas attachée, ce qui arrive souvent, elle pend par-derrière et on a l'air d'un singe. Ses yeux étaient les plus beaux que j'eusse jamais vus, ils étaient dévorants et bruns. Et ses mains étaient brunes, délicates et vives. Nous nous avançâmes dans la pièce. Il y avait dans un coin un canapé, un très petit poêle qui servait pour la cuisine et le chauffage dans un autre coin, quelques chaises, une grande chaise cassée sur laquelle Gertrude Stein était assise quand Picasso fit son portrait ; une odeur de chien et de peinture régnait dans la pièce ; il y avait un grand chien que Picasso déplaçait comme s'il avait été un meuble encombrant. Picasso nous invita à nous asseoir, mais, comme toutes les chaises étaient occupées, nous restâmes debout, et ce fut ainsi durant toute notre visite. C'était la première fois que j'avais à me tenir debout, mais ensuite j'ai vu qu'eux tous se tenaient debout pendant des heures. Contre le mur il y avait un énorme tableau, une étrange masse de lumière et de couleurs sombres, c'est du moins tout ce que je peux dire d'un groupe, un énorme groupe, à côté duquel se trouvait un autre tableau rouge-brun, trois femmes carrées et figées en de grands gestes, plutôt effrayantes elles aussi. Picasso et Gertrude se mirent à causer debout. Un peu en arrière je me taisais et je regardais. Je ne peux dire que je comprenais, mais je sentais dans cette atmosphère quelque chose de douloureux et de beau, quelque chose de dominateur et de prisonnier. J'entendis Gertrude Stein dire : « Et le mien ? » Sur ce, Picasso apporta un tableau plus petit, un tableau point fini mais impossible à finir, très pâle, presque blanc, deux personnages, complets en somme, mais pas finis et impossibles à finir. Picasso dit : « Mais il ne l'acceptera jamais. — Oui, je sais, répondit Gertrude Stein. Tout de même, c'est le seul où il y ait *tout*. — Oui, je sais », répondit-il, et ils se turent. Ensuite ils continuèrent une conversation à voix basse, et enfin mademoiselle Stein dit : « Maintenant il faut que nous partions, nous allons prendre le thé avec Fernande. — Oui, je sais, répondit Picasso. — La voyez-vous souvent ? » demanda-t-elle, et il devint très rouge et prit un air penaud. « Je n'y suis jamais allé », dit-il de mauvaise humeur. Gertrude Stein eut un fou rire, puis elle dit : « Enfin, peu importe, nous allons chez elle, et Miss Toklas va prendre des leçons de français avec elle. — Ah ! la Miss Toklas, dit-il, celle qui a de petits pieds comme une Espagnole, des boucles d'oreilles comme une bohémienne, et dont le père est roi en Pologne comme les Poniatowski ; bien entendu, elle va prendre des leçons de français. » Nous nous mîmes tous à rire, et nous approchâmes de la porte. En l'ouvrant nous nous trouvâmes face à face avec un homme d'une grande beauté. « Oh, Agero, dit Picasso, vous connaissez ces dames ? — Il a l'air d'un Greco », dis-je en anglais. Picasso, qui avait entendu ce nom au passage, reprit : « Un faux Greco. » « Oh ! j'oubliais de vous les donner, dit Gertrude Stein, en tendant à Picasso un paquet de journaux, ils vous consoleront. » Il les ouvrit. C'étaient les suppléments du dimanche des journaux américains, avec leurs dessins comiques. « Oh oui ! Oh oui ! s'écria-il, le visage illuminé de plaisir. Merci, Gertrude. » Et nous partîmes.

Nous nous en allâmes et continuâmes à monter de plus en plus haut sur la colline. « Qu'avez-vous pensé de ce que vous avez vu ? me demanda Miss Stein. — Oh ! j'ai vu quelque chose qui en valait la peine. — Vous pouvez le dire, reprit Gertrude Stein, mais avez-vous compris ce que cela avait à voir avec les deux tableaux que vous avez vus et devant lesquels vous avez passé tant de temps l'autre jour au vernissage ? — J'ai seulement vu que les Picasso étaient plutôt terrifiants, tandis que les deux tableaux du vernissage ne l'étaient pas. — Bien entendu, dit-elle ; Pablo un jour me le disait : quand vous faites quelque chose, faire est si compliqué qu'on ne peut pas s'empêcher de faire laid ; mais ceux qui après vous recommencent, ceux qui imitent ce que vous avez fait, eux ils n'ont pas à chercher à faire, ils peuvent donc faire joli ; ainsi tout le monde peut aimer ce que je fais, quand ce sont les autres qui le font. »

Nous continuâmes notre marche, nous tournâmes au coin d'une petite route, où il y avait une petite maison et nous demandâmes au concierge où était mademoiselle Bellevallée ; on nous dit de prendre un petit corridor, au bout duquel était une porte. Nous frappâmes et entrâmes dans une chambre de dimensions moyennes qui contenait un très grand lit, un piano, une petite table à thé, Fernande et deux autres dames. L'une d'elles était Alice Princet. Elle avait l'air d'une Madone, avec ses grands yeux doux et sa chevelure charmante. Fernande nous expliqua ensuite qu'elle était la fille d'un ouvrier et qu'elle avait les pouces épais qui sont caractéristiques des ouvriers. Elle avait été, selon le récit de Fernande, sept années avec Princet qui était un fonctionnaire, et elle lui avait été fidèle, à la façon de Montmartre, c'est-à-dire qu'elle ne l'avait jamais abandonné durant ses maladies et ses difficultés, mais elle s'était amusée de-ci de-là entre-temps. Maintenant ils allaient se marier. Princet était devenu chef de bureau dans l'administration, peu importante du reste, où il travaillait, et il allait lui être nécessaire de recevoir chez lui ses collègues,

Prophétie de Pablo

ainsi il était obligé de régulariser leurs relations. Quelques mois plus tard en effet ils se marièrent, et c'est à propos de ce mariage que Max Jacob fit sa fameuse remarque : « Il est merveilleux de désirer une femme pendant sept ans et de la posséder enfin. » Picasso fit à ce sujet une autre remarque plus pratique : « Pourquoi se donner la peine de se marier, simplement pour divorcer ensuite ? » C'était une prophétie.

A peine furent-ils mariés qu'Alice Princet rencontra Derain et Derain rencontra Alice Princet. Ce fut ce que l'on nomme en français un coup de foudre. Tout de suite ils furent toqués l'un de l'autre. Princet tâcha de fermer les yeux mais il avait épousé Alice et désormais leur situation était différente. Et puis il était furieux pour la première fois de sa vie et dans sa fureur il déchira le manteau de fourrure d'Alice, le premier qu'elle eût possédé, celui qu'elle avait acheté pour le mariage. Après cela tout fut fini entre eux, et, six mois après leur mariage, Alice quitta Princet pour toujours. Elle et Derain partirent ensemble, et, depuis, ils ne se sont jamais séparés, j'ai toujours aimé Alice Derain. Elle a un air sauvage qui, peut-être, tient à ses pouces épais et qui s'accorde mystérieusement avec sa figure de Madone.

L'autre femme était Germaine Pichot, un tout autre type. C'était une femme paisible, sérieuse, Espagnole, aux épaules carrées et au regard fixe des femmes d'Espagne. Elle était très agréable. Elle était mariée à un peintre espagnol, Pichot, personnage curieux et admirable : il était long et mince comme un de ces Christs primitifs que l'on trouve dans les églises d'Espagne, et quand il dansait une danse espagnole (comme il le fit au fameux banquet de Rousseau), il respirait et inspirait la ferveur religieuse.

Germaine, à en croire Fernande, était l'héroïne de beaucoup d'histoires curieuses, une fois elle avait emmené à l'hôpital un jeune homme qu'elle ne connaissait pas, mais qui avait été blessé près d'elle à un concert au cours d'une manifestation et que tous ses amis avaient abandonné. Germaine, sans hésiter, s'occupa de lui jusqu'au bout. Elle avait beaucoup de sœurs, qui étaient nées et avaient été élevées comme elle, à Montmartre, chacune avait un père différent et avait épousé chacune un mari d'une nationalité différente, y compris un Turc et un Arménien. Germaine, par la suite, fut très malade et autour d'elle se groupait une coterie fidèle. Ils l'emmenaient au cinéma dans son fauteuil et ils assistaient au spectacle, elle dans son fauteuil, eux autour d'elle. Cela se passait régulièrement une fois par semaine. J'imagine que cela se passe toujours.

La conversation autour de la table à thé de Fernande n'était pas animée, personne n'avait rien à dire. C'était un plaisir d'être là, c'était même un honneur, mais voilà tout. Fernande se plaignit de la bonne qui n'avait pas bien rincé et essuyé le service à thé, et aussi des inconvénients qu'il y avait à acheter à crédit un piano et un lit. Pour le reste personne d'entre nous n'avait rien à dire.

Enfin elle et moi nous fîmes nos arrangements pour les leçons de français, je payerais deux francs cinquante l'heure et elle viendrait me voir le surlendemain pour commencer. Tout à fait à la fin de la visite on se sentait un peu plus à l'aise. Fernande demanda à Miss Stein s'il lui restait encore quelques-uns des suppléments comiques des journaux américains. Gertrude Stein répondit qu'elle venait de les donner à Pablo.

A ces mots, Fernande se dressa comme une lionne qui défend ses petits. « Oh, c'est une grossièreté que je ne lui pardonnerai jamais, dit-elle. Je l'ai rencontré dans la rue, il avait un supplément comique à la main, je lui ai demandé de me le donner pour m'aider à me distraire, et il me l'a brutalement refusé. C'est un acte de cruauté que je ne lui pardonnerai jamais. Je vous le demande, Gertrude, la prochaine fois que vous recevrez des suppléments comiques, je vous en prie, donnez-les-moi. » Gertrude Stein répondit : « Mais oui, certainement, avec plaisir. »

En sortant elle me dit : « J'espère qu'ils seront de nouveau en ménage avant l'arrivée des prochains suppléments comiques, parce que si je ne les donne pas à Pablo, il en sera bouleversé et si je les donne à Pablo, Fernande se déchaînera. Il faudra que je les perde ou que je les fasse donner à Pablo par mon frère, par erreur. »

Fernande vint très exactement au rendez-vous et nous commençâmes notre leçon. Bien entendu, pour une leçon de français il faut causer et Fernande avait trois sujets : les chapeaux (mais nous n'avions pas beaucoup de commentaires à faire sur les chapeaux), les parfums (là, nous avions des choses à dire. Les parfums étaient le grand luxe de Fernande. Elle avait scandalisé tout Montmartre parce que, une fois, elle avait acheté un flacon de parfum nommé « Fumée » et avait payé quatre-vingts francs pour le flacon — quatre-vingts francs-or — et le parfum n'avait aucune odeur ; mais quelle merveilleuse couleur, on aurait dit de la vraie fumée liquide en bouteille). Son troisième sujet de conversation était les différentes sortes de fourrures. Selon elle, il y avait trois sortes de fourrures : la première catégorie, martre, zibeline ; la seconde catégorie, hermine et chinchilla ; la troisième catégorie, renard et écureuil. C'était la chose la plus curieuse que j'eusse entendue à Paris. J'étais abasourdie, le chinchilla classé second, l'écureuil classé fourrure, et aucune mention du phoque ! Notre seul autre sujet de conversation était la description et les noms des chiens qui étaient alors à la mode. C'était mon sujet préféré ; quand je lui avais fait la description d'un chien, elle hésitait toujours un peu. « Oh, oui, disait-elle avec une soudaine illumination, vous voulez décrire un de ces petits chiens belges que l'on appelle griffons. »

Ainsi nous causions, elle était très belle, mais c'était un peu monotone, et je suggérai que nous nous retrouvions quelque part au-dehors, dans un thé ou bien que nous nous promenions ensemble à Montmartre. C'était une bonne idée. Elle commença à me raconter des histoires. Je rencontrai Max Jacob. Fernande et lui étaient très drôles à voir ensemble. Ils se considéraient comme un couple élégant du premier Empire, lui le vieux marquis qui baisait la main de sa belle et lui faisait la cour, elle l'impératrice Joséphine, qui daignait le recevoir. C'était une caricature, mais une bien jolie caricature. Puis Fernande me parla d'une femme mystérieuse et terrible, nommée Marie Laurencin, qui poussait des cris comme un animal et poursuivait Picasso. Elle m'apparaissait comme une hideuse vieille sorcière, et je fus charmée quand je rencontrai la jeune et élégante Marie, qui ressemblait à un Clouet. Max Jacob me dit mon horoscope ; c'était un grand honneur, parce qu'il le mit par écrit. Je ne me rendis pas compte alors de la faveur qu'il me faisait, mais, depuis, et tout récemment, j'ai constaté à quel point tous les jeunes gens qui admirent tant Max sont étonnés et impressionnés d'apprendre qu'il mit mon horoscope par écrit, alors qu'il n'est jamais supposé faire rien autre que le dire, mais point l'écrire. Quoi qu'il en soit, j'ai mon horoscope, tout au long, par écrit.

Fernande me raconta aussi beaucoup d'histoires sur Van Dongen, sa femme, qui venait de Hollande, et sa fille, Hollandaise elle aussi. Van Dongen se rendit fameux grâce à un portrait qu'il fit de Fernande. C'est alors et ainsi qu'il créa ce type de femmes aux yeux en amande qui fut ensuite si fort à la mode. Mais les yeux en amande de Fernande étaient naturels, comme tout en elle était naturel, y compris le bien et le mal.

Bien entendu Van Dongen ne voulait pas admettre que son tableau fût un portrait de Fernande, mais elle avait posé pour lui quand il peignait cette toile, et il en résultait entre eux beaucoup d'aigreur. Van Dongen était alors fort pauvre, et sa femme, une Hollandaise, était une végétarienne, elle ne se nourrissait que d'épinards. Van Dongen, souvent, fuyant les épinards, se réfugiait dans un petit caboulot de Montmartre, où les filles lui donnaient à boire et à manger.

La petite fille de Van Dongen n'avait que quatre ans, mais elle était terrible. Van Dongen lui faisait faire des acrobaties, et la faisait tournoyer autour de sa tête en la tenant par une jambe ; quand elle embrassait Picasso, qu'elle aimait beaucoup, elle le mettait presque en pièces. Elle lui faisait grand-peur.

Il y avait encore bien d'autres histoires sur Germaine Pichot et le Cirque où elle découvrait ses amants, et il y avait une masse d'histoires sur le passé et le présent de Montmartre. Enfin Fernande avait un idéal, c'était Evelyn Thaw[1], l'héroïne du moment. Fernande l'adorait comme une génération plus jeune devait adorer Mary Pickford ; elle était si blonde, si pâle, si irréelle, et Fernande poussait un profond soupir d'admiration.

Quand je revis Gertrude Stein, elle me dit brusquement : « Fernande porte-t-elle ses boucles d'oreilles ? — Je ne sais pas, répondis-je. — Voulez-vous regarder ? » me demanda-

---

1. Actrice américaine fameuse pour sa rare beauté et l'éclatant scandale auquel est lié son nom. Son mari, Harry Thaw, assassina par jalousie le fameux architecte Stanford White.

t-elle. La première fois que je revis Gertrude Stein, je lui dis : « Oui, Fernande porte ses boucles d'oreilles. — Bien, dit-elle, en ce cas il n'y a encore rien à faire ; c'est assommant, parce que Pablo, qui n'a personne avec lui, ne peut pas rester chez lui. » La semaine suivante je fus heureuse d'annoncer que Fernande ne portait plus ses boucles d'oreilles. « Très bien alors, c'est qu'elle est à court d'argent, et la querelle est finie », me dit Gertrude Stein. Elle avait raison. Une semaine plus tard je dînai avec Fernande et Pablo Picasso rue de Fleurus.

Je donnai à Fernande une robe chinoise de San Francisco, et Pablo me donna un dessin ravissant.

Maintenant je vais vous raconter comment deux Américaines se trouvèrent au cœur d'un mouvement artistique dont personne au-dehors, à ce moment-là, ne connaissait rien.

CHAPITRE III

Gertrude Stein à Paris (1903-1907)

Durant les deux dernières années que Gertrude Stein passa à l'Ecole de Médecine de Johns Hopkins, à Baltimore (1900-1903), son frère vivait à Florence. Là il entendit parler d'un peintre nommé Cézanne, et il vit des toiles de ce peintre que possédait Charles Lœsser. Quand lui et sa sœur s'installèrent à Paris l'année suivante, ils allèrent chez Vollard, le seul marchand de tableaux qui eût des Cézanne, afin de les regarder.

Vollard était un grand homme noir qui bégayait un peu. Son magasin était rue Laffitte, pas loin du Boulevard. Un peu plus loin dans cette rue, qui n'était pas longue, se trouvait Durand-Ruel, et encore un peu plus loin, presque contre l'église des Martyrs se trouvait Sagot, l'ancien clown. Au-delà, à Montmartre, rue Victor-Massé, mademoiselle Weill vendait à la fois des tableaux, des livres et faisait la brocante ; à l'autre bout de Paris, rue du Faubourg-Saint-Honoré, était installé l'ancien restaurateur et photographe Druet. Il y avait aussi rue Laffitte le confiseur Fouquet, chez qui l'on pouvait se réconforter en mangeant des gâteaux au miel et des petits fours à la noix, parfois même au lieu d'acheter un tableau chez Vollard, on s'offrait chez Fouquet un pot de confiture de fraises.

La première visite à Vollard a laissé à Gertrude Stein une impression inoubliable. C'était un endroit incroyable. Cela ne ressemblait point du tout à une galerie de tableaux. En entrant on voyait quelques toiles le nez tourné au mur, dans un coin une pile de toiles, petites et grandes, accumulées pêle-mêle l'une sur l'autre, et au milieu de la pièce se tenait un grand homme noir, plein de mélancolie. C'était Vollard, gai. Quand il était vraiment maussade, il appuyait sa lourde silhouette contre la porte vitrée de son magasin qui donnait sur la rue ; étendant ses bras au-dessus de sa tête, il accrochait ses mains aux deux coins supérieurs du chambranle et il fixait la rue de ses yeux sombres. Alors personne ne songeait à essayer de pénétrer chez lui.

Les Stein demandèrent à voir des Cézanne. Vollard prit un air moins lugubre et devint fort poli. Comme ils le découvrirent ensuite, Cézanne était la grande aventure de la vie de Vollard. Le nom de Cézanne était pour lui un mot magique. Le peintre Pissarro lui avait le premier parlé de Cézanne. Et du reste c'était Pissarro qui avait révélé Cézanne à tous ses premiers admirateurs. Cézanne vivait alors chichement et amèrement à Aix-en-Provence. Pissarro parla de lui à Vollard, et à Fabbri, un Florentin, qui en parla à Lœsser ; il en parla à Picabia, en fait il en parla à tous ceux qui connurent Cézanne à cette époque.

On pouvait voir des Cézanne chez Vollard. Plus tard Gertrude Stein écrivit un poème intitulé : *Vollard and Cézanne*, et Henry MacBride [1] le publia dans le *New York Sun*. Ce fut la première poésie de Gertrude Stein qui fut publiée, et Vollard et elle en furent très heureux. Plus tard Vollard écrivit son livre sur Cézanne. Sur le conseil de Gertrude Stein, il en envoya un exemplaire à Henry MacBride. Elle dit à Vollard que des pages entières des grands quotidiens de New York seraient consacrées à son livre. Il ne crut pas que ce fût possible, car jamais rien de semblable n'était arrivé à Paris. Mais cela arriva à New York, et Vollard en fut tout ému et ravi. Mais revenons à cette première visite.

Les Stein dirent à M. Vollard qu'ils voulaient voir des paysages de Cézanne, et qu'ils lui étaient adressés par M. Lœsser de Florence. « Ah oui », dit Vollard, d'un air guilleret, et il se mit à circuler dans la pièce ; puis il disparut derrière une cloison qui se trouvait au fond de la boutique, et on l'entendit monter lourdement un escalier. Après assez long-

---

1. Critique d'art et journaliste fameux aux Etats-Unis, qui a beaucoup contribué à répandre dans le public américain le goût de la peinture moderne.

temps il revint, tenant à la main une petite toile qui représentait une pomme, mais la majeure partie du tableau n'était pas peinte. Tous trois examinèrent le tableau avec grand soin. « Seulement, voyez-vous, dirent-ils, ce que nous voulions voir, c'était un paysage. — Ah oui », soupira Vollard, et il prit un air encore plus guilleret. Au bout d'un instant il disparut de nouveau, et cette fois revint avec un tableau, qui représentait un dos ; c'était une toile magnifique sans aucun doute, mais le frère et la sœur n'en étaient pas encore à comprendre bien les nus de Cézanne et ils revinrent à la charge. Ils demandèrent à voir un paysage. Cette fois, après une pause encore plus longue, Vollard revint avec une très grande toile sur laquelle était peinte un très petit fragment de paysage. « Oui, c'était bien cela qu'ils voulaient, dirent-ils, un paysage, mais ils souhaitaient une toile plus petite qui fût entièrement couverte de peinture. « C'est quelque chose comme cela, dirent-ils, que nous désirerions voir. » Pendant ce temps, la nuit, qui tombe tôt l'hiver à Paris, était venue, et, à ce moment, une vieille femme de charge descendit l'escalier du fond ; en s'en allant, elle murmura : « Bonsoir, Monsieur, bonsoir, Madame », et elle sortit sans bruit ; puis, au bout d'un instant, une autre vieille femme de charge descendit le même escalier, susurra : « Bonsoir, Messieurs et Dames », et disparut silencieusement par la porte. Gertrude Stein éclata de rire et dit à son frère : « C'est une plaisanterie, il n'y a pas de Cézanne. Vollard monte là-haut, et il dit à ces vieilles femmes ce qu'il faut peindre, il ne nous comprend pas, et nous ne le comprenons pas, elles peignent vite quelque chose, et il nous l'apporte, et c'est un Cézanne. » L'un et l'autre furent alors pris d'un insurmontable fou rire. Au bout de quelque temps ils se calmèrent et une fois de plus expliquèrent qu'ils voulaient voir un paysage de Cézanne. Ils expliquèrent que ce qu'ils voulaient voir c'était un de ces merveilleux paysages jaunes d'Aix tels que Lœsser en possédait plusieurs. Une fois de plus Vollard sortit et cette fois il revint avec un merveilleux petit paysage vert. C'était ravissant, cela couvrait la toile entière, et cela ne coûtait pas très cher. Ils l'achetèrent tout de suite. Plus tard Vollard expliqua à tout le monde qu'il avait reçu la visite de deux Américains toqués, qui riaient tout le temps ; ça l'avait beaucoup agacé, mais à la fin il découvrit que plus ils riaient plus ils achetaient, alors il s'était mis à attendre qu'ils rient pour leur vendre quelque chose.

A partir de ce jour ils allèrent chez Vollard tout le temps. Ils eurent bientôt le privilège de renverser la pile de toiles qui était dans le coin et d'y chercher ce qui leur plaisait. Ils achetèrent un tout petit Daumier, une tête de vieille femme. Ils commencèrent à s'intéresser aux nus de Cézanne et enfin ils achetèrent deux petits groupes de nus par Cézanne. Ils trouvèrent un tout petit Monet, peint en noir et blanc avec Forain au premier plan et ils l'achetèrent, ils dénichèrent aussi deux minuscules Renoir. Souvent ils achetaient les tableaux par deux, car d'ordinaire le frère et la sœur avaient des préférences différentes. Ainsi s'écoula l'année. Au printemps Vollard annonça une exposition de Gauguin et ils virent pour la première fois des Gauguin. C'était quelque chose d'assez horrible, mais à la fin ils les aimèrent, et ils achetèrent deux Gauguin. Gertrude Stein aimait ses soleils, mais pas ses personnages, et son frère préférait les personnages. Tous ces achats semblent des extravagances, mais alors ces tableaux ne coûtaient pas cher. Ainsi passa l'hiver.

Il y avait assez peu de gens qui fréquentaient chez Vollard, mais une fois Gertrude Stein entendit une conversation qui la charma. Druet était alors un personnage parisien bien connu. Il était très vieux, mais il était resté très bel homme. Il avait été un ami de Whistler. Whistler l'avait peint en tenue de soirée avec une cape d'opéra blanche sur le bras. Un jour, il se trouvait chez Vollard, discourant au milieu d'un cercle d'hommes plus jeunes : Roussel, un des Vollard, Bonnard, enfin tout le groupe post-impressionniste ; et Bonnard se mit à se plaindre de l'obscurité dans laquelle le public les laissait, lui et ses amis : « On ne leur donnait même pas un coin au Salon. » Druet le regarda gentiment et lui dit : « Mon jeune ami, il y a deux sortes d'art, ne l'oubliez jamais ; il y a l'*art* et il y a l'*art officiel.* Comment pouvez-vous espérer, mon pauvre jeune ami, être un artiste officiel ? Mais regardez-vous. Supposez qu'un important personnage vienne en France, qu'il veuille rencontrer les peintres en vue et faire faire son portrait. Mon cher jeune ami, mais regardez-vous ; rien qu'à vous voir il serait épouvanté. Vous êtes un très gentil garçon, aimable et intelligent, mais, pour ce personnage important, vous ne seriez pas cela du tout, vous l'épouvanteriez. Non, comme peintre officiel, il leur faut un homme de taille moyenne, un peu fort, pas trop bien habillé, mais habillé comme on s'habille dans ce milieu-là, ni chauve ni trop bien peigné, capable d'allonger un beau salut bien respectueux. Vous voyez bien que vous ne feriez pas du tout l'affaire. Donc ne dites jamais un mot de plus à ce sujet, ne rêvez pas d'être un officiel, ou, si vous y rêvez, regardez-vous dans la glace et pensez aux gens influents. Non, non, mon cher ami, il y a l'*art* et il y a l'*art officiel*, cela a toujours été ainsi et cela sera toujours ainsi. »

Avant la fin de l'hiver Gertrude Stein et son frère, emportés par leur bel élan, décidèrent d'aller jusqu'au bout. Ils décidèrent d'acheter un grand Cézanne. Ensuite ce serait fini. Ensuite ils seraient raisonnables. Ils convainquirent leur frère aîné que cette dernière extravagance était nécessaire, et cela était nécessaire en effet, comme on le verra bientôt clairement. Ils dirent à Vollard qu'ils voulaient acheter un portrait par Cézanne. A cette époque pratiquement aucun grand portrait de Cézanne n'avait été vendu. Vollard les possédait presque tous. Il fut tout à fait ravi de cette décision. Et il les fit pénétrer dans la pièce du premier, celle où l'on montait par l'escalier dérobé, et où Gertrude Stein avait affirmé que les vieilles femmes de charge se réunissaient pour peindre des Cézanne. Là ils passèrent des jours à discuter et à choisir le portrait de Cézanne qu'ils achèteraient. Il y en avait une huitaine environ parmi lesquels on pouvait choisir, et le choix était difficile. Il leur fallait souvent sortir et se réconforter chez Fouquet en mangeant des gâteaux au miel. Enfin ils n'hésitaient plus qu'entre deux toiles, un portrait d'homme et un portrait de femme, mais cette fois ils ne pouvaient point s'offrir le luxe d'acheter les deux et enfin ils choisirent le portrait de femme.

Vollard disait : « Bien entendu, d'ordinaire, un portrait de femme coûte toujours plus cher qu'un portrait d'homme, mais, ajoutait-il en considérant la toile avec beaucoup d'attention, je suppose qu'avec Cézanne ça n'a pas d'importance ». Ils le chargèrent dans une voiture et ils l'emportèrent chez eux. C'est ce tableau qui faisait dire à Alfy Maurer que l'on pouvait affirmer qu'il était fini, entièrement fini, parce qu'il avait un cadre.

→ Cézanne

Cet achat eut de l'importance, parce que Gertrude Stein ne cessa de regarder le tableau tandis qu'elle écrivait *Three Lives (Trois Vies)*.

Elle avait commencé peu de temps auparavant, comme un exercice de littérature, une traduction des *Trois Contes* de Flaubert. Puis elle avait acheté le Cézanne et elle s'était mise à le regarder, et, stimulée par cette contemplation, elle avait écrit *Three Lives*.

L'automne amena leur deuxième grande décision. C'était la première année du Salon d'Automne, le premier Salon d'Automne qui eût jamais été tenu à Paris, et ils s'y rendirent avec beaucoup de curiosité et d'impatience. Ils y virent le tableau de Matisse, connu ensuite sous le nom de *La Femme au chapeau*.

Le premier Salon d'Automne marque le début du succès public et officiel des peintres qui exposaient auparavant aux Indépendants. Leurs toiles allaient cette fois être exposées dans le Petit Palais, en face du Grand Palais où se tenait le Salon de Printemps, le « Salon ». C'est-à-dire que ceux parmi les Fauves et les Indépendants qui avaient obtenu déjà une réputation et dont les toiles se trouvaient en vente chez les bons marchands de tableaux allaient être exposés au Salon d'Automne. C'est eux qui, de connivence avec quelques révoltés du vieux « Salon », avaient créé le « Salon d'Automne ».

L'exposition avait beaucoup de verdeur mais rien d'inquiétant. Elle contenait un grand nombre de tableaux très jolis, et aussi un tableau qui n'était pas joli. Cela mit le public en fureur, et on tâcha de le lacérer.

Ce tableau plaisait à Gertrude Stein, c'était le portrait d'une femme avec un visage allongé et un éventail. C'était d'une couleur et d'une anatomie très étranges. Elle dit qu'elle voulait l'acheter. Son frère, pendant ce temps, avait trouvé une femme en blanc sur un gazon vert qu'il voulait acheter. Aussi, comme d'ordinaire, ils décidèrent d'acheter deux tableaux en même temps et ils se rendirent dans le bureau du secrétaire du Salon pour s'enquérir des prix. Ils n'avaient jamais pénétré dans la petite pièce qu'occupe un secrétaire de Salon, et c'était une aventure amusante pour eux. Le secrétaire regarda les prix dans son catalogue. Gertrude Stein a oublié le numéro, le prix et même le nom du peintre du tableau qui représentait la femme en blanc avec un chien sur un gazon vert, mais le Matisse coûtait cinq cents francs. Le secrétaire expliqua que, bien entendu, personne ne payait le prix demandé par l'artiste, mais que l'on faisait une contre-proposition. Ils lui demandèrent quelle somme ils devaient offrir. Il leur demanda à son tour combien ils étaient disposés à payer. Ils répondirent qu'ils ne savaient pas. Il suggéra qu'ils offrissent quatre cents francs et il leur promit de leur faire tenir la réponse. Ils acquiescèrent et se retirèrent.

Le lendemain ils reçurent un mot du secrétaire pour leur dire que monsieur Matisse avait refusé leur offre et pour leur demander ce qu'il fallait faire. Ils décidèrent d'aller de nouveau au Salon et de regarder le tableau encore un peu. Ils y furent. Les visiteurs pouffaient en regardant la toile, et on essayait de la lacérer. Gertrude Stein ne pouvait pas comprendre pourquoi, le tableau lui semblait parfaitement naturel. Le portrait de Cézanne ne lui avait pas paru d'abord naturel, il lui avait fallu quelque temps pour se rendre compte qu'il était naturel, mais la toile de Matisse lui paraissait tout à fait naturelle, et elle ne pouvait point comprendre pourquoi elle mettait en rage tout le monde. Son frère était moins attiré par le tableau, mais il était d'accord qu'il fallait l'acheter, et ils l'achetèrent. Puis elle retourna pour le regarder et elle fut très agacée de voir que tout le monde se moquait de cette peinture. Ça l'irritait, et ça l'ennuyait, parce qu'elle ne pouvait pas comprendre pourquoi elle la trouvait si naturelle, pendant que les autres trouvaient si naturel de la trouver absurde. De même, plus tard, elle eut peine à comprendre pourquoi ses écrits qui, pour elle, étaient si naturels et si clairs suscitaient tant de moqueries et de colères.

Telle est l'histoire de l'achat de *La Femme au chapeau*, maintenant je vais raconter l'histoire de sa vente, comme me la racontèrent quelques mois plus tard monsieur et madame Matisse. Peu après l'achat du tableau par les Stein ils souhaitèrent tous de se rencontrer. Gertrude Stein ne se rappelle plus si Matisse leur écrivit pour demander un rendez-vous, ou si eux, les Stein, écrivirent. Quoi qu'il en soit, peu après ils avaient fait connaissance, et ils se connaissaient très bien.

Les Matisse habitaient sur le quai contre le boulevard Saint-Michel. Ils occupaient l'étage supérieur d'une maison, un petit appartement de trois pièces avec une vue charmante sur Notre-Dame et la Seine. Matisse la peignait en hiver. Il fallait monter et monter pour arriver chez eux. En ce temps-là vous ne faisiez que monter des escaliers et descendre des escaliers. Mildred Aldrich avait une cruelle habitude, elle laissait tomber sa clef au milieu de l'escalier, là où aurait dû être l'ascenseur, pendant que, de son sixième étage, elle disait bonsoir à quelqu'un en bas, il fallait ensuite que vous ou elle descendiez jusqu'en bas et remontiez jusqu'en haut pour pouvoir ouvrir sa porte. A la vérité elle criait souvent : « Ça ne fait rien ; je vais défoncer ma porte. » Il n'y avait que des Américains pour faire ça. Les clefs alors à Paris étaient lourdes, et vous étiez sûr de les oublier ou de les perdre. Sayen, à la fin d'un été passé à Paris, comme on le félicitait d'avoir l'air si bien portant et d'avoir si bon teint, répondit : « Oui, ça vient de ce que j'ai monté et descendu tant d'escaliers cet été. »

Madame Matisse était une admirable maîtresse de maison. Son intérieur était petit mais immaculé. Elle tenait très bien sa maison, elle était une cuisinière excellente, elle savait faire le marché, elle posait aussi pour toutes les toiles de Matisse. C'était elle qui était *La Femme au chapeau*. Elle avait eu une petite boutique de modiste qui leur avait permis de vivre dans leurs années dures. C'était une grande femme avec un visage allongé et une grande bouche volontaire et pendante comme celle d'un cheval. Elle se tenait très droit. Elle avait une masse de cheveux noirs. Gertrude Stein aimait beaucoup la façon dont elle mettait ses épingles à chapeau, et Matisse une fois fit un dessin de sa femme en train de faire ce geste caractéristique et il le donna à Gertrude Stein. Elle s'habillait toujours en noir. Elle plaçait toujours une grosse épingle à chapeau au milieu du chapeau et bien au sommet de sa tête, puis fermement elle l'enfonçait. Une fille de Matisse vivait avec eux, une fille qu'il avait eue avant son mariage ; elle avait eu la diphtérie, il avait fallu l'opérer et durant des années elle dut porter autour de son cou sur sa gorge un ruban noir avec un bouton d'argent. Matisse la mit dans beaucoup de ses tableaux. La petite fille ressemblait trait pour trait à son père, et madame Matisse, comme elle l'expliquait de sa façon mélodramatique et simple à la fois, s'attachait à faire plus que son devoir vis-à-vis de la petite, parce que dans son enfance elle avait lu un roman où l'héroïne s'était ainsi conduite dans des circonstances analogues et avait en conséquence été passionnément aimée toute sa vie ; elle avait décidé de faire de même. Elle avait eu deux garçons, mais alors ils ne vivaient pas avec eux. Le plus jeune, Pierre, était dans le Sud de la France près de la frontière espagnole sous la garde du père et de la mère de madame Matisse, et l'aîné, Jean, était dans le Nord de la France, près de la frontière belge, sous la garde du père et de la mère de monsieur Matisse.

Matisse avait une virilité étonnante qui produisait toujours une impression délicieuse quand on ne l'avait pas vu depuis quelque temps. On le sentait encore davantage quand on le revoyait. Et l'on continuait à jouir de cette impression tout le temps qu'on était en sa compagnie. Mais par ailleurs cette virilité ne donnait guère l'impression de vie. Madame Matisse était toute différente ; pour quiconque la connaissait, il émanait d'elle un profond sentiment de vie.

Matisse possédait alors un petit Cézanne et un petit Gauguin et il prétendait qu'il avait besoin de l'un et de l'autre. Il avait acheté le Cézanne avec la dot de sa femme, le Gauguin avec sa bague de fiançailles, qui était le seul joyau qu'elle eût jamais possédé. Et ils étaient tout heureux, car ils ne pouvaient se passer de ces deux tableaux. Le Cézanne représentait des baigneurs et une tente, le Gauguin la tête d'un garçon. Plus tard, quand Matisse devint très riche, il continua à acheter des tableaux. Il disait qu'il s'y connaissait en tableaux et avait confiance dans la peinture tandis qu'il ne connaissait rien aux autres choses. Ainsi pour son plaisir et comme un bon placement qu'il voulait léguer à ses enfants, il achetait des Cézanne. Picasso aussi, plus tard, quand il devint riche, acheta des tableaux, mais c'étaient les siens. Lui aussi il a foi dans la peinture, et il veut laisser le meilleur héritage possible à son fils, aussi il garde, et il achète, ses tableaux.

Tout n'avait pas été rose pour les Matisse. Matisse était venu fort jeune à Paris pour y étudier la pharmacie. Ses parents étaient de petits marchands de grains du Nord. Il s'était intéressé à la peinture, il s'était mis à copier les Poussin du Louvre, et il était devenu un peintre sans guère se préoccuper du consentement de sa famille, qui continuait pourtant à lui servir une petite pension mensuelle comme du

temps où il était étudiant. Sa fille était née à cette époque
et cela avait ajouté de nouvelles complications à sa vie.
D'abord il avait eu un peu de succès. Il s'était alors marié.
Sous l'influence des tableaux de Poussin et de Chardin il avait
fait des natures mortes qui avaient été très remarquées au
Salon du Champ-de-Mars, un des deux grands Salons du Printemps. Puis il avait commencé à subir l'influence de Cézanne,
et ensuite celle de la sculpture nègre. C'est de tout cela que
sortit le Matisse de la période de *La Femme au chapeau*.
L'année qui suivit le Salon où il fit une si grande sensation il
passa l'hiver à peindre une très grande toile, une femme en
train de mettre le couvert, et sur la table un magnifique com-
potier plein de fruits. Ç'avait été une grande épreuve pour le
porte-monnaie des Matisse que d'acheter tous ces fruits, les
fruits étaient horriblement chers à Paris à cette époque-là,
même les fruits les plus communs, imaginez quel prix pouvaient coûter ces fruits exotiques et magnifiques, pourtant il
lui en fallait pour tout le temps qu'il mettrait à peindre le
tableau, et le tableau devait prendre très longtemps à peindre.
Pour faire durer les fruits aussi longtemps que possible, ils
gardaient la pièce aussi froide que possible, ce qui n'était pas
très difficile à Paris, en hiver, sous un toit ; Matisse peignait
drapé dans son manteau, les mains gantées, et cela dura tout
l'hiver. Enfin il en vint à bout, et il l'envoya au Salon, où
l'année précédente, il avait eu tant de succès. Mais cette année-
là la toile fut refusée. Ce fut le début des ennuis graves pour
Matisse, sa fille était très malade, il était, lui, dans un grand
désarroi mental et plein de doutes sur son œuvre, et il n'avait
plus aucun moyen de faire voir ses tableaux. Il ne peignait
plus chez lui mais dans un atelier ; ça lui revenait moins cher.
Tous les matins il peignait, tous les après-midi il travaillait
à sa sculpture, à la fin de chaque après-midi il dessinait à la
classe de dessin d'après un modèle, et tous les soirs il jouait
du violon. C'étaient des jours sombres, et il était proche du
désespoir. Sa femme ouvrit une petite boutique de modiste et
ils réussirent à s'en tirer. Les deux petits garçons furent expé-
diés à la campagne chez les parents de Matisse et chez ceux de
madame Matisse et ils vécurent de leur mieux. Le seul encou-
ragement qu'il reçut lui vint de l'atelier où il travaillait et où
un groupe de jeunes gens se mit à s'intéresser à lui, et à subir

son influence. Parmi eux le plus connu alors était Mauguin, le plus fameux maintenant est Derain. Derain était alors un très jeune homme ; il admirait Matisse énormément, il allait avec eux à la campagne, à Collioure, près de Perpignan, et ça leur faisait grand plaisir à tous. Derain se mit à peindre des paysages en rehaussant de rouge les contours des arbres ; il avait une perception de l'espace qui lui était bien propre, et qu'il révéla d'abord dans un paysage où l'on voyait un chariot grimpant une côte sur une route bordée d'arbres rehaussés de rouge. On commençait à remarquer ses envois aux Indépendants.

Matisse travaillait tous les jours sans répit, et il travaillait terriblement dur. Une fois, Vollard alla le voir. Matisse se plaisait à raconter l'histoire, et je la lui ai souvent entendu dire. Vollard entra et dit qu'il voulait voir la grande toile qui avait été refusée au Salon. Matisse la lui montra. Mais Vollard ne la regarda pas, il parla tout le temps avec madame Matisse, et surtout de cuisine ; il était féru de cuisine, et aimait bien manger, comme tout bon Français. Elle aussi. Matisse et madame Matisse commençaient à devenir nerveux, bien qu'elle ne le montrât pas. « Et cette porte, dit Vollard à Matisse d'un air de profond intérêt, où mène-t-elle ? Mène-t-elle à la cour, ou mène-t-elle à l'escalier ? — A la cour, répondit Matisse. — Bien, dit Vollard », et il s'en alla.

Les Matisse passèrent des jours à discuter si la question de Vollard avait un sens caché ou n'était que curiosité banale. Mais Vollard n'avait jamais de vaine curiosité. Il voulait toujours savoir ce que tout le monde pensait de toutes choses, parce que c'était pour lui le seul moyen de savoir ce qu'il pensait lui-même. C'était un fait très connu, aussi les Matisse se demandaient-ils l'un à l'autre et demandaient-ils à tous leurs amis pourquoi Vollard avait posé cette question sur la porte ? Quoi qu'il en soit, dans le courant de l'année Vollard acheta le tableau, il ne le paya pas cher, mais il l'acheta, puis il le rangea, et personne ne le vit plus, et on n'en parla plus.

A cette époque le sort des Matisse ne s'améliora ni n'empira, car il était à la fois découragé et audacieux. Puis vint le premier Salon d'Automne, il fut invité à y exposer, et il y envoya *La Femme au chapeau*, et on l'accepta. On s'en moqua, on le critiqua, et on l'acheta.

Matisse avait alors environ trente-cinq ans, et il était découragé. Il alla au vernissage du Salon d'Automne, il entendit ce que l'on disait de sa toile, il vit qu'on voulait la lacérer, et il s'en alla pour ne plus revenir. Sa femme seule retourna au Salon. Il se renferma chez lui tout à son infortune. C'est du moins ce que madame Matisse raconta.

Alors arriva une note du secrétaire du Salon, annonçant qu'il y avait acheteur pour le tableau et que l'acheteur faisait une offre de quatre cents francs. Matisse était en train de peindre madame Matisse en romanichelle tenant une guitare. Cette guitare avait toute une histoire ; madame Matisse aimait à la raconter. Elle avait alors beaucoup de travail sur les bras, et il lui fallait aussi poser ; or elle avait une forte santé et un grand besoin de sommeil. Un jour qu'elle posait et qu'il peignait, elle commença à s'assoupir, sa tête tomba sur sa poitrine, ses mains glissèrent le long de son corps en sorte que la guitare se mit à vibrer. « Assez, dit Matisse ; réveille-toi. » Et elle se réveilla, mais après quelques instants elle s'assoupit de nouveau et la guitare recommença de vibrer. Matisse, furieux, saisit la guitare et la brisa en morceaux. « Et, ajoutait madame Matisse d'un ton vexé, nous étions alors dans la dèche, mais il a fallu faire réparer la guitare pour qu'il pût finir le tableau. » Elle tenait la même guitare réparée et elle posait quand la note du secrétaire du Salon leur fut remise. Matisse, bien entendu, était fou de joie. « Bien entendu que je vais accepter, s'écriait-il. — Pas du tout, répondit madame Matisse, si ces gens s'intéressent assez à ce tableau pour faire une offre, ils s'y intéressent assez pour payer le prix que tu demandes, et, ajouta-t-elle, la différence servira à acheter des vêtements d'hiver pour Margot. » Matisse hésita, mais enfin il se laissa convaincre et ils répondirent qu'ils voulaient le prix originairement demandé par eux. Puis pas de nouvelles ; Matisse était dans un état terrible, il débordait de rancœur et de reproches contre elle. Enfin, au bout de deux ou trois jours, comme madame Matisse, une fois de plus, se trouvait à poser pour lui avec la guitare et que Matisse peignait, Margot leur apporta un pneu. Matisse l'ouvrit et fit la grimace. Madame Matisse était terrifiée, elle imaginait déjà le pire. La guitare tomba de ses mains : « Qu'est-ce ? demanda-t-elle. — Ils l'ont acheté, répondit

Matisse. — Pourquoi alors faire une figure comme cela et me faire peur ? J'aurais pu casser la guitare, reprit-elle. — C'était un petit signe que je te faisais pour te faire comprendre, dit Matisse, parce que j'étais trop ému pour pouvoir parler. »

« Et voilà, se plaisait à dire triomphalement madame Matisse en guise de conclusion, vous voyez, c'est moi qui avais raison d'insister pour le prix fixé d'abord, et mademoiselle Gertrude aussi avait raison d'insister pour acheter le tableau ; c'est vous et moi qui avons tout fait. »

L'amitié avec les Matisse grandit vite. Matisse préparait alors sa première grande décoration, *Le Bonheur de vivre*. Il faisait pour cela des études, petites d'abord, puis plus grandes, et enfin gigantesques. C'est dans cette toile que Matisse réalisa pour la première fois consciemment son projet de déformer le dessin du corps humain, afin d'harmoniser et d'intensifier la valeur picturale de toutes les couleurs simples, qu'il mêlait seulement au blanc. Il se servait de ce dessin tordu systématiquement comme en musique on se sert des dissonances, comme en cuisine on se sert de vinaigre ou de citron, ou encore comme on emploie de la coquille d'œuf pour clarifier le café. Je finis toujours par prendre mes comparaisons à la cuisine parce que j'aime la bonne cuisine et que je m'y connais. Du reste c'était bien ça. Cézanne avait abouti à ses torsions de lignes et à sa technique de ne jamais terminer une toile par nécessité, Matisse le fit intentionnellement.

Petit à petit les gens se mirent à venir rue de Fleurus pour voir les Matisse et les Cézanne, Matisse amenait des gens, et chacun amenait des gens, et il venait des gens tout le temps et ça finissait par être intolérable ; c'est pour cela que les samedis soir furent institués. C'est aussi à ce moment-là que Gertrude Stein prit l'habitude d'écrire pendant la nuit. Avant onze heures du soir elle ne pouvait jamais être sûre que quelqu'un ne viendrait pas frapper à la porte de l'atelier. Or elle avait commencé à préparer son gros livre : *The Making of Americans* [1], et elle se battait avec les mots et les phrases,

1. *The Making of Americans* peut être considéré comme le pivot de l'œuvre de G. Stein. Elle l'écrivit de 1906 à 1908, la première édition parut en 1925 (« Contact Edition ») ; Harcourt Brace, en 1934, en donna une édition nouvelle. La traduction française, faite par la baronne Jean Seillière et B. Faÿ, a paru en 1933 chez Stock sous le titre : *Américains d'Amérique*.

les phrases surtout, ces longues phrases qu'il fallait bâtir si exactement. Les phrases, et non seulement les mots, mais les phrases et toujours les phrases ont été la passion éternelle de Gertrude Stein. C'est alors donc qu'elle prit l'habitude, et cette habitude dura jusqu'à la guerre, qui détruisit tant d'habitudes, c'est alors que Gertrude Stein prit l'habitude de se mettre au travail à onze heures du soir et de travailler jusqu'au matin. Elle disait qu'elle tâchait toujours de s'arrêter avant que le plein jour ne fût venu et que les oiseaux ne fissent trop de bruit, car alors ce n'était pas agréable d'aller se coucher. Il y avait en ce temps-là beaucoup d'oiseaux, qui vivaient sur des arbres cachés par de hauts murs, il y en a bien moins maintenant. Mais, à cette époque, souvent le matin et les oiseaux la surprenaient encore au travail, et alors elle sortait dans la cour, et elle tâchait de s'habituer au soleil et au ramage avant d'aller se coucher. Elle dormait jusqu'à midi, et elle s'indignait violemment contre l'habitude de battre les tapis dans la cour (ce que tout le monde, y compris notre femme de chambre, faisait alors).

Ainsi commencèrent les samedis soir.

Gertrude Stein et son frère allaient souvent voir les Matisse, et les Matisse venaient sans cesse voir les Stein. De temps en temps, madame Matisse les invitait à déjeuner, cela se produisait surtout quand quelque parent des Matisse leur envoyait un lièvre. Le civet de lièvre, cuit par madame Matisse à la façon de Perpignan, était un régal. Ils avaient aussi du très bon vin, un peu lourd, mais excellent. Ils avaient aussi une sorte de madère appelé « rancio », qui était fort bon. Maillol, le sculpteur, venait de la même province que madame Matisse, et beaucoup plus tard, quand je le rencontrai chez Jo Davidson, il me parla de tous ces vins. Il me raconta aussi comment, dans sa jeunesse, alors qu'il était étudiant à Paris, il avait vécu très confortablement pour cinquante francs par mois. « Bien entendu, me disait-il, la famille m'envoyait du pain fait à la maison toutes les semaines, et, quand je revenais du pays, je rapportais assez de vin pour tout l'hiver, et puis aussi, tous les mois, j'envoyais mon linge sale à la maison. »

Derain assistait à l'un de ces premiers déjeuners chez les Matisse. Lui et Gertrude Stein se prirent de querelle. Ils parlèrent philosophie, il se mit à exposer tout un système qu'il avait échafaudé sur une traduction française du second *Faust*, qu'il avait lue pendant son service militaire. Jamais ils ne devinrent amis, lui et Gertrude, et jamais elle ne s'intéressa à son œuvre. Il a une perception originale de l'espace, mais pour elle ses tableaux n'ont ni vie, ni profondeur, ni solidité. Par la suite ils se virent rarement. Derain était alors sans cesse avec les Matisse, et de tous les amis de Matisse il était le préféré de madame Matisse.

C'est vers cette époque que le frère de Gertrude Stein découvrit la galerie de tableaux de Sagot, un ancien clown de cirque, qui avait son magasin en haut de la rue Laffitte. C'est là que le frère de Gertrude Stein dénicha les peintures de deux jeunes Espagnols, l'un dont le public a déjà oublié le nom, l'autre Picasso. Les toiles de ces deux jeunes gens l'intéressèrent tout de suite et il acheta une aquarelle du disparu, une scène de café. Sagot l'envoya aussi visiter une petite boutique de meubles où l'on montrait diverses toiles de Picasso. Le frère de Gertrude Stein les trouva intéressantes et voulut en acheter une, il en demanda le prix, mais le prix demandé était presque aussi élevé qu'un Cézanne. Il retourna chez Sagot, et le lui dit. « Bien, répondit Sagot en riant ; revenez dans quelques jours et j'en aurai un grand pour vous. » Au bout de quelques jours Sagot avait à son magasin une grande toile, et très bon marché. Quand Gertrude Stein et Picasso parlent de ce temps-là, ils ne sont pas toujours d'accord sur ce qui arriva, mais je crois que dans ce cas ils disent tous deux que le prix demandé était cent cinquante francs. Le tableau, qui est maintenant fameux, représentait une jeune fille nue avec un panier de fleurs rouges.

Gertrude Stein n'aimait pas ce tableau ; elle disait qu'elle trouvait quelque chose d'horrible à la façon dont les jambes et les pieds étaient dessinés, quelque chose qui la dégoûtait et la repoussait. Elle et son frère se querellèrent presque à propos de ce tableau. Il le voulait, et elle ne voulait point le voir dans la maison. Sagot devina de quoi il en retournait, et il dit : « Ça va, si vous n'aimez pas les jambes et les pieds, c'est très facile de la guillotiner et de ne prendre que la tête. — Mais non, ça ne marcherait pas du tout comme cela », répondirent-ils d'une même voix, et ainsi rien ne fut décidé.

Gertrude Stein et son frère continuaient à être en opposition sur ce sujet et ils étaient très en colère l'un contre l'autre. Enfin on tomba d'accord que, puisque le frère y tenait tant, on l'achèterait, et c'est ainsi que le premier Picasso entra rue de Fleurus.

C'est à cette époque que Raymond Duncan, frère d'Isadora Duncan, loua un atelier rue de Fleurus ; Raymond revenait de son premier voyage en Grèce, et il en avait rapporté une jeune Grecque et des habillements grecs. Il avait connu le frère aîné de Gertrude Stein et sa femme à San Francisco. A ce moment-là il servait d'agent de publicité à Emma Nevada, qui faisait tournée avec Pablo Casals, le violoncelliste, alors tout à fait inconnu.

La famille Duncan avait commencé par Omar Khayyam et en était encore là ; ils n'avaient point adopté tout de suite la Grèce. Ensuite ils eurent leur période Renaissance italienne, mais, quand Raymond vint se fixer rue de Fleurus, il était entièrement voué à la Grèce, et cela comprenait une jeune Grecque. Isadora se désintéressait entièrement de lui, sans doute elle jugeait que la jeune fille était trop moderne comme Grecque. Quoi qu'il en fût, Raymond se trouvait alors sans le sou, avec sa femme enceinte ; Gertrude Stein lui donna du charbon et une chaise pour que Pénélope pût s'asseoir, le reste de la compagnie s'asseyait sur des caisses. Ils avaient une autre amie, qui les aidait, Kathleen Bruce, une Anglaise très belle et très athlétique, sculpteur à ses heures, qui plus tard épousa Scott, l'explorateur du Pôle Sud, et demeura veuve. Elle non plus, à cette époque, n'avait guère d'argent et elle en était réduite à donner la moitié de son dîner tous les soirs à Pénélope. Enfin Pénélope accoucha, et l'enfant fut appelé Raymond, parce que le jour où le frère de Gertrude Stein et Raymond Duncan allèrent à la mairie pour déclarer sa naissance ils n'avaient pas choisi de nom. Alors, on prit Raymond. Maintenant, sans le consulter, on l'appelle Menalkas, mais ça pourrait lui faire plaisir de savoir que légalement il s'appelle Raymond. Mais ceci est une autre affaire.

Kathleen Bruce sculptait, et elle apprenait à modeler des enfants, elle demanda la permission de faire la statue du neveu de Gertrude Stein. Gertrude Stein et son neveu se rendirent donc à l'atelier de Kathleen Bruce. C'est là qu'un après-midi ils rencontrèrent H.-P. Roché. Roché était un de ces types que l'on rencontre toujours à Paris. Il était plein d'animation, de noblesse, de dévouement, de fidélité, d'enthousiasme, et il présentait tout le monde à tout le monde. Il connaissait tout le monde, vraiment tout le monde, et il pouvait présenter n'importe qui à n'importe qui. Il voulait être un écrivain. Il était grand et roux, il ne prononçait jamais d'autres paroles que : « Bon, bon, excellent », et il vivait chez lui avec sa mère et sa grand-mère. Il avait fait toutes sortes de choses, il avait escaladé les montagnes d'Autriche avec des Autrichiens, il avait visité l'Allemagne avec des Allemands, il avait chassé en Hongrie avec des Hongrois, il avait séjourné en Angleterre avec des Anglais. Il n'avait pas été en Russie, mais il avait fréquenté des Russes à Paris. Picasso disait de lui : « Roché est bien gentil, mais il n'est jamais qu'une traduction. »

Plus tard on le vit souvent rue de Fleurus et Gertrude Stein l'aimait assez. Elle disait toujours de lui : « Il est si fidèle ; même si on ne devait jamais le revoir, on saurait que Roché resterait fidèle. » Il lui fit un bien grand plaisir tout au début de leurs relations. *Three Lives*, le premier volume de Gertrude Stein était sur le chantier, et Roché, qui lisait l'anglais, fut frappé par le livre. Un autre jour, comme Gertrude Stein parlait d'elle-même, Roché s'écria : « Bon, bon, excellent ; c'est un point très important pour votre biographie ! » Gertrude Stein fut profondément touchée, c'était la première fois qu'elle comprenait qu'un jour viendrait où on écrirait sa biographie. C'est tout à fait vrai que, sans avoir vu Roché depuis des années, elle sait qu'il doit être quelque part comme toujours parfaitement fidèle à tous ses amis.

Mais revenons à Roché, à Kathleen Bruce et à son atelier. Tous trois bavardaient ensemble et Gertrude Stein, un jour, mentionna qu'elle venait d'acheter chez Sagot un tableau d'un jeune Espagnol nommé Picasso.

« Bon, bon, excellent, dit Roché ; c'est un garçon très intéressant, je le connais. — Oh, vraiment, repartit Gertrude Stein ; mais le connaissez-vous assez bien pour mener quelqu'un chez lui ? — Bien entendu, répondit Roché. — Très bien alors, dit Gertrude Stein, parce que je sais que mon frère a grand désir de faire sa connaissance. » Ce fut alors et ainsi que le rendez-vous fut pris, et, peu après, Roché et le frère de Gertrude Stein allèrent voir Picasso.

Très peu de temps après Picasso commença le portrait de Gertrude Stein, maintenant si fameux ; mais comment cela se produisit, personne ne se le rappelle plus au juste. J'ai entendu Picasso et Gertrude Stein discuter de leur première rencontre et ni l'un ni l'autre ne pouvaient se rappeler les détails. Ils peuvent se rappeler la première fois que Picasso vint dîner rue de Fleurus, et ils peuvent se rappeler la première fois que Gertrude Stein posa pour son portrait rue Ravignan, mais le reste ils l'ont oublié, c'est un trou noir. Comment cela se produisit-il, ils ne le savent plus. Personne n'avait jamais posé pour Picasso depuis qu'il avait l'âge de seize ans, il en avait vingt-quatre alors, de son côté Gertrude Stein n'avait jamais songé à faire peindre son portrait ; et ils ne se rappellent plus du tout comment cela se produisit. Mais enfin cela arriva, elle posa pour ce portrait et elle posa quatre-vingt-dix fois, et durant ce temps bien des choses arrivèrent. Mais revenons à l'époque des premières de ces séances.

Picasso et Fernande vinrent dîner. Picasso était alors ce qu'une de mes chères amies et compagnes de cours, Nelly Jacott, appelait « un beau costaud ». Il était mince et brun, plein de vivacité, avec d'énormes yeux, et des manières brusques mais pas brutales. Il était assis à côté de Gertrude Stein à dîner, et, comme elle prenait un morceau de pain, il le lui arracha des mains : « Ce morceau-là, c'est mon pain », dit-il. Elle éclata de rire, et il prit un air penaud. Ce fut le commencement de leur intimité.

Ce soir-là, le frère de Gertrude Stein tira de ses cartons des séries d'estampes japonaises pour les montrer à Picasso. Le frère de Gertrude Stein les aimait beaucoup. Picasso, d'un air solennel et obéissant, regardait chaque estampe l'une après l'autre, et écoutait docilement les descriptions. Mais il susurra à Gertrude Stein : « Il est très gentil votre frère, mais comme tous les Américains, comme Haviland, il vous montre des estampes japonaises. Moi, j'aime pas ça ; non, j'aime pas ça du tout. » Comme je l'ai dit, Gertrude Stein et Pablo Picasso se comprirent l'un l'autre tout de suite.

Puis vint la première séance de pose. J'ai déjà décrit l'atelier de Picasso. A cette époque, il y avait encore plus de désordre chez lui, de remue-ménage, de poêles chauffés au rouge, de cuisine impromptue et d'interruptions. Il y avait un grand fauteuil cassé, dans lequel Gertrude Stein posait. Il y avait un canapé, sur lequel tout le monde s'asseyait et se couchait. Il y avait une petite chaise de cuisine, sur laquelle Picasso s'asseyait pour peindre ; il y avait un grand chevalet et beaucoup de très grandes toiles. Picasso en était alors à la fin de sa plus belle époque des Arlequins, quand il peignait des figures et des groupes énormes sur d'énormes toiles.

Il possédait un petit fox-terrier, qui n'était pas bien portant et qu'on allait conduire chez le vétérinaire. Il n'existe pas en effet de Française ou de Français trop pauvre, trop négligent ou trop avare pour hésiter à conduire son petit chien chez le vétérinaire.

Fernande apparaissait là, comme toujours, très grande, très belle, et très gracieuse. Elle offrit à Gertrude de lui lire à haute voix tous les contes de La Fontaine pour la distraire pendant qu'elle poserait. Puis Gertrude Stein prit sa pose, et Picasso, assis sur le rebord de sa chaise, le nez contre sa toile, tenant à la main une très petite palette couverte d'un gris brun uniforme, auquel il ne cessait d'ajouter encore du gris brun, commença à peindre. Ce fut la première des quatre-vingts ou quatre-vingt-dix séances.

Vers la fin de l'après-midi, les deux frères et la belle-sœur de Gertrude Stein et André Green vinrent voir l'esquisse. Ils furent électrisés par sa beauté, et André Green pria et supplia Picasso de la laisser comme elle était ; mais Picasso secoua la tête et répondit : « Non. »

C'est dommage qu'à ce moment-là personne n'ait songé à prendre des photos du tableau tel qu'il était ; car, bien entendu, aucun de ceux qui le virent ne se rappelle plus du tout à quoi il ressemblait, Picasso et Gertrude Stein encore moins que les autres.

Cet André Green, personne ne savait plus comment on l'avait rencontré ; il était le neveu d'un André Green que l'on avait surnommé « le Père du Grand New York ». Il était né et avait été élevé à Chicago, mais c'était un Puritain typique, grand, gauche, aimable et blond comme les gens de la Nouvelle-Angleterre. Il avait une mémoire prodigieuse et pouvait réciter par cœur tout *Le Paradis perdu* de Milton, et toutes les traductions des poèmes chinois, que Gertrude Stein aimait aussi beaucoup. Il avait visité la Chine et plus tard, quand il eut hérité de l'énorme fortune de son grand-oncle, qui lui aussi était féru du *Paradis perdu* de Milton, il s'installa quelque part dans les îles du Pacifique. Il raffolait de toutes les étoffes d'Orient. Il adorait, disait-il, un centre unique, entouré d'un dessin continu. Il aimait les tableaux des Musées et il haïssait le moderne. Une fois, durant une absence des Stein, comme il logeait rue de Fleurus pour un mois, il avait offensé Hélène en l'obligeant à changer ses draps tous les jours et à couvrir tous les tableaux de châles de cachemire. Il prétendait que les tableaux étaient très reposants, il n'y contredisait pas, mais il ne pouvait les supporter. Il disait aussi qu'après un mois passé parmi eux, il ne les aimait pas davantage, mais que, hélas, sans apprendre à aimer le moderne, il avait appris à ne plus aimer l'ancien, et que jamais de toute sa vie il ne pourrait plus retourner visiter un musée ou regarder un tableau. La beauté de Fernande avait fait sur lui une impression très profonde. Il en était bouleversé et il disait à Gertrude Stein : « Si je pouvais parler français, je lui ferais une déclaration d'amour et je l'enlèverais à ce petit Picasso. — Votre amour n'est-il fait que de paroles ? » lui répondait Gertrude Stein en riant. Il quitta Paris avant que j'y arrive moi-même, et, quand il revint dix-huit ans plus tard, il était devenu très ennuyeux.

Cette année-là fut en somme assez calme. Les Matisse passèrent tout l'hiver dans le Midi de la France, à Collioure, sur la Méditerranée, après avoir ajouté à leur groupe une sœur de Pénépole, une petite actrice qui, loin de s'habiller à la grecque, s'habillait le plus possible à la parisienne. Elle était accompagnée d'un énorme cousin grec, tout brun. Il vint voir Gertrude Stein et, après avoir jeté un coup d'œil circulaire, il annonça : « Je suis grec, ce qui revient à dire que j'ai un goût impeccable, et je méprise tous ces tableaux. » Puis, peu après cette scène, Raymond, sa femme, l'enfant, la belle-sœur, et le cousin grec disparurent de la cour du 27, rue de Fleurus, et ils y furent remplacés par une dame allemande.

Cette dame allemande était nièce et filleule de maréchaux allemands, et son frère était capitaine dans la marine allemande. Sa mère était anglaise et elle-même avait joué de la harpe à la cour de Bavière. Elle était très amusante, et elle avait des amis curieux, français et anglais. Elle sculptait et elle fit une sculpture bien typiquement allemande du petit Roger, le fils de la concierge. Elle fit trois têtes, une riant, une pleurant, et une tirant la langue, et elle les réunit toutes trois sur le même socle. Elle vendit la pièce au Musée Royal de Potsdam. Pendant la guerre la concierge pleura souvent à l'idée que la tête de son petit Roger était ainsi prisonnière de guerre au Musée de Potsdam. La dame allemande était aussi une inventrice, elle créa des vêtements qui pouvaient se retourner, se diviser, s'étendre ou se rétrécir, et elle les montrait à tout le monde avec beaucoup de fierté. Elle avait un professeur de peinture français, un être hirsute, qui ressemblait exactement au portrait du père de Huckleberry Finn. Elle expliquait qu'elle prenait des leçons avec lui par charité ; il avait eu une médaille d'or au Salon dans sa jeunesse, mais ensuite il n'avait plus eu aucun succès. Elle disait aussi qu'elle ne prenait jamais de domestiques qui sortissent du peuple. Elle prétendait que des femmes du monde ruinées étaient bien plus agréables et plus entendues, et elle avait toujours comme femme de chambre quelque veuve d'officier, et pour poser elle employait toujours un officier ou un fonctionnaire. Elle eut à un moment une bonne autrichienne qui cuisinait à la perfection d'exquis gâteaux autrichiens, mais elle ne la garda pas longtemps. En somme elle était fort amusante, et elle et Gertrude Stein avaient l'habitude de bavarder dans la cour. Elle voulait toujours savoir ce que Gertrude Stein pensait sur tous ceux qui venaient et passaient par là. Elle voulait savoir si Gertrude Stein procédait par déduction, par observation, par intuition, ou par analyse. Elle était fort amusante, puis elle disparut soudain, et personne ne pensa plus à elle jusqu'au jour où la guerre commença ; alors tout le monde se demanda si elle n'avait pas quelque chose de louche.

Presque tous les après-midi Gertrude Stein allait à Montmartre, elle y posait pour Picasso, puis elle rentrait à pied en se promenant à travers Paris. C'est alors qu'elle contracta l'habitude, qu'elle n'a jamais perdue depuis, de faire de longues promenades dans Paris, en compagnie de son chien maintenant, alors seule. Les samedis après-midi les Picasso rentraient avec elle, et dînaient rue de Fleurus, puis c'était la soirée du samedi.

Pendant ces longues séances de pose, et ces longues promenades, Gertrude Stein méditait et créait des phrases. Elle était alors en train de rédiger son histoire nègre, *Melanctha Herbert,* la deuxième des nouvelles de *Three Lives,* et les anecdotes pathétiques qu'elle a insérées dans la vie de Melanctha lui furent souvent suggérées par les spectacles qu'elle considéra sur les trottoirs et les rampes de la rue Ravignan.

C'est alors que les Hongrois commencèrent leurs pèlerinages rue de Fleurus. Il y avait aussi de bizarres groupes d'Américains. Picasso, que surprenait la qualité virginale de ces jeunes gens et de ces jeunes femmes, disait d'eux : « Ils sont pas des hommes, ils sont pas des femmes, ils sont des Américains. » Une fois il vint une femme de Bryn Mawr [1], épouse d'un peintre fameux ; elle était très grande, très belle et très énigmatique, car elle avait jadis fait une chute sur la tête et cela se marquait à l'air absent de son visage. Picasso la trouvait tout à fait à son goût, et la surnommait l' « Impératrice ». Mais il y avait une certaine sorte d'étudiants des beaux-arts américains qui ne lui revenaient point du tout, et il déclarait : « Non, c'est pas ça qui fera la gloire de l'Amérique ! » Il eut une réaction typique quand il vit pour la première fois une photo de gratte-ciel. « Mon Dieu, s'écria-t-il, imaginez la torture de jalousie que ça doit être pour un amant qui a un atelier sous le toit et qui attend sa maîtresse pendant qu'elle monte tous ces escaliers ! »

C'est à ce moment-là qu'un Maurice Denis, un Toulouse-Lautrec, et beaucoup d'énormes Picasso vinrent s'ajouter à la collection. C'est à ce moment-là aussi que se forma et s'établit l'amitié avec les Vallotton.

Vollard disait une fois, comme on l'interrogeait sur les tableaux d'un peintre : « Oh, ça, c'est le Cézanne du pauvre ! » Vallotton c'était du Manet pour les miteux. Ses grands nus avaient toute la raideur, toute l'immobilité et n'avaient aucune des qualités de l'*Olympia* de Manet, et ses portraits avaient toute l'aridité de David sans rien de son élégance. De plus il avait le malheur d'avoir épousé la sœur d'un grand marchand de tableaux. C'était un très bon ménage, et elle était charmante, mais les réunions de famille hebdomadaires étaient des tragédies, et la fortune de sa femme, la violence de

---

1. La plus fameuse Université pour femmes aux Etats-Unis.

ses beaux-fils rendaient sa situation misérable. C'était pourtant un brave garçon que Vallotton ; il avait de l'esprit, beaucoup d'ambition, mais il avait aussi le sentiment de son impuissance, qui résultait du fait qu'il était le beau-frère de grands marchands de tableaux. Pourtant, à une époque, ses tableaux furent intéressants. Il pria Gertrude Stein de poser pour lui. Elle le fit l'année suivante. Elle en était arrivée à aimer poser, ces longues heures calmes, suivies de longues promenades sombres par les rues de Paris, augmentaient la concentration de son esprit, et l'aidaient à créer des phrases. Ces phrases de Gertrude Stein, dont Marcel Brion a dit que, par leur exactitude, leur austérité, leur volontaire absence de variété dans l'éclairage, leur refus de se servir du subconscient, elles aboutissent à une symétrie qui ressemble étrangement à la symétrie de la fugue chez Bach.

Souvent elle décrivait la sensation étrange que lui donnait la manière de peindre de Vallotton. Pour un peintre il n'était pas alors vraiment jeune, déjà il avait acquis une situation importante à l'Exposition Universelle de Paris en 1900. Quand il peignait un portrait il faisait d'abord le haut, en descendant toujours. Gertrude Stein disait que ça donnait l'impression d'un rideau qui s'abaisse aussi doucement que se déplace un glacier suisse, ainsi Vallotton enlevait graduellement le rideau, et quand il arrivait au bas de la toile, il n'y avait plus de rideau, il y avait un portrait. Cette opération, du début à la fin, prenait environ deux semaines, puis Vallotton vous donnait la toile. Pourtant il commençait par l'exposer au Salon d'Automne, et cela faisait sensation ; ainsi tout le monde était ravi.

Toute la bande allait au Cirque Médrano une fois par semaine au moins, et, en général, tous le même soir. C'est là que les clowns avaient commencé à s'habiller en costumes grotesques, au lieu du vieux costume classique de clown, et ces costumes guenilleux qui, plus récemment, eurent tant de succès, quand Charlot les arbora, faisaient la joie de Picasso et de tous ses amis de Montmartre. Il y avait aussi les jockeys anglais, et tout Montmartre cherchait à les imiter. Récemment quelqu'un parlait de la façon recherchée dont s'habillent les jeunes peintres d'aujourd'hui et se lamentait de leur voir dépenser leur argent de cette façon. Picasso se mit à rire. « Je suis tout à fait sûr, dit-il, qu'ils payent moins cher leurs beaux complets que nous ne payions nos complets guenilles ! Vous ne pouvez pas vous imaginer comme c'était dur et coûteux de dénicher à ce moment-là des étoffes anglaises, ou des imitations françaises, qui fussent vraiment sales, et vraiment grossières ! » Et cela est bien vrai, les peintres de cette époque dépensaient beaucoup d'argent, ils dépensaient tout ce qu'ils avaient, parce qu'en cet heureux temps vous pouviez devoir de l'argent durant des années à votre marchand de couleurs, à votre marchand de toiles, à votre propriétaire, à votre restaurateur, et pratiquement à tout le monde, sauf au marchand de charbon et au bijoutier.

L'hiver passa. *Three Lives* était terminé. Gertrude Stein pria sa belle-sœur de venir et de le lire. Elle le fit et elle en fut profondément émue. Ce qui ravit Gertrude Stein ; elle ne pensait pas alors que l'on pût lire ce qu'elle écrivait et s'y intéresser. A cette époque-là elle ne demandait jamais à personne ce qu'il pensait de ses écrits, mais simplement s'il voulait bien les lire. Maintenant elle dit : « S'ils consentent à les lire, ils finiront par les aimer. »

Elle a toujours eu beaucoup d'affection pour la femme de son frère aîné, mais elle ne s'est jamais sentie plus proche d'elle que ce jour-là. Gertrude Stein avait à cette époque une horrible petite machine à écrire, dont elle ne se servait jamais. Alors, et toujours depuis, elle écrivait au crayon, sur de misérables petits bouts de papier, puis elle recopiait à l'encre dans un de ces cahiers dont se servent les écoliers de France. Souvent même elle recopiait le texte encore une fois à l'encre. C'est à propos de tous ces bouts de papier que son frère aîné disait une fois : « Je ne sais pas si Gertrude a plus ou moins de génie que les autres d'entre nous, ça je n'y connais rien, mais il est une chose que j'ai remarquée, vous autres quand vous peignez ou que vous écrivez, si vous êtes mécontents de votre ouvrage, vous jetez ou vous déchirez ce que vous avez fait ; elle, elle ne dit pas si elle est contente ou mécontente de ce qu'elle a fait, mais elle le copie tout le temps et elle ne jette jamais rien, elle ne déchire jamais aucun des bouts de papier sur lesquels elle a écrit. »

Gertrude Stein essaya de copier *Three Lives* à la machine à écrire, mais il n'y avait pas moyen, ça l'énervait, aussi Etta

Cone dut-elle venir à la rescousse. « Les Misses Etta Cone », comme Pablo Picasso la nommait elle et sa sœur, venaient de Baltimore et étaient des parentes de Gertrude Stein ; Miss Etta Cone passait cet hiver-là à Paris. Elle s'y sentait assez perdue, bien qu'elle n'eût pas l'impression d'y perdre son temps.

Etta Cone trouvait les Picasso ahurissants et romanesques. Gertrude l'emmenait chez eux chaque fois que Picasso avait épuisé toutes ses ressources et tous ses amis, et Etta Cone ne faisait alors nulle difficulté pour lui acheter une centaine de francs de dessins. Après tout une centaine de francs, alors, représentaient vingt dollars. Mais elle ne regimbait pas devant cette charité pittoresque. Au surplus ces dessins devinrent le point de départ de sa collection.

Etta Cone proposa de dactylographier *Three Lives,* et elle commença tout de suite. Baltimore est une ville fameuse pour la délicatesse de sensibilité et le raffinement de conscience de ses habitants. Soudain Gertrude Stein se demanda si elle avait dit à Etta Cone de lire le manuscrit avant de le copier. Elle se rendit chez elle, et, bien sûr, elle la trouva en train de copier le manuscrit lettre par lettre afin d'éviter de le comprendre et de rester fidèle à la discrétion. On lui donna tout de suite la permission de lire le texte, elle en profita et se remit à copier de plus belle.

Le printemps arrivait, et les séances de pose touchaient à leur fin. Un beau jour, brusquement, Picasso peignit toute la tête. « Je ne vous vois plus quand je vous regarde », dit-il en colère. Et ainsi on laissa le portrait comme ça.

Personne ne se rappelle avoir été particulièrement choqué ou désappointé à cette fin subite du portrait. Avec le printemps les Indépendants ouvraient, Gertrude Stein et son frère allaient partir pour l'Italie, comme c'était alors leur habitude. Pablo et Fernande allaient partir pour l'Espagne, et c'était pour elle la première fois. Il lui fallait acheter une robe, un chapeau, des parfums et un fourneau portatif. A cette époque toutes les Françaises, quand elles se déplaçaient, emportaient avec elles un fourneau portatif pour la cuisine. Peut-être est-ce toujours ainsi. Peu importait où elles allaient, elles avaient besoin d'un fourneau portatif. Elles payaient toujours un gros excédent de bagage, mais ça leur était égal. Les

Matisse étaient de retour, et il leur fallait faire la connaissance des Picasso ; les deux peintres s'enthousiasmer l'un pour l'autre, sans toutefois s'aimer beaucoup. Et les acolytes suivirent, Derain fit la connaissance de Picasso, et avec Derain, Braque fit la connaissance de Picasso.

Il peut sembler étrange aujourd'hui qu'avant ce temps Matisse n'eût jamais entendu parler de Picasso, et que Picasso n'eût jamais rencontré Matisse. Mais, à cette époque-là, chaque petit groupe vivait de sa propre vie, et l'on ne sortait guère de son groupe, les groupes s'ignoraient les uns les autres. Matisse, qui vivait quai Saint-Michel et exposait aux Indépendants, ne connaissait rien de Picasso, qui vivait à Montmartre et exposait chez Sagot. A la vérité Miss Weill, depuis longtemps, avait acheté de leurs tableaux à eux tous et les avait mis dans son bric-à-brac de Montmartre, mais comme elle achetait des tableaux de tout le monde, et toutes les toiles qu'on lui apportait, même si ce n'était pas le peintre lui-même qui les lui apportait, il n'était point probable du tout que, sauf un hasard extraordinaire, un peintre vît chez elle des tableaux d'un autre peintre. Pourtant tous lui gardèrent une profonde reconnaissance, parce que, après tout, tous ceux qui par la suite devinrent fameux vendirent leurs premiers tableaux à mademoiselle Weill.

Comme je le disais, les séances de pose prirent fin brusquement, le vernissage des Indépendants eut lieu, et tout le monde s'en alla.

L'hiver avait été fructueux. Dans son long effort pour peindre Gertrude Stein, Picasso passa des Arlequins, charmante fantaisie italienne du début de sa carrière, à cette formule de combat que l'on devait nommer cubisme. Gertrude Stein avait écrit l'histoire de Melanctha la négresse, la deuxième des nouvelles de *Three Lives,* qui constituait l'affranchissement littéraire du XXe siècle, enfin libéré des traditions du XIXe. Matisse avait peint *Le Bonheur de vivre,* et avait créé une nouvelle formule de couleur qui devait laisser sa marque sur tous les peintres de l'époque. Puis tout le monde s'en alla.

Cet été-là les Matisse allèrent en Italie. Matisse ne s'en souciait guère, il préférait la France et le Maroc, mais madame Matisse y tenait de tout son cœur. C'était un rêve de son enfance qui se réalisait. Elle disait : « Je me répète tout le temps : je suis en Italie. Et je le répète à Henri aussi tout le temps, et il est bien gentil, il ne fait pas d'histoires, mais il me répond : " Et puis après ? " »

Les Picasso allèrent en Espagne et Fernande envoya de longues lettres où elle décrivait l'Espagne, et les Espagnoles, et les tremblements de terre. A Florence, sauf une courte visite des Matisse et une autre courte visite d'Alfy Maurer, la vie d'été n'avait rien de commun avec la vie d'hiver de Paris.

Gertrude Stein et son frère louaient pour l'été une villa sur le sommet de la colline de Fiesole près de Florence, et ils y passèrent plusieurs étés de suite. L'année où je vins à Paris pour la première fois une de mes amies et moi-même nous louâmes cette villa. Gertrude Stein et son frère avaient en effet pris une villa plus grande de l'autre côté de Fiesole, car cette année-là le frère aîné de Gertrude Stein, sa femme et leur enfant passaient l'été avec eux. La petite villa, qui se nommait Casa Ricci, était tout à fait charmante. Elle avait été aménagée par une dame écossaise qui, née presbytérienne, était devenue une catholique ardente et promenait de couvent en couvent sa vieille mère, toujours presbytérienne. Enfin elles se fixèrent dans la Casa Ricci, et là, la fille bâtit pour elle une chapelle, puis sa mère mourut. Alors elle quitta la villa pour en prendre une plus grande, dont elle fit une maison de retraite pour prêtres âgés et infirmes ; c'est à cette époque que Gertrude Stein et son frère louèrent la Casa Ricci. Gertrude Stein raffolait de sa vieille propriétaire, qui ressemblait exactement à une dame d'honneur de Marie Stuart, avec les longues robes noires à traîne qu'elle portait toujours, les grandes génuflexions qu'elle ne cessait de faire devant les crucifix et les images des saints, et les lubies subites qui lui prenaient, comme de grimper en hâte sur une échelle pour ouvrir une lucarne et regarder les étoiles. C'était un mélange bizarre d'exaltation catholique et protestante.

Hélène, la bonne française, ne venait jamais à Fiesole. Elle était déjà mariée ; et durant l'été elle faisait la cuisine pour son mari, elle reprisait les bas de Gertrude Stein et les chaussettes de son frère, auxquelles en réalité elle refaisait des pieds. Elle faisait aussi des confitures. En Italie les Stein avaient Maddalena, aussi importante en Italie qu'Hélène l'était à Paris, mais beaucoup moins sensible, je crois, à l'honneur de se trouver en si belle compagnie. L'Italie est blasée de grands hommes et de leurs enfants. C'est Edwin Dodge qui, à ce propos, disait : « Les vies des grands hommes nous rappellent que nous devons prendre soin de ne point laisser d'enfants derrière nous. »

Gertrude Stein adorait la chaleur et le soleil, bien qu'elle déclarât que Paris l'hiver avait un climat idéal. A cette époque-là, c'est toujours à midi qu'elle allait se promener. Moi, qui n'aime guère le soleil de l'été, je l'accompagnais souvent. Et quelquefois en Espagne je m'asseyais à l'ombre d'un arbre, pour pleurer, mais elle ne se lassait jamais du soleil. Elle pouvait même rester couchée sur le dos au soleil en plein midi, et le regarder sans cligner. Elle prétendait que ça reposait ses yeux et sa tête.

Il y avait beaucoup de gens fort amusants à Florence. Il y avait les Berenson [1], et aussi à cette époque, Gladys Deacon, une beauté internationale fameuse, mais, après un hiver passé à Montmartre, Gertrude Stein trouva qu'elle était trop facile à choquer pour être intéressante. Il y avait aussi les premiers Russes que nous rencontrâmes, Von Heiroth et sa femme, qui par la suite eut quatre maris, et qui une fois remarqua en riant qu'elle avait toujours été bonne amie avec tous ses maris. Lui était absurde, mais il avait du charme, et il savait conter les histoires à la russe. Il y avait aussi les Thorold et beaucoup d'autres. Mais surtout il y avait une excellente bibliothèque circulante anglaise riche de toutes sortes de biographies étranges, qui étaient pour Gertrude Stein une source de plaisirs toujours nouveaux. Une fois elle me raconta que dans sa jeunesse elle avait tant lu, depuis les auteurs de la Renaissance jusqu'aux modernes qu'elle se mit à avoir une peur terrible à l'idée qu'un jour elle se trouverait sans rien à lire. Durant des années cette crainte la hanta, mais en somme, d'une façon ou l'autre, bien qu'elle ne cesse de dévorer des livres, elle semble toujours capable d'en trouver de nouveaux. Son frère aîné se plaignait alors qu'il avait beau lui rapporter tous les jours de Florence une cargaison de livres, il lui fallait chaque jour en rapporter juste autant à Florence.

---

[1]. Bernard Berenson est un critique d'art fort connu aux Etats-Unis, où il a publié des livres sur la peinture italienne.

C'est durant cet été-là que Gertrude Stein commença son grand livre : *The Making of Americans.*

Il débute par une phrase d'une dissertation qu'elle avait jadis rédigée à Radcliffe. « En proie à une violente colère un homme traînait un jour son père d'un bout à l'autre de son verger. " Arrête, gémit enfin le vieillard, arrête, c'est la limite où j'ai moi-même lâché mon père. "

« C'est bien dur de lutter contre le caractère avec lequel on est né. Au début, tout va bien tant qu'on est jeune, on supporte avec impatience ses propres défauts, qu'on déteste du reste chez les autres. Mais on vieillit, et les défauts nous semblent inoffensifs ; bien mieux, ils paraissent donner du charme à un caractère. Alors l'on abandonne la lutte. »

Ça devait être l'histoire d'une famille. C'était l'histoire d'une famille, mais à l'époque où j'arrivai à Paris cela avait fini par être l'histoire de tous les êtres humains, de toutes les variétés d'hommes qui ont vécu, vivent, ou pourraient vivre.

Durant toute sa vie, Gertrude Stein n'éprouva jamais de plaisir plus vif que celui que lui causa la traduction de *The Making of Americans* faite par madame Seillière et Bernard Faÿ ; elle le dit franchement : « C'est un livre magnifique en anglais, mais c'est aussi un livre magnifique en français. » Elliot Paul [1], du temps où il publiait *Transition*, dit un jour qu'il était sûr que Gertrude Stein pouvait devenir un auteur populaire en France. Il semble probable que cette prédiction va se réaliser.

Mais revenons à ces anciens jours de la Casa Ricci, et au début de ces longues phrases qui devaient bouleverser les notions littéraires de tant de gens.

Gertrude Stein travaillait fiévreusement au commencement de *The Making of Americans*, et elle revint à Paris, toute pleine de son sujet. C'est à cette époque qu'elle travaillait des nuits entières, et que souvent le matin la surprenait au travail. Elle revint donc à Paris dans un état de surexcitation aiguë. La première chose qu'elle y trouva fut son portrait achevé.

---

1. Journaliste et écrivain américain qui fut longtemps l'éditeur de *Transition*, revue littéraire d'avant-garde américaine, publiée à Paris, par E. Paul et E. Jolas.

Le jour de son retour d'Espagne Picasso prit sa palette, et sans hésiter, de souvenir, sans revoir Gertrude Stein, il peignit la tête. Quand elle la vit, elle et lui en furent satisfaits. C'est très curieux, mais ni lui ni elle ne peuvent se rappeler à quoi ressemblait la tête avant qu'il la repeignît ainsi. Voici une autre jolie histoire à propos de ce portrait.

Il y a quelques années seulement Gertrude Stein décida de se couper les cheveux ; jusqu'alors elle les avait portés longs, et enroulés au sommet de sa tête comme une couronne, tout juste comme Picasso les a représentés sur son portrait ; quand elle se fut fait couper les cheveux, quelques jours après qu'on les lui eût coupés, elle entra dans une pièce, et Picasso, qui était dans une autre pièce plus loin, l'aperçut. Elle avait un chapeau, mais il la vit à travers deux portes ouvertes, et il s'approcha d'elle rapidement : « Gertrude, lui dit-il, qu'est-ce que ça veut dire ? Qu'est-ce que ça signifie ? — Qu'est-ce que signifie quoi, Pablo ? répliqua-t-elle. — Laissez-moi regarder », dit-il. Elle le laissa regarder. « Et mon portrait ? » ajouta-t-il sévèrement. Puis sa face s'adoucit, et il ajouta : « Mais, quand même, tout y est. »

Matisse était aussi de retour, et il y avait de l'excitation dans l'air. Derain et Braque à sa suite avaient émigré vers Montmartre. Braque était un jeune peintre qui avait connu Marie Laurencin quand tous deux étaient étudiants, et ils avaient peint des portraits l'un de l'autre. Ensuite Braque avait fait une sorte de peinture géographique, avec des collines rondes, et il avait subi l'influence du coloris et de la peinture indépendante de Matisse. Il avait rencontré Derain, peut-être au service militaire, et maintenant il se liait avec Picasso. C'était une heure mémorable.

Ils commencèrent à passer leurs journées ensemble à Montmartre, et à prendre leurs repas ensemble au petit restaurant d'en face, et Picasso plus que jamais apparaissait, selon le mot de Gertrude Stein, comme le petit toréador, qu'escorte son équipe, ou encore, ainsi qu'elle le décrivit plus tard dans le portrait qu'elle fit de lui, il semblait Napoléon suivi de quatre énormes grenadiers. Derain et Braque étaient très grands, Guillaume Apollinaire était grand, gros et robuste, et Salmon n'était pas petit. Mais Picasso était un chef, de pied en cap.

Ceci m'amène à parler de Salmon et de Guillaume Apollinaire, bien que Gertrude Stein les eût connus, eux et Marie Laurencin, depuis bien longtemps.

Salmon et Guillaume Apollinaire vivaient à Montmartre à cette époque. Salmon était très nerveux et très vivant, mais il n'intéressait pas beaucoup Gertrude Stein ; elle l'aimait bien pourtant. Guillaume Apollinaire, au contraire, était magnifique. C'est à cette époque (je veux dire au début des relations de Gertrude Stein avec Apollinaire) que se place l'épisode du duel qu'il allait avoir avec un autre écrivain. Fernande et Pablo le racontèrent avec tant d'animation et de rires, tant d'argot de Montmartre aussi, et à une époque où elle commençait tout juste à les connaître, que Gertrude Stein n'a jamais bien su me raconter au juste ce que ce duel avait été. Mais en somme Guillaume avait provoqué en duel un écrivain, et Max Jacob devait être le second et le témoin de Guillaume. Guillaume et son adversaire se tenaient tout le jour chacun à une table du café qu'ils avaient adopté et ils attendaient tandis que leurs seconds faisaient la navette entre les deux cafés. Gertrude Stein ne se rappelle plus comment cela finit sauf qu'il n'y eut pas de duel, mais le grand problème ce fut le règlement de la note que chacun des seconds et témoins présenta à chacun des « combattants ». Ils y avaient en effet noté chaque tasse de café et chaque consommation qu'ils avaient prises durant ce jour ; or, bien entendu, il leur avait fallu consommer chaque fois qu'ils s'étaient assis à l'un des cafés pour conférer avec l'un des deux adversaires, et chaque fois que les deux seconds avaient conféré entre eux. La question se posait aussi de savoir quels étaient les cas, quelles étaient les circonstances où ils avaient eu le devoir, et le droit, de prendre un verre de cognac avec le café. Et combien de tasses de café ils eussent consommées ce jour-là s'ils n'avaient pas été seconds. Tout ceci entraîna des rendez-vous innombrables, des discussions infinies, et des notes interminables qui croissaient toujours. Cela dura des jours, peut-être des semaines et des mois. Il est impossible de savoir si tout le monde, y compris le propriétaire du café, finit par être payé. On sait seulement qu'Apollinaire détestait se séparer de son argent, fût-ce de dix sous. On s'agitait beaucoup de tout cela.

Apollinaire avait beaucoup de charme et de brillant. Il avait aussi un frère, dont on parlait toujours, mais qu'on ne voyait jamais. Le frère travaillait dans une banque et en conséquence avait des vêtements convenables. Quand à Montmartre quelqu'un avait à se rendre en un lieu où il devait se présenter en une tenue correcte, soit pour faire visite à un parent, soit pour aller à un rendez-vous d'affaires, il avait toujours recours au frère de Guillaume et portait toujours un vêtement qu'il avait prêté.

Guillaume était extraordinairement brillant, et de quelque sujet que l'on parlât, qu'il le connût ou ne le connût pas, tout de suite il voyait toujours de quoi il retournait, et, grâce à son imagination prompte et féconde, il en disait, il en savait plus que tous les autres, plus même que ceux qui connaissaient le sujet à fond. Et c'est drôle, mais il se trompait rarement.

Une fois, bien des années plus tard, comme nous dînions avec les Picasso, j'eus le dessus au cours d'une discussion avec Guillaume. J'en étais très fière, mais Eve me dit (Picasso alors avait quitté Fernande) : « Guillaume, ce jour-là, était atrocement saoul, autrement ça ne serait jamais arrivé. » C'était la seule chance qu'on eût de river son clou à Guillaume. Pauvre Guillaume. La dernière fois que je le vis, c'était pendant la guerre, quand nous venions de rentrer à Paris. Il avait été cruellement blessé à la tête et il avait eu un morceau de crâne arraché. Il avait très grand air, dans son uniforme bleu horizon, avec sa tête enveloppée de bandages. Il déjeuna avec nous et nous eûmes ensuite une très longue conversation. Il était las, et il hochait lourdement sa tête pesante. Il était si sérieux qu'il semblait solennel. Nous quittâmes Paris peu après, car nous travaillions alors pour « Le Fonds de Secours Américain pour les Blessés Français », et nous ne le vîmes plus jamais. Plus tard Olga Picasso, la femme de Picasso, nous dit que la nuit de l'Armistice, Guillaume mourut et qu'ils restèrent avec lui toute cette nuit-là ; il faisait chaud, les fenêtres étaient ouvertes et la foule, qui emplissait la rue, criait : « A bas Guillaume », et comme tout le monde avait toujours appelé Guillaume Apollinaire : « Guillaume », même dans son agonie cela lui faisait mal.

Il s'était en vérité conduit comme un héros. Il était étranger, sa mère était polonaise, son père sans doute italien, rien donc ne l'obligeait à se battre. Il avait l'habitude de bien vivre, de bien manger et de mener la libre vie d'un écrivain, pourtant il s'engagea comme volontaire. Il entra d'abord dans l'artillerie. Tout le monde le lui conseillait comme moins dangereux et moins dur que l'infanterie, mais bien vite il ne put plus tolérer cette sorte de demi-sécurité et il se fit muter dans l'infanterie ; il fut blessé au cours d'une attaque. Il resta longtemps à l'hôpital, puis parut se remettre ; c'est alors que nous le vîmes ; enfin il mourut le jour de l'Armistice.

La mort de Guillaume Apollinaire, survenant à ce moment-là, changea profondément la vie de tous ses amis, sans parler même du chagrin qu'elle leur causa. C'était juste après la guerre quand tout était sens dessus dessous, et que chacun s'en allait de son côté. Guillaume aurait servi de trait d'union ; il avait le don de grouper les gens ; mais maintenant il était mort et les amitiés se relâchèrent. Mais tout cela arriva beaucoup plus tard, et maintenant il faut que je revienne à mon commencement, à la première rencontre de Gertrude Stein avec Marie Laurencin et Guillaume Apollinaire.

Tout le monde appelait Gertrude Stein « Gertrude », ou au moins « Mademoiselle Gertrude » ; tout le monde appelait Picasso « Pablo », et Fernande, « Fernande » ; et tout le monde appelait Guillaume Apollinaire « Guillaume » et Max Jacob « Max », mais tout le monde appelait Marie Laurencin « Marie Laurencin ».

La première fois que Gertrude Stein vit Marie Laurencin, c'est Guillaume Apollinaire qui l'avait amenée rue de Fleurus, pas un samedi soir, mais un soir quelconque. Elle était très intéressante. Ils formaient un couple étonnant ; Marie était très myope, mais, bien entendu, elle ne portait pas de lunettes, aucune Française et pas beaucoup de Français ne portaient des lorgnons à cette époque. Elle se servait d'un face-à-main.

Elle regardait minutieusement chaque tableau, c'est-à-dire qu'elle étudiait chacune des toiles, une par une, le nez contre la toile, l'œil fixé sur un centimètre carré qu'elle observait à travers son face-à-main. Elle fit ainsi la ronde de gauche à droite, sans se soucier des tableaux placés trop haut. Enfin elle déclara : « Pour moi, je préfère les portraits, ce qui est bien naturel, puisque moi-même je ressemble à un Clouet. » Ce qui était tout à fait vrai, elle était un Clouet. Elle avait les formes délicates et anguleuses des femmes françaises du Moyen Age, telles qu'on les voit dans les primitifs. Elle avait une voix placée très haut, aux modulations charmantes. Elle s'assit auprès de Gertrude Stein sur le canapé, et elle raconta l'histoire de sa vie, elle lui dit que sa mère, qui d'instinct n'avait jamais aimé les hommes, avait été durant de longues années la maîtresse d'un personnage important et enfin avait accouché d'elle, Marie Laurencin. « Jamais, disait-elle, je n'ai osé lui présenter Guillaume, bien qu'il soit si gentil, et que certainement elle doive l'aimer. Mais il vaut mieux pas. Un jour je vous la ferai connaître. »

Plus tard, en effet, Gertrude Stein vit la mère de Marie, mais alors j'étais à Paris et Gertrude Stein m'emmena avec elle.

Marie Laurencin, toute à sa vie étrange, toute à son art étrange, vivait pourtant avec sa mère, qui était une dame très tranquille, très gentille, très distinguée, et les deux femmes vivaient comme si elles eussent été au couvent. Le petit appartement était plein d'ouvrages à l'aiguille, que la mère avait exécutés sur des dessins de Marie Laurencin. Marie et sa mère se traitaient réciproquement comme se traitent une religieuse âgée et une jeune religieuse. C'était étrange et c'était charmant. Plus tard, juste avant la guerre, la mère de Marie tomba malade et mourut. Auparavant elle avait vu Guillaume, et elle l'avait fort apprécié.

Après la mort de sa mère, Marie Laurencin parut à la dérive. Elle et Guillaume cessèrent de se voir. Une intimité qui avait duré aussi longtemps que la mère de Marie avait vécu, et sans que celle-ci s'en doutât, maintenant qu'elle était morte et qu'elle avait vu et approuvé Guillaume, ne put plus durer. Contre les avis de tous ses amis Marie épousa un Allemand. Quand ses amis lui en parlèrent, elle répondit : « Mais c'est le seul être qui me donne l'impression de ma mère. »

Six semaines après le mariage, la guerre commença, et Marie dut quitter la France, puisqu'elle avait épousé un Allemand. Comme elle me le dit plus tard, un jour que nous nous étions retrouvées durant la guerre, en Espagne, bien entendu, les fonctionnaires ne pouvaient pas lui faire d'ennuis, son passeport disait clairement que nul ne savait qui était son père, et tous les officiels avaient peur d'elle, car ils pensaient que son père pouvait bien être le président de la République.

Durant ces années, Marie fut très malheureuse. Elle était

française de tout son cœur, et elle se trouvait allemande de droit. Quand on la rencontrait, elle disait : « Laissez-moi vous présenter mon mari, un boche, je ne me rappelle plus son nom. » Les diplomates français en Espagne, avec qui elle et son mari se trouvaient de temps en temps en rapport, lui rendaient la vie dure en mentionnant sans cesse l'Allemagne comme leur pays. Cependant, Guillaume, avec qui elle était restée en relations épistolaires, lui écrivait des lettres enflammées de patriotisme. Ce furent des années cruelles pour Marie Laurencin.

Enfin madame Groult, la sœur de Poiret, au cours d'un voyage en Espagne, se débrouilla pour tirer Marie de ce gâchis. Ils divorcèrent et après l'armistice elle rentra à Paris, chez elle enfin. C'est alors qu'elle vint de nouveau rue de Fleurus, cette fois avec Erik Satie. Ils étaient tous deux normands et ils en étaient fiers et heureux.

Au début Marie Laurencin faisait de curieux tableaux, des portraits de Guillaume, de Picasso, de Fernande et d'ellemême. Fernande en parla à Gertrude Stein. Gertrude Stein acheta le portrait, et Marie Laurencin en fut charmée. C'était la première toile d'elle qui trouvait acheteur.

Avant l'époque où Gertrude Stein découvrit la rue Ravignan, Guillaume Apollinaire avait déjà eu ses premières aventures d'éditeur et d'écrivain. Il publiait une petite brochure sur la culture physique. C'est pour cette brochure que Picasso avait fait ses admirables caricatures, et parmi elles celle qui montre Guillaume comme un exemple de ce que peut arriver à faire la culture physique.

Mais revenons une fois de plus à cet automne où tout le monde revint à Paris, et où Picasso commença à se trouver à la tête du mouvement que l'on devait plus tard appeler « cubiste ». Qui le nomma « cubiste » le premier, je ne sais pas, mais probablement ce fut Apollinaire. Quoi qu'il en soit, il écrivit la première petite brochure sur ces peintres et il l'illustra de leurs tableaux.

Je me rappelle très bien la première fois où Gertrude Stein m'emmena chez Guillaume Apollinaire. C'était un petit appartement de garçon, rue des Martyrs. La pièce était pleine d'une masse de petits jeunes gens. « Qui sont tous ces petits jeunes gens ? » demandai-je à Fernande. « Des poètes », me répondit-elle. J'en fus renversée. Je n'avais jamais vu de poètes auparavant, bien que j'eusse vu de-ci de-là un poète, mais jamais des poètes. C'est cette nuit-là aussi que Picasso, un peu ivre, à la grande indignation de Fernande, insista pour s'asseoir à côté de moi et me montrer dans un album de photos espagnoles l'endroit exact où il était né. J'en sortis avec une idée assez vague de cet endroit.

Derain et Braque devinrent les disciples de Picasso, six mois environ après l'époque où, grâce à Gertrude Stein et à son frère, Picasso avait fait la connaissance de Matisse. Entretemps, Matisse avait fait connaître à Picasso la sculpture nègre.

A cette époque-là la sculpture nègre était déjà bien connue des brocanteurs et des amateurs, mais pas des artistes. Qui fut celui qui le premier devina ce qu'elle pouvait apporter au peintre moderne, je sais bien que je n'en sais rien. Peut-être fut-ce Maillol, qui venait de Perpignan, qui connaissait Matisse, et qui attira son attention sur la sculpture nègre. C'est une tradition que Derain fut le premier à la découvrir. Mais il est bien possible que ce soit Matisse lui-même, car, pendant bien des années, il y eut un brocanteur rue de Rennes qui avait beaucoup de sculptures nègres à sa devanture et Matisse passait souvent rue de Rennes pour aller à l'une de ses classes de dessin.

Quoi qu'il en soit, ce fut Matisse dont la peinture et surtout la sculpture dénotèrent d'abord l'influence de l'art nègre, et ce fut Matisse qui attira l'attention de Picasso sur l'art nègre, juste à l'époque où il venait de terminer le portrait de Gertrude Stein.

Du reste cet art africain n'agit point du tout de la même façon sur Matisse et sur Picasso. Chez Matisse la vision plus encore que l'imagination en fut impressionnée. Picasso, au contraire, subit cette influence plus dans sa vision que dans son imagination. A vrai dire, c'est beaucoup plus tard, quelque étrange que cela puisse paraître, que cette influence s'est fait sentir sur son imagination, et cela tient peut-être à l'impulsion analogue que donna à son esprit l'orientalisme des Russes quand Picasso entra en contact avec leur art grâce à Diaghilew et aux ballets russes.

Au moment où Picasso était en train de créer le cubisme, l'art nègre affectait seulement sa vision et son sens des formes, son imagination restait tout espagnole. Cette qualité espagnole de formalisme et d'abstraction qui prédominait en lui avait du reste été stimulée par le portrait qu'il avait fait de Gertrude Stein. Elle était alors, et elle a toujours été, attirée par l'abstraction vivante. La sculpture nègre ne l'intéressait guère. Elle dit toujours qu'elle ne la déteste pas, mais que ça n'a rien à voir avec l'art européen, que ça manque de naïveté, que c'est très vieillot, très limité, très artificiel, sans l'élégance raffinée de la sculpture égyptienne, dont cela dérive du reste. Elle affirme que comme Américaine elle préfère des objets primitifs qui ont un goût un peu plus sauvage.

Matisse et Picasso furent alors présentés l'un à l'autre par Gertrude Stein et ils devinrent amis, mais ils furent aussi ennemis. Maintenant ils ne sont plus ni amis ni ennemis. Alors ils étaient l'un et l'autre.

Ils échangèrent des tableaux, comme on le faisait alors entre peintres. Chacun des deux choisissait la toile de l'autre qui en principe l'intéressait le plus. Matisse et Picasso choisirent l'un et l'autre la toile de l'autre qui, sans aucun doute, était la plus faible de toute leur production. Plus tard chacun d'eux s'en servit comme d'un exemple pour démontrer la médiocrité de l'autre. Evidemment les deux toiles ne révélaient guère les qualités profondes des deux peintres.

L'hostilité entre Picassoïstes et Matissistes s'envenima. Et ceci, vous le voyez, me ramène à ce Salon des Indépendants où mon amie et moi, inconsciemment, nous nous assîmes sous les deux toiles qui manifestaient, pour la première fois, que Derain et Braque étaient devenus des Picassoïstes et avaient cessé pour tout de bon d'être des Matissistes.

Entre-temps bien des choses étaient arrivées.

Matisse exposait à tous les Salons d'Automne et à tous les Indépendants. Il commençait à avoir son école. Picasso, au contraire, de toute sa vie, n'a jamais exposé à aucun Salon. Ses tableaux, à cette époque, ne pouvaient en réalité se voir que rue de Fleurus. La première fois, pourrait-on dire, qu'il exposa, ce fut le jour où Derain et Braque, entièrement sous l'influence de ses dernières œuvres, exposèrent leurs toiles au Salon. Après cela Picasso lui aussi eut son école.

Matisse s'irritait de voir la grandissante affection de Picasso et de Gertrude Stein. « Mademoiselle Gertrude, expliquait-il, aime la couleur locale et les effets théâtraux. Il n'est point possible pour quelqu'un de sa valeur d'avoir une amitié sérieuse pour un monsieur comme Picasso. » Matisse continuait à venir souvent rue de Fleurus, mais toute franchise avait disparu de leurs relations. C'est vers cette époque que Gertrude Stein et son frère donnèrent un déjeuner pour tous les peintres dont les tableaux étaient accrochés dans l'atelier. (Bien entendu, on n'invita ni les morts ni les anciens maîtres.) C'est à ce déjeuner, comme je l'ai déjà dit, que Gertrude Stein les combla tous de joie et assura une réussite triomphale à la réunion par un gentil petit truc : elle assit à table chacun des peintres bien en face de l'endroit où étaient accrochés ses tableaux. Personne ne s'en douta, ils furent ravis sans arrière-pensée, mais comme on se séparait, Matisse, le dos contre la porte, en jetant un dernier coup d'œil sur la pièce, comprit ce que Gertrude Stein avait fait.

Matisse insinua que Gertrude Stein avait cessé de s'intéresser à sa peinture. Elle lui répondit : « Il n'y a rien en vous qui lutte contre soi-même, alors que jusqu'ici vous aviez d'instinct créé autour de vous des antagonismes qui vous stimulaient et faisaient de vous un combattant. Maintenant vous êtes entouré de disciples. »

Ce fut la fin de leur entretien, mais le début d'une partie importante de *The Making of Americans*. Gertrude Stein a basé sur ce thème quelques-unes de ses distinctions psychologiques les plus durables.

C'est vers cette époque aussi que Matisse commença à enseigner. Il quitta le quai Saint-Michel, où il avait vécu depuis son mariage pour s'installer boulevard des Invalides. La séparation de l'Eglise et de l'Etat qui venait d'avoir lieu avait mis entre les mains du gouvernement français un grand nombre de couvents, d'écoles et d'autres biens d'Église. Comme beaucoup de ces couvents furent fermés, il y eut alors des centaines de bâtiments vacants. Parmi eux se trouvait un magnifique hôtel situé sur le boulevard des Invalides.

Ces locaux se louaient à très bas prix, mais ils se louaient sans baux, le gouvernement voulant rester libre de les employer à sa guise et d'expulser sans délai les locataires quand on aurait décidé de l'affectation définitive des bâtiments. C'était par conséquent un endroit rêvé pour des artistes, puisque l'hôtel se trouvait au milieu de jardins, et que les pièces y étaient très grandes ; cela compensait bien les inconvénients. Ainsi les Matisse déménagèrent-ils et Matisse, au lieu d'un tout petit atelier, en eut un immense, les deux fils rentrèrent au foyer, et tout le monde fut heureux. Puis un groupe des nouveaux disciples de Matisse lui demandèrent s'il accepterait de leur enseigner la peinture au cas où ils pourraient organiser pour lui un atelier dans l'hôtel même où il était installé. Il y consentit, et ce fut le début de « l'atelier Matisse ».

Il y eut des candidats de toutes les nationalités et Matisse d'abord fut épouvanté de leur nombre et de leur variété. Il racontait avec beaucoup d'amusement et de surprise qu'un jour, ayant demandé à une toute petite femme, qui se tenait au premier rang, quel était son objet principal quand elle se mettait à peindre, ce qu'elle cherchait ou visait, elle répondit : « Monsieur, je cherche le neuf. » Il ne pouvait comprendre comment ils faisaient tous pour parler français quand lui était incapable de parler aucune de leurs langues. Un journaliste eut vent de tout cela un jour et plaisanta l'école dans *L'Opinion*. Matisse en fut très offensé. L'article disait : « D'où viennent tous ces gens ? » La réponse était : « Du Massachusetts. » Ça fit beaucoup de peine à Matisse.

Mais, malgré tout cela, et malgré mille querelles intestines, l'école fleurit et prospéra. Non sans difficultés du reste. Un des Hongrois voulait gagner sa vie en posant comme modèle pour la classe, mais il voulait aussi, quand il y avait un autre modèle, retourner à sa place et peindre avec la classe. Quelques-unes parmi les élèves féminines protestèrent, c'était très bien d'avoir un modèle nu sur une estrade, mais c'était un peu gênant d'avoir un camarade qui circulait tout nu dans la classe. On découvrit un autre Hongrois en train de dévorer la mie de pain dont ses camarades se servaient pour effacer leurs esquisses au crayon, et un tel excès de misère et d'irrespect pour l'hygiène nutritive scandalisa profondément certains des Américains. Il y avait en effet un bon nombre d'étudiants américains. Un d'entre eux, sous prétexte de pauvreté, avait été autorisé à assister aux classes sans payer le cachet ordinaire. Un beau jour on découvrit qu'il avait acheté un petit Matisse, un petit Picasso et un petit Seurat. C'était plus qu'indélicat, car beaucoup de ses camarades, qui payaient le prix fixé, malgré leur ardent désir, ne pouvaient se payer le luxe d'acquérir un tableau du maître, mais c'était aussi une trahison, puisqu'il avait acheté un Picasso. De temps à autre aussi, un des étudiants disait à Matisse quelque phrase que sa mauvaise prononciation rendait inintelligible et Matisse, qui comprenait de travers, se mettait en colère ; le malheureux étranger devait alors faire des excuses et apprendre à les faire décemment. Tous les étudiants étaient dans un tel état de surexcitation nerveuse que les explosions étaient fréquentes. Ils s'accusaient les uns les autres d'intriguer auprès du maître, et il en résultait des scènes longues et compliquées au bout desquelles d'ordinaire on échangeait des excuses. Et tout était rendu beaucoup plus compliqué par le fait que l'atelier était organisé et tenu par les étudiants.

Toutes ces complications amusaient énormément Gertrude Stein ; Matisse adorait les cancans, Gertrude Stein aussi, et à cette époque ils passaient des heures charmantes à s'en raconter l'un à l'autre.

C'est alors qu'elle commença à appeler Matisse « le C. M. » ou « cher maître ». Elle lui raconta la fameuse histoire du Far West : « Messieurs, de grâce, que l'on ne s'entretue point ici. » Matisse venait assez souvent rue de Fleurus, et c'est l'époque où Hélène lui faisait des œufs sur le plat au lieu d'omelette.

Three Lives avait été copié à la machine, maintenant il fallait se préoccuper de le montrer à un éditeur. On indiqua à Gertrude Stein le nom d'un agent littéraire à New York et elle s'adressa à lui. Mais cela n'aboutit pas. Elle s'adressa ensuite directement à divers éditeurs. Le seul qui parut s'intéresser à l'offre fut Bobs-Merrill, mais il répondit qu'il ne pouvait point entreprendre la publication d'un tel livre. Ces recherches durèrent quelque temps, et enfin, sans être vraiment découragée, elle décida de faire imprimer elle-même le livre. Il n'y avait rien là d'extraordinaire, beaucoup de gens à Paris le font. On lui parla de la « Grafton Press », à New York, une firme sérieuse, qui imprimait des ouvrages historiques pour les auteurs qui le voulaient. On signa un arrangement : *Three Lives* devait être imprimé en Amérique et les épreuves envoyées en France pour correction.

Un jour, on frappa à la porte, et un garçon très sympathique, un jeune Américain, se présenta. Il demanda s'il pourrait parler à Miss Stein. « Oui, dit-elle, entrez. — Vous voyez, dit-il un peu gêné, le directeur de la Grafton Press se demande si peut-être votre connaissance de l'anglais... — Mais je suis une Américaine, répliqua Gertrude Stein avec indignation. — Oui, oui, je comprends très bien maintenant, dit-il à son tour, mais peut-être n'avez-vous pas encore eu souvent l'occasion d'écrire. — Je suppose, dit-elle en riant, que vous croyiez que je n'avais point reçu peut-être une éducation très complète. » Il rougit et reprit : « Oh non ! mais peut-être n'avez-vous pas encore beaucoup d'expérience littéraire... — Bien, bien, dit-elle. Ça va bien. Je vais écrire à votre directeur, et vous pouvez lui dire aussi que chaque mot que j'ai écrit dans ce manuscrit a été écrit consciemment, avec l'intention d'être écrit comme il est écrit, et que je ne lui demande rien autre que d'imprimer le manuscrit. Pour le reste j'en prends la responsabilité. » Le jeune homme disparut en un grand salut.

Plus tard, quand le livre suscita un vif intérêt chez les écrivains au courant et chez les journalistes, le directeur de la Grafton Press écrivit à Gertrude Stein une lettre très franche où il reconnaissait qu'il avait été fort surpris de voir l'accueil fait au livre, mais qu'il se faisait un plaisir d'ajouter qu'il était heureux de penser que sa maison avait imprimé l'ouvrage. Mais cela se produisit longtemps après mon arrivée à Paris.

CHAPITRE IV

Gertrude Stein avant son arrivée à Paris

1904, me voici une fois de plus revenue à Paris, et, cette fois, une des habituées de la rue de Fleurus. Gertrude Stein était alors en train d'écrire *The Making of Americans*, et elle avait juste commencé de corriger les épreuves de *Three Lives*. Je l'aidais dans ce travail.

Gertrude Stein est née à Alleghany, Pennsylvanie. Comme je suis une Californienne passionnée et qu'elle a passé toute son enfance en Californie, je lui ai souvent demandé pourquoi elle n'était pas née en Californie, mais elle s'est obstinée à demeurer une native d'Alleghany, Pennsylvanie. Elle l'a quitté à l'âge de six mois, et elle ne l'a jamais revu ; maintenant, du reste, Alleghany n'existe plus, car la ville de Pittsburgh l'a absorbé. Pendant la guerre, quand nous travaillions avec la Croix-Rouge, et que nous avions besoin de toutes sortes de papiers, on nous demandait toujours où nous étions nées, et Gertrude Stein trouvait très amusant d'être née à Alleghany, Pennsylvanie. Elle disait que si elle était née en Californie comme je l'en priais, elle n'aurait jamais eu le plaisir de voir les efforts que faisaient tous les divers fonctionnaires français pour écrire Alleghany, Pennsylvanie.

Au début de mes relations avec Gertrude Stein à Paris, je m'étonnais de ne jamais voir de livre français sur sa table, bien qu'il y eût toujours une masse d'ouvrages anglais ; il n'y avait même pas de journaux français. « Ne lisez-vous jamais de français ? » lui demandais-je, et lui demandaient beaucoup d'autres. « Non, répondait-elle, vous voyez, je vis par les yeux, peu importe la langue que j'entends, je n'entends pas une langue, j'entends des timbres de voix et des rythmes. Au contraire mes yeux me font voir des mots, et des phrases, et il n'existe pour moi qu'une langue, l'anglais. Une des choses qui m'ont plu durant toutes ces années fut d'être entourée de gens qui ne parlaient pas anglais. Cela m'a laissée plus intensément seule avec mes yeux et mon anglais. Je ne sais si autrement j'aurais pu réussir à rester entièrement absorbée par l'anglais. La plupart des gens qui m'entouraient étaient incapables de lire un mot de ce que j'écrivais, et ils ne se doutaient même pas que j'écrivais. Non, j'aime vivre ainsi avec une masse de gens et demeurer toute seule avec l'anglais et avec moi-même. »

Un des chapitres de *The Making of Americans* commence ainsi :

« J'écris pour moi-même et pour des inconnus... »

Elle naquit à Alleghany, Pennsylvanie, d'une famille bourgeoise très honorable. Elle dit toujours qu'elle est très heureuse de n'être pas née dans une famille d'intellectuels, car elle a en horreur ce qu'on appelle « les intellectuels ». Ce fut toujours bien comique de la voir, elle qui se plaît à être bon camarade avec tout le monde, qui se lie avec n'importe qui et avec qui n'importe qui se lie, toujours admirée par les beaux esprits ! Mais elle dit toujours qu'un jour viendra où eux, la foule, découvriront qu'elle, elle et ses écrits, ont un sens pour eux. Ça la console toujours de se dire que les journalistes s'intéressent à tout ce qu'elle fait. « Ils disent toujours, dit-elle, que mes récits sont à faire peur, mais ils les citent toujours, et ce qui est encore plus curieux, ils les citent toujours exactement, tandis qu'ils ne citent point les gens qu'ils admirent. » Dans les pires moments cette pensée l'a consolée. « Mes phrases s'incrustent dans leur cerveau, seulement ils ne le savent pas », dit-elle souvent.

Elle est née à Alleghany, Pennsylvanie. Dans la maison de ses parents, il y avait deux maisons jumelles, ses parents vivaient dans l'une et la famille du frère de son père dans l'autre. Ces deux familles sont celles qu'elle a décrites dans *The Making of Americans*. Elles avaient vécu depuis une huitaine d'années dans ces maisons jumelles quand Gertrude Stein est née. L'année de sa naissance les deux belles-sœurs, qui ne s'étaient jamais très bien entendues, en étaient venues à une brouille complète.

La mère de Gertrude Stein, telle qu'elle l'a décrite dans *The Making of Americans,* était une petite femme gentille et distinguée mais d'un caractère entier ; elle ne voulait plus revoir sa belle-sœur. Je ne sais pas au juste ce qui était arrivé, mais quelque chose était arrivé. Quoi qu'il en soit, les deux frères, qui avaient fort bien réussi dans leurs affaires, où ils travaillaient ensemble, se séparèrent, l'un alla à New York, où lui et toute sa famille après lui devinrent fort riches, tandis que l'autre, le père de Gertrude Stein, partit pour l'Europe avec sa famille. D'abord ils allèrent à Vienne et ils y restèrent jusqu'à ce que Gertrude Stein atteignît ses trois ans. Tout ce qu'elle se rappelle de cette période est que le précepteur de son frère, une fois qu'on lui avait permis d'assister à la leçon de ses frères, décrivit les griffes d'un tigre, et qu'elle en fut charmée et épouvantée. Elle se rappelle aussi un livre d'images qu'un de ses frères lui montrait et qui contenait l'histoire des voyages d'Ulysse ; on voyait Ulysse assis sur une chaise de salle à manger en bois tordu. Elle se rappelle aussi qu'ils allaient jouer dans les jardins publics et que souvent le vieux François-Joseph venait faire sa promenade dans le jardin ; quelquefois une musique militaire jouait l'hymne national autrichien, qu'elle aimait beaucoup. Pendant de longues années elle a cru que « Kaiser » était le vrai nom de François-Joseph et elle n'a jamais voulu accepter qu'il pût appartenir à personne autre.

Ils passèrent trois ans à Vienne, tandis que monsieur Stein était retourné en Amérique pour ses affaires ; puis ils allèrent à Paris. Là, les souvenirs de Gertrude Stein sont plus précis. Elle se rappelle une petite école où elle et sa sœur aînée étaient en pension, et où il y avait une petite fille qui restait toujours dans un coin de la cour et que les autres petites filles lui dirent de ne pas fréquenter, car elle griffait. Elle se rappelle aussi les bols de soupe avec du pain qu'on leur donnait au déjeuner. Elle aimait beaucoup les épinards mais elle n'aimait pas le mouton, aussi elle échangeait son mouton pour des épinards avec une petite fille qui était assise en face d'elle au réfectoire. Elle se rappelle encore les visites que les trois frères aînés venaient leur faire à l'école, ils y venaient à cheval. Elle se rappelle enfin un chat noir qui un jour bondit du plafond de leur maison de Passy et terrifia leur mère, qu'un inconnu vint aussitôt rassurer.

La famille resta un an à Paris, puis elle rentra en Amérique. Le frère aîné de Gertrude Stein décrit d'une façon charmante leurs derniers jours à Paris, quand lui et leur mère allèrent faire des emplettes et achetèrent tout ce qui leur plut, des toques de fourrure, des casquettes, des mitaines pour toute la famille, depuis la mère jusqu'à la petite Gertrude, des douzaines de paires de gants, des chapeaux magnifiques, des costumes de cheval, et enfin un microscope et une collection de la fameuse *Histoire de la Zoologie*. Puis ils s'embarquèrent pour l'Amérique.

Le séjour à Paris fit une profonde impression sur Gertrude Stein. Au début de la guerre, quand elle et moi, après avoir passé quelques mois en Angleterre, revînmes à Paris en octobre, Gertrude Stein, le premier jour que nous sortîmes, me dit : « C'est drôle. Paris est si changé, et pourtant il me semble toujours si familier. En y réfléchissant, je vois ce que c'est, il n'y a plus personne ici que des Français (il n'y avait encore ni soldats ni civils des pays alliés à cette époque à Paris). On voit dans la rue les petits enfants avec leurs tabliers noirs, on peut même voir les rues, parce qu'elles sont vides. Cela ressemble à mes souvenirs de Paris quand j'avais trois ans. Le pays a l'odeur qu'il avait jadis (on se servait de chevaux de nouveau), l'odeur des rues et des jardins publics français, que je me rappelle si bien. »

Ils rentrèrent en Amérique et à New York ; les parents de New York essayèrent une réconciliation entre la mère de Gertrude Stein et sa belle-sœur, mais elle s'y refusa.

Cette histoire me fait penser à Miss Etta Cone, une parente éloignée de Gertrude Stein, qui dactylographia *Three Lives*. La première fois que je la vis, à Florence, elle me confia qu'elle pouvait pardonner, mais point oublier. Je répondis que pour moi je pouvais oublier, mais point pardonner. La mère de Gertrude Stein, dans ces circonstances, fut évidemment incapable d'oublier et de pardonner.

La famille émigra vers l'Ouest, et alla en Californie après un court séjour à Baltimore chez le grand-père, le petit vieillard pieux qu'elle a décrit dans *The Making of Americans*.

Il habitait une vieille maison à Baltimore, toute pleine de sa petite famille, les oncles et les tantes de Gertrude Stein.

Gertrude Stein n'a jamais cessé d'être pleine de reconnaissance à l'égard de sa mère pour n'avoir voulu ni oublier ni pardonner. « Imaginez, m'a-t-elle dit, si ma mère avait pardonné à sa belle-sœur, et si mon père était entré dans les affaires de son frère, nous aurions vécu et nous aurions été élevés à New York, imaginez cela ! Quelle horreur ! Nous aurions été riches au lieu d'être décemment pauvres, mais imaginez quelle horreur ce serait d'avoir été élevée à New York. »

Comme Californienne je la comprends très bien.

Ainsi ils prirent le train pour aller en Californie. La seule chose dont Gertrude Stein se souvienne durant ce voyage, ce sont les magnifiques et gigantesques chapeaux de feutre rouge, ornés d'une magnifique plume d'autruche et achetés en Autriche, qu'elle et sa sœur portaient. Durant le trajet, sa sœur, en se penchant hors du wagon, eut le sien emporté par le vent. Son père tira la sonnette d'alarme, arrêta le train, et récupéra le chapeau sous les yeux ahuris et choqués des voyageurs et du chef de train. Le seul autre souvenir qu'elle ait gardé de cette période est celui d'une magnifique bourriche pleine de provisions, que leur avaient donnée les tantes de Baltimore, et qui contenait un superbe dindon. Puis, comme les provisions de la bourriche diminuaient, on les renouvelait à toutes les stations où l'on s'arrêtait, et c'était très amusant. Elle se rappelle aussi que quelque part dans le désert, ils virent des Peaux-Rouges, et qu'ailleurs, toujours dans le désert, on leur donna à manger des pêches qui avaient un goût très drôle.

Quand ils arrivèrent en Californie ils allèrent d'abord habiter une ferme d'orangers, elle ne se rappelle rien des oranges, mais elle se rappelle avoir rempli les boîtes de cigares de son père de petits limons qui étaient charmants.

Peu à peu ils se rapprochèrent de San Francisco et s'établirent tout près de là à Oakland. Elle se rappelle les eucalyptus qui lui paraissaient si grands, si minces et si sauvages, et tous les animaux californiens qui lui donnaient l'impression de la forêt vierge. Mais tout cela et bien d'autres choses, et en particulier toute la vie physique de cette époque, elle l'a décrite dans *The Making of Americans*. Le point important dont je veux parler maintenant c'est son éducation.

Son père avait emmené ses enfants en Europe pour leur donner les avantages d'une éducation européenne, maintenant il voulait qu'ils oublient leur français et leur allemand pour que leur anglais américain fût pur. Gertrude Stein avait babillé en allemand, puis en français, mais elle commença à lire en anglais. Comme elle le dit, les yeux étaient en elle plus important que l'ouïe, et il arriva, alors comme toujours, que l'anglais s'imposa seul à son esprit.

C'est alors qu'elle contracta cette passion pour la lecture, qu'elle a gardée. Elle lisait tout ce qu'elle trouvait sur son chemin, et il y avait beaucoup de choses sur son chemin. Dans la maison se trouvaient quelques romans, quelques livres de voyages, un Wordsworth bien relié que l'on avait jadis donné à sa mère, un Scot et d'autres poètes, *The Pilgrim's Progress* de Bunyan, une collection de Shakespeare avec des notes, Burns, les comptes rendus du Congrès, des Encyclopédies, etc. Elle les lut tous, plusieurs fois. Et elle et ses frères se mirent à acheter des livres. Il y avait aussi la bibliothèque publique de la ville, et plus tard, à San Francisco, elle se servit des bibliothèques circulantes des commerçants et des ouvriers, avec leurs belles collections d'auteurs du XVIIIe et du XIXe siècle. Depuis l'âge de neuf ans jusqu'à sa quinzième année, elle se nourrit de Shakespeare ; alors elle commença à lire *Clarissa Harlowe*, Fielding, Smollett, etc., et elle s'inquiétait à la pensée qu'un jour viendrait où elle aurait lu tout ce qu'on peut lire et où elle n'aurait plus rien à lire. Elle vivait plongée entièrement dans la langue anglaise. Elle lut une masse énorme de livres d'histoire ; souvent elle rit et elle dit qu'elle est une des rares personnes de sa génération qui ait lu chaque mot de la *Vie de Frédéric le Grand* par Carlyle, de l'*Histoire constitutionnelle de l'Angleterre* par Lecky, ainsi que *Charles Grandison* et les poèmes les plus longs de Wordsworth. En fait alors comme aujourd'hui elle lisait constamment. Elle lit tout et n'importe quoi, et même maintenant, elle déteste qu'on la dérange quand elle lit ; elle a beau avoir lu un livre plusieurs fois, le livre a beau être fort sot, elle n'admet pas qu'on se moque du livre qu'elle lit ou qu'on lui en dise la fin. Un livre fut toujours pour elle un objet réel.

Le théâtre ne l'a jamais intéressée beaucoup. Elle dit qu'il va trop vite et que le mélange d'impressions auditives et visuelles la gêne, ses émotions ne peuvent jamais aller assez vite. Elle n'a jamais vraiment aimé la musique que durant son adolescence. Elle trouve difficile de l'écouter, elle ne retient pas son attention. Tout cela peut paraître étrange, car on a souvent dit que ses écrits s'adressent à l'ouïe et au subconscient. En fait ce sont ses yeux et son intelligence qui jouent le rôle le plus actif et le plus important dans la composition de ses écrits.

Son existence californienne prit fin quand elle avait environ dix-sept ans. Elle avait été très solitaire durant les années précédentes, et elle sortait à peine de la crise de l'adolescence. Après la mort, d'abord de sa mère, puis de son père, puis de sa sœur et d'un de ses frères, elle quitta la Californie pour l'Est. Ils se rendirent à Baltimore et s'installèrent dans la famille de sa mère. Là, elle commença à se sentir moins seule. Souvent elle m'a décrit l'impression étrange que lui donna, au sortir de cette vie repliée et désolée, qu'elle avait menée depuis quelques années, l'existence gaie de tous ses oncles et tantes avec qui elle se trouvait soudain. Plus tard, quand elle alla à Radcliffe, elle décrivit ces impressions dans les premières pages qu'elle écrivit. A vrai dire ce n'était point là tout à fait ses premiers écrits. Elle se rappelle que deux fois déjà elle avait essayé d'écrire un drame shakespearien, elle ne poussa pas plus loin qu'une certaine indication scénique. « Les courtisans, avait-elle écrit, font des plaisanteries fines », mais comme elle ne pouvait imaginer aucune plaisanterie fine, elle en resta là.

La seule autre tentative littéraire de sa jeunesse qu'elle se rappelle doit remonter à peu près à la même période. On demandait alors aux enfants dans les écoles de rédiger une description. Elle se rappelle qu'elle décrivit un coucher de soleil, et le soleil disparaissant dans une grotte de nuages. Quoi qu'il en soit, son devoir fut un des six ou sept choisis à l'école pour être copiés sur une belle feuille de parchemin. Elle essaya par deux fois de le copier elle-même, mais comme son écriture devenait de plus en plus mauvaise, elle en fut réduite à en laisser une autre le copier pour elle. La maîtresse considéra cela comme une honte. Mais elle ne se rappelle pas avoir été de cet avis.

En fait son écriture a toujours été illisible, et bien souvent je réussis à la lire quand elle-même ne le peut pas.

Elle n'a jamais été capable de pratiquer aucun des beaux-arts, et elle ne l'a jamais désiré. Elle ne sait jamais d'avance quel aspect aura une chose, qu'il s'agisse d'un jardin, de vêtements ou de tout autre objet. Elle est entièrement incapable de dessiner. Elle ne peut établir aucune relation entre un objet et une feuille de papier. Quand elle était à l'Ecole de médecine et qu'elle était supposée faire des dessins anatomiques, elle ne pouvait jamais découvrir comment on représente un objet concave ou convexe par des lignes. Elle se rappelle que toute petite on voulait lui apprendre à dessiner et on l'envoya à un cours de dessin. La maîtresse dit aux enfants de prendre une tasse et un pot chez eux et de les dessiner, le meilleur dessin devait être récompensé par une médaille de cuir, qui de semaine en semaine devait changer de main et être remise à l'auteur du meilleur dessin. Gertrude Stein rentra à la maison, et raconta tout cela à ses frères, qui choisirent pour elle une jolie tasse et un charmant pot ; ils les disposèrent devant elle et chacun d'entre eux lui expliqua comment les dessiner. Mais en vain. Enfin l'un d'eux les dessina pour elle. Elle emporta le dessin au cours et gagna la médaille. Puis en rentrant à la maison, en jouant avec d'autres enfants, elle la perdit. Ce fut la fin du cours de dessin.

Elle prétend qu'il est très bien de ne pas savoir du tout comment sont faites les choses qui vous amusent. Il faut avoir une occupation qui vous absorbe, mais pour le reste, si vous voulez jouir des choses de ce monde, contentez-vous de considérer les résultats. Ainsi vous en jouirez mieux et plus que les gens qui ont une idée vague de la façon dont les diverses choses sont faites.

Elle a un profond amour de ce que les Français appellent « le métier », et elle soutient que chaque personne ne saurait avoir qu'un métier, comme chaque personne ne saurait avoir qu'une langue. Son métier est d'écrire, sa langue l'anglais.

L'observation et la construction font l'imagination, pourvu, bien entendu, qu'on ait de l'imagination pour commencer, voilà ce qu'elle a enseigné à beaucoup de jeunes écrivains. Une fois, comme Hemingway avait écrit dans une de ses nouvelles que Gertrude Stein savait toujours ce qu'il y avait de bon dans un Cézanne, elle lui jeta un coup d'œil et lui dit : « Hemingway, la littérature n'est pas faite d'opinions. »

Souvent les jeunes, quand ils ont appris d'elle tout ce qu'ils peuvent, l'accusent d'avoir un orgueil démesuré. Elle répond : « Oui, bien entendu. » Elle sait que dans la littérature anglaise contemporaine, elle est la seule. Elle l'a toujours su, et maintenant elle le dit.

Elle comprend très bien le mécanisme de la création, c'est pourquoi ses avis et ses critiques sont d'un si grand prix pour tous ses amis. Bien souvent j'ai entendu Picasso lui dire, après qu'elle lui avait fait quelque remarque sur une de ses toiles, et l'avait illustrée en lui parlant d'une chose qu'elle-même elle cherchait à faire : « Racontez-moi ça. » Eux deux, même aujourd'hui, ont de longues conversations solitaires. Ils s'asseyent sur deux petites chaises basses dans son atelier, genou contre genou, et Picasso dit : « Expliquez-moi ça. » Et ils s'expliquent l'un à l'autre. Ils parlent de tout, de tableaux, de chiens, de la mort, du malheur. Parce que Picasso est un Espagnol et que pour lui la vie est tragique, amère, douloureuse. Gertrude Stein souvent en descendant de l'atelier me dit : « Pablo vient de me persuader que je suis aussi malheureuse que lui. Il le soutient et il prétend que j'ai autant de raisons que lui d'être malheureuse. — Mais, êtes-vous malheureuse ? lui dis-je. — Ah ! dit-elle, en ai-je l'air ? Je ne le crois pas. » Et elle se met à rire. « Il dit, raconte-t-elle, que je n'ai pas l'air malheureuse parce que j'ai plus de courage que lui, mais je ne le crois pas, non, je ne crois pas que je sois malheureuse. »

Ainsi Gertrude Stein, après un hiver à Baltimore, où elle s'humanisa et se libéra de l'adolescence et de la solitude, alla à Radcliffe [1]. Là elle se plut beaucoup.

Elle se trouvait dans un groupe d'étudiants de Harvard et d'étudiantes de Radcliffe, qui vivaient ensemble très intimement et d'une façon très intéressante. Un d'eux, un jeune philosophe et mathématicien, qui préparait une thèse de psycho-

---

1. Radcliffe est une université féminine fondée auprès de la fameuse université Harvard et sa sœur jumelle. A Harvard il n'y a que des étudiants, à Radcliffe que des étudiantes, mais beaucoup de professeurs enseignent dans les deux institutions.

logie, a laissé une marque profonde dans sa vie. Elle et lui travaillaient ensemble à une série d'expériences sur l'écriture automatique sous la direction de Munsterberg. Le résultat de ces expériences, tel que Gertrude Stein le rédigea, et qu'il fut imprimé dans la *Psychological Review* de Harvard, fut le premier de ses écrits à être imprimé. C'est fort intéressant à lire, car on y trouve déjà indiqués la méthode et le genre d'écriture qu'elle développa plus tard lors de la rédaction de *Three Lives*.

Dans la vie de Gertrude Stein à Radcliffe, la personne qui tint le plus de place fut William James. Elle jouissait fort de sa vie et d'elle-même. Elle était secrétaire du club philosophique et elle trouvait plaisir à fréquenter toutes sortes de gens. Elle aimait à poser des questions aux gens, et elle aimait à répondre aux questions. Elle aimait tout cela. Mais, dans cette période de sa vie, les impressions les plus profondes qu'elle ressentit lui vinrent de William James.

Il est assez curieux que l'œuvre de Henry James ne l'ait point du tout intéressée à cette époque, car, maintenant, elle a pour lui une très grande admiration et elle le considère formellement comme son devancier, le seul écrivain du XIXe siècle qui, comme Américain, devina les méthodes littéraires du XXe. Gertrude Stein parle toujours des Etats-Unis comme du pays le plus vieux du monde, parce que l'Amérique, grâce aux transformations résultant de la guerre de Sécession et de la réorganisation commerciale qui la suivit, a créé le XXe siècle ; or tous les autres pays commencent tout juste à vivre la vie du XXe siècle ou à se préparer à la vivre ; l'Amérique, qui a commencé vers 1860 la création du XXe siècle, est donc bien le plus ancien pays du monde.

De même elle soutient que Henry James fut le premier en littérature qui sut s'orienter vers les méthodes littéraires du XXe siècle. Mais il est drôle que durant toute sa période de formation elle ne l'ait jamais lu et ne se soit point intéressée à lui. Comme elle le dit elle-même souvent, on a toujours une antipathie spontanée pour ses parents et une sympathie spontanée pour ses grands-parents. Les parents sont trop proches, ils sont gênants, on a besoin de solitude. Telle est peut-être la raison pour laquelle Gertrude Stein ne s'est mise à lire Henry James que tout récemment.

William James l'enchantait. Sa personnalité, son enseignement, sa manière de jouer avec lui-même pour son bénéfice et celui des étudiants, tout en lui lui plaisait. « Gardez votre liberté d'esprit », disait-il souvent ; et quand un étudiant répliquait : « Mais, Professor James, ce que je dis est vrai, je vous assure », il répondait : « Oui, c'est grossièrement vrai. »

Gertrude Stein n'eut jamais de réactions subconscientes et ne fut jamais un sujet satisfaisant pour les expériences d'écritures automatiques.

Sur le désir formellement exprimé de William James et bien qu'elle n'eût pas son baccalauréat, elle faisait partie d'un « séminaire » de psychologie où un étudiant préparait un travail sur la suggestion et le subconscient. Pour cela il s'était livré à une série d'expériences et quand il lut son travail sur les résultats de ses expériences, il commença par expliquer qu'un de ses sujets avait donné des résultats strictement négatifs, ce qui abaissait beaucoup la moyenne et ruinait les conclusions de ses expériences ; il souhaitait donc d'être autorisé à éliminer ce sujet. « De qui s'agit-il ? demanda James. — De Miss Stein, répondit l'étudiant. — Ah, reprit James, si Miss Stein n'a pas donné de résultats positifs, ce doit être qu'il était aussi normal de ne pas donner de résultats positifs que d'en donner, et il ne faut assurément pas éliminer ce témoignage. »

C'était une ravissante journée de printemps ; depuis une semaine, Gertrude Stein avait été à l'Opéra tous les soirs et aussi durant l'après-midi, et elle avait eu mille choses à faire, bien que ce fût la saison des examens de fin d'année et que ce fût le jour de l'examen sur le cours de William James. Elle s'assit et posa la feuille des questions devant elle, mais elle ne put rien écrire. « Mon cher Professeur James, finit-elle par mettre au haut de sa feuille, je suis bien désolée, mais vraiment je ne me sens pas du tout capable aujourd'hui de rédiger un examen de philosophie », et elle s'en alla.

Le lendemain, elle reçut une carte postale de William James qui lui écrivait : « Ma chère Miss Stein, je comprends très bien votre état d'esprit ; c'est souvent le mien aussi », et au-dessous il avait marqué sa note, la plus haute qu'il ait donnée pour ce cours.

A l'époque où Gertrude Stein terminait sa dernière année à Radcliffe, William James lui demanda un jour ce qu'elle allait faire. Elle répondit qu'elle n'en avait pas la moindre idée. « Eh bien, dit-il, vous devriez faire soit de la philosophie, soit de la psychologie. Mais pour la philosophie il vous faut des mathématiques supérieures, et je ne pense pas qu'elles vous aient jamais beaucoup intéressée. Pour la psychologie il vous faut une formation médicale ; du reste, une formation médicale ouvre toutes les portes, comme me le disait Olivier Wendell Holmes et comme je vous le dis. » Gertrude Stein s'était intéressée à la biologie et à la chimie, aussi lui était-il facile d'entrer à l'Ecole de médecine.

Cela lui fut facile malgré une difficulté qu'elle rencontra : Gertrude Stein n'avait jamais passé que la moitié des examens d'entrée de Radcliffe, car elle n'avait jamais eu l'intention d'y prendre son baccalauréat. Pourtant, avec bien de la peine et d'innombrables répétitions, on s'en tira et Gertrude Stein entra à l'Ecole de médecine de Johns Hopkins[1].

Quelques années plus tard, quand Gertrude Stein et son frère venaient d'entrer en relation avec Matisse et Picasso, William James vint à Paris, et ils le virent. Elle alla lui rendre visite à son hôtel. Il s'intéressa beaucoup à ce qu'elle faisait, à ce qu'elle écrivait et aux tableaux dont elle lui parla. Il alla chez elle avec elle pour les voir. Il les regarda bouche bée : « Je vous ai bien dit, répétait-il, je vous ai toujours dit qu'il fallait toujours garder votre liberté d'esprit. »

Il y a environ deux ans, il arriva une chose étrange. Gertrude Stein reçut une lettre d'un homme de Boston. Il était clair, d'après l'en-tête de la lettre, que l'homme appartenait à une firme d'avocats. Il racontait dans sa lettre qu'il avait découvert récemment, en feuilletant des livres à la bibliothèque de Harvard, que la bibliothèque de William James avait été donnée à la bibliothèque de Harvard. Parmi ces livres se trouvait l'exemplaire de *Three Lives* que Gertrude Stein avait envoyé à James avec une dédicace. Et sur les marges du livre se voyaient des annotations que William James avait évidemment faites pendant qu'il lisait le livre. L'homme ajoutait que probable-

---

1. L'Université de Johns Hopkins, à Baltimore, est l'un des centres les plus fameux de l'enseignement supérieur aux Etats-Unis.

ment ces annotations intéresseraient fort Gertrude Stein ; et il offrait, si elle le voulait, de les copier et de les lui envoyer, car il s'était approprié le livre, il l'avait pris et il le considérait comme sien. Nous fûmes bien embarrassées et nous demandâmes ce qu'il fallait répondre. Enfin, on envoya une note pour dire que Gertrude Stein serait heureuse de recevoir une copie des annotations de William James. En réponse, on reçut un manuscrit rédigé par l'homme lui-même, qui souhaitait de recevoir les avis de Gertrude Stein sur cette œuvre. Dans l'embarras de savoir comment se tirer de tout cet imbroglio, Gertrude Stein ne fit rien.

Elle passa donc ses examens d'entrée et s'installa à Baltimore, où elle suivit les cours de l'Ecole de médecine. Elle avait une bonne nommée Léna, et c'est son histoire que Gertrude Stein écrivit dans la suite et qui fut le premier récit de *Three Lives*.

Les deux premières années de l'Ecole de médecine se passèrent bien. Ce n'était que travail de laboratoire, et Gertrude Stein, sous la direction de Llevelyn Barker, se lança aussitôt dans des recherches originales. Elle commença une étude de toutes les localisations cérébrales, l'ébauche d'une étude comparative. Tout cela fut plus tard incorporé dans le livre de Llevelyn Barker. Le docteur Mall, professeur d'anatomie, qui dirigeait les travaux, l'enchantait. Elle cite toujours de lui la réponse qu'il faisait aux étudiants qui venaient s'excuser de quelque erreur auprès de lui : il prenait un air songeur et il disait : « Oui, c'est exactement comme notre cuisinière. Elle a toujours une bonne raison. Elle n'apporte jamais les plats chauds sur la table. En été, bien entendu, elle ne le peut pas parce qu'il fait trop chaud ; en hiver cela lui est impossible parce qu'il fait trop froid ; oui, elle a toujours une bonne raison. » Le docteur Mall professait que chacun développe sa propre technique. Il remarquait aussi : « On n'apprend jamais rien à personne ; au début tous les étudiants manient gauchement leur scalpel, ensuite tous les étudiants manient adroitement leur scalpel, sans que personne ait jamais rien enseigné à personne. »

Les deux premières années de l'Ecole de médecine plurent assez à Gertrude Stein. Cela l'amusait de connaître beaucoup de gens et de se trouver mêlée à mille histoires ; l'Ecole ne l'intéressait pas beaucoup, mais elle ne l'ennuyait pas trop ; et, en fin de compte, elle avait une masse de parents très gentils à Baltimore et elle en jouissait. Mais les deux dernières années de l'Ecole de médecine l'ennuyèrent, elles l'ennuyèrent franchement, lourdement. Il y avait bon nombre d'intrigues et de conflits parmi les étudiants, et cela l'amusait, mais la pratique et la théorie de la médecine ne l'intéressaient en rien. On se rendait assez bien compte parmi ses professeurs que tout cela l'ennuyait, mais comme ses deux premières années de travail scientifique lui avaient procuré quelque réputation, tous les professeurs lui donnaient les notes indispensables, et la fin de la dernière année approchait sans encombre. C'est alors qu'elle dut passer à son tour dans le service des accouchements, et qu'elle remarqua les nègres et les lieux qu'elle utilisa pour la seconde histoire de *Three Lives* : *Melanctha Herbert*, le récit qui devait être le début de son œuvre révolutionnaire. Comme elle le dit toujours, elle porte en elle beaucoup d'inertie, et une fois mise en branle elle suit le mouvement jusqu'au moment où elle s'engage dans une autre direction.

L'époque des examens de sortie approchait, et certains parmi les professeurs étaient irrités contre elle. Les maîtres les plus fameux, comme Halstead, Osler, etc., qui connaissaient sa réputation d'esprit original et de chercheuse, traitaient les examens comme une simple formalité et lui donnaient des notes moyennes. Mais d'autres n'étaient pas si aimables. Gertrude Stein avait l'habitude de rire toujours et cela créait bien des difficultés. On lui posait une question, ce qui, comme elle le disait à ses amis, était bien sot de leur part, car ces professeurs auraient dû savoir qu'il y avait tellement d'autres étudiants qui eux étaient avides de répondre. Pourtant on lui posait des questions de temps en temps, et que pouvait-elle faire, puisqu'elle ne connaissait point les réponses, comme elle le disait ? Mais eux ne croyaient pas qu'elle ne les connût pas et ils pensaient simplement qu'elle se refusait à répondre parce qu'elle considérait les questionneurs comme trop peu importants pour mériter une réponse. Comme elle le disait, il en résultait une situation difficile, elle ne pouvait point faire des excuses et expliquer qu'elle était accablée d'ennui au point de ne pouvoir se rappeler les notions que les plus médiocres des étudiants en médecine étaient incapables d'oublier. Aussi l'un des professeurs déclara-t-il que malgré la faiblesse des maîtres fameux, qui étaient prêts à la recevoir, il avait l'intention, lui, de lui donner une leçon et de refuser de lui accorder la moyenne dont elle avait besoin pour passer l'examen, ainsi elle ne pourrait pas avoir son diplôme. Toute l'école de médecine en fut agitée. Et l'amie la plus intime de Gertrude Stein, Marion Walker, insista auprès d'elle disant : « Gertrude, ne trahissez pas la cause de la femme ! » Mais Gertrude Stein répondit : « Vous ne savez pas à quel point je suis accablée d'ennui ! »

Le professeur, qui lui avait mis une mauvaise note, la pria de le venir voir. Et elle y fut. Il lui dit : « Bien entendu, Mademoiselle, tout ce que vous avez à faire est de suivre les cours cet été ici et à l'automne, bien entendu, vous aurez votre diplôme. — Pas du tout, dit-elle, vous ne pouvez pas vous imaginer combien je vous suis reconnaissante, j'ai tant d'inertie en moi et si peu d'initiative que, si vous ne m'aviez pas empêchée de recevoir le diplôme, j'aurais pu, sinon pratiquer la médecine, du moins faire de la psychologie pathologique, et vous ne pouvez imaginer combien j'ai peu de goût pour la psychologie pathologique et combien la médecine m'ennuie. » Le professeur resta abasourdi par cette réponse et ce fut la fin de l'éducation médicale de Gertrude Stein.

Elle dit toujours qu'elle déteste l'anormal, c'est si facile à comprendre. Elle affirme que le normal, dans sa simplicité, est bien plus complexe et bien plus intéressant.

Il y a quelques années, Marion Walker, la vieille amie de Gertrude Stein, vint la voir à Bilignin où nous passions l'été. Elle et Gertrude Stein ne s'étaient pas vues depuis ce vieux temps, et elles n'avaient même point correspondu, mais elles restaient aussi attachées l'une à l'autre que jadis, et elles étaient en désaccord aussi violent qu'alors au sujet de « la cause de la femme ». « Non pas, comme Gertrude Stein l'expliqua à Marion Walker, qu'elle ait rien contre la cause de la femme ou toute autre cause, mais simplement, ça ne la regarde pas. »

Pendant ces années de Radcliffe et de Johns Hopkins elle avait passé de nombreux étés en Europe. Durant les deux dernières années son frère avait pris une installation à Florence, et maintenant que toutes les préoccupations médicales étaient disparues pour elle, elle se décida à le rejoindre et ils s'installèrent à Londres pour l'hiver.

Ils s'installèrent chez eux à Londres, fort confortablement. Par les Berenson ils firent connaissance de beaucoup de gens, Bertrand Russell, les Zangwill, Willard et Josiah Flint qui avait une documentation complète sur les cabarets de Londres, mais ça n'amusait pas beaucoup Gertrude Stein. Elle se mit à passer ses jours à la bibliothèque du British Museum, où elle allait lire les écrivains élizabéthains. Elle en revenait à ses amours de jeunesse, Shakespeare et les élizabéthains, et elle se donnait corps et âme à la prose élizabéthaine et particulièrement à la prose de Greene. Elle avait de petits cahiers pleins des phrases qui lui plaisaient, comme elles lui avaient plu quand elle était enfant. Le reste du temps elle se promenait à travers les rues de Londres et elle était frappée par leur aspect déprimant et lugubre. Elle n'a jamais pu surmonter cette impression et elle n'a jamais désiré retourner à Londres. En 1912 seulement elle s'y rendit pour voir John Lane, l'éditeur, et elle vécut alors d'une façon très agréable, elle habita chez des gens très gais et très gentils, en sorte qu'elle oublia cette vieille impression, et s'éprit de Londres.

Elle dit toujours que sa première visite à Londres lui avait montré Londres comme Dickens le montrait et que Dickens lui avait toujours fait peur. Comme elle le dit, c'est facile de lui faire peur, et le Londres de Dickens ne manquait certes pas de lui faire peur.

Il y avait des compensations : la prose de Greene d'abord et puis les romans d'Anthony Trollope, qu'elle découvrit alors et qui lui apparut comme le plus grand des romanciers victoriens anglais. Elle réunit la collection complète de ses œuvres, dont certaines étaient difficiles à trouver et que l'on trouvait seulement en volumes Tauchnitz, et c'est de cette collection que parle Robert Coates quand il dit que Gertrude Stein prêtait alors des livres aux jeunes écrivains. Elle acheta aussi une grande masse de mémoires du XVIIIe siècle, parmi lesquels les Correspondances de Creevy et de Walpole, et c'est ce qu'elle prêta à Bravig Imbs quand il écrivit ce livre qu'elle juge si beau, *La Vie de Chatterton*. Elle lit un grand nombre de livres, mais à la bonne franquette, peu lui importe l'édition ou l'impression, pourvu que les caractères soient bons, et même cela ne la préoccupe pas beaucoup. C'est à ce moment-là aussi qu'elle cessa de se soucier de l'époque où elle n'aurait plus aucun livre à lire ; elle dit qu'elle sentit alors qu'elle serait toujours capable de trouver quelque chose à lire.

Mais Londres était lugubre ; les femmes et les enfants ivres, la tristesse et la solitude des rues ranimèrent en elle toute la mélancolie de son adolescence, et un beau jour elle déclara qu'elle allait partir pour l'Amérique, et elle partit. Elle demeura en Amérique le reste de l'hiver. Entre-temps son frère avait aussi quitté Londres et s'en était allé à Paris, où elle le rejoignit plus tard. Elle se mit aussitôt à écrire. Elle écrivit un roman.

Ce qu'il y a de drôle c'est qu'elle oublia complètement ce court roman durant des années. Elle se rappelait fort bien comment, un peu plus tard, elle commença à écrire *Three Lives*, mais elle avait tout à fait oublié cette première œuvre, elle ne m'en avait même jamais parlé durant le début de nos relations. Elle devait l'avoir oubliée presque entièrement. Mais ce printemps, deux jours avant notre départ pour la campagne, comme elle cherchait des manuscrits de *The Making of Americans*, qu'elle voulait montrer à Bernard Faÿ, elle tomba sur deux cahiers calligraphiés avec soin, le texte de ce premier roman oublié. Elle éprouva de la gêne et de la timidité à le revoir, et elle ne se décida pas à le relire. Louis Bromfield était chez nous ce soir-là et elle lui tendit le manuscrit en lui disant : « Lisez-le. »

CHAPITRE V

1907-1914

Ainsi débuta notre vie parisienne, et comme tous les chemins mènent à Paris, nous nous y trouvons tous maintenant, et je puis commencer à dire ce qui s'y passa quand j'y fus moi-même.

Au début de mon séjour à Paris, je descendis avec une amie dans un petit hôtel du boulevard Saint-Michel, puis nous prîmes un petit appartement rue Notre-Dame-des-Champs, et enfin, après le départ de mon amie, retournée en Californie, je m'installai avec Gertrude Stein rue de Fleurus.

J'avais déjà été rue de Fleurus tous les samedis soir et bien d'autres fois encore. J'aidais Gertrude Stein à corriger les épreuves de *Three Lives*, puis je commençais à dactylographier *The Making of Americans*. La méchante petite machine à écrire de fabrication française de Gertrude Stein n'était pas assez solide pour permettre de copier un si grand livre et nous dûmes acheter une Smith Premier, grande et imposante, qui parut d'abord assez insolite dans l'atelier, mais bientôt nous nous y habituâmes tous et elle resta là jusqu'au jour où nous achetâmes une machine portative, c'est-à-dire jusqu'à la guerre.

Comme je l'ai dit, Fernande fut la première femme d'un génie avec qui je conversai. Toutes sortes de génies venaient voir Gertrude Stein et causer avec elle, tandis que leurs femmes causaient avec moi. Je commençai par Fernande, puis il y eut madame Matisse, Marcelle Braque, Josette Gris, Eve Picasso, Bridget Gibb, Marjorie Gibb, madame Ford Maddox Ford, Hadley et Pauline Hemingway, madame Sherwood Anderson, madame Bravig Imbs, et un grand nombre d'autres génies, sous-génies, et génies éventuels, tous ayant femme, qui vinrent visiter mademoiselle Stein et dont les femmes causèrent avec moi, puis ensuite, beaucoup plus tard, je causai aussi avec tous les maris. Mais je commençai par Fernande.

J'allai aussi à la Casa Ricci à Fiesole avec Gertrude Stein et son frère. Comme je me rappelle bien ce premier été que je passai avec eux ! Nous fîmes ensemble toutes sortes de choses charmantes. Gertrude Stein et moi prîmes un fiacre, je pense que c'était le seul fiacre de Fiesole ; et ce vieux fiacre nous conduisit jusqu'à Sienne. Gertrude Stein avait une fois, avec une amie, fait tout ce trajet à pied, mais par ces chaudes journées d'Italie, je préférais un fiacre. Ce fut un charmant voyage. Une autre fois nous allâmes à Rome et nous rapportâmes un magnifique plat noir de la Renaissance. Maddalena, notre vieille cuisinière italienne, entra un matin dans la chambre de Gertrude Stein pour lui apporter l'eau chaude de son bain. Gertrude Stein avait le hoquet. « Mais la signora ne peut-elle l'arrêter ? demanda Maddalena fort inquiète. — Non », répondit Gertrude Stein, entre deux hoquets. Maddalena s'en alla en secouant la tête, tristement. Un instant plus tard nous entendîmes un horrible fracas. Et Maddalena rentra en courant : « Oh, signora, signora, dit-elle, j'étais si bouleversée que j'ai cassé le plat noir que la signora avait rapporté si soigneusement de Rome. » Gertrude Stein se mit à jurer. Elle a la coupable habitude de jurer dès qu'un accident inattendu se produit, et elle me dit toujours qu'on lui a appris ça en Californie ; et moi, en loyale Californienne, je n'ai plus rien à dire. Elle jura et le hoquet cessa. Le visage de Maddalena s'illumina de sourires rayonnants. « Oh ! la signorina, dit-elle, son hoquet a passé ! Non, non, je n'ai pas cassé le beau plat, j'ai seulement fait du bruit pour qu'on le croie et j'ai dit que je l'avais cassé, pour faire passer le hoquet de la signorina. »

Gertrude Stein est très patiente avec les gens qui cassent même ses objets les plus chéris, c'est-à-dire avec moi, qui, je dois l'avouer bien à regret, en casse le plus grand nombre. Ni elle, ni la bonne, ni le chien ne cassent jamais ces objets, car la bonne n'y touche jamais, mais moi je les époussette et, parfois, hélas, par accident, j'en brise quelqu'un. Je la supplie toujours de me promettre qu'elle me laissera les faire réparer par un expert, avant de lui avouer lequel de ses trésors a été ainsi brisé, mais elle répond toujours qu'ils ne lui procurent plus aucun plaisir s'ils sont réparés, mais « tout de même, ça va, faites-les réparer ». Ainsi on les répare puis on les range dans une armoire. Elle aime beaucoup les objets cassables, qu'ils soient précieux ou sans valeur : un poulet de porcelaine acheté chez l'épicier, ou un pigeon de verre acheté à la foire (comme celui qu'on vient de casser ce matin, mais cette fois ce n'était pas moi qui l'avais cassé), tous elle les aime et elle se les rappelle tous, mais elle sait que tôt ou tard ils se casseront, et elle dit que ça lui est égal puisque, pour eux comme pour les livres, elle sait maintenant qu'il y en aura toujours de nouveaux à sa disposition. Mais moi, cela ne me console pas. Elle dit qu'elle aime les objets qu'elle a, et qu'elle aime l'aventure d'en découvrir de nouveaux. C'est aussi ce qu'elle dit toujours des jeunes peintres, et de toutes choses, « une fois que tout le monde sait qu'ils ont de la valeur, l'aventure est finie ». Et Picasso ajoute en soupirant : « Mais même après que tout le monde a reconnu leur valeur, ça ne fait pas qu'il y ait plus de gens qui les aiment vraiment qu'à l'époque où seuls un petit nombre de gens les avaient découverts ! »

Il me fallut faire une course par la chaleur cet été-là. Gertrude Stein soutenait que nul ne devait aller à Assise autrement qu'à pied. Elle a trois saints favoris, saint Ignace de Loyola, sainte Thérèse d'Avila, et saint François d'Assise. Moi, hélas, je n'ai qu'un saint préféré, saint Antoine de Padoue, parce qu'il retrouve pour moi les objets perdus, et comme me le disait un jour le frère aîné de Gertrude Stein, si j'étais un général, je ne perdrais jamais une bataille, je l'égarerais seulement. Saint Antoine m'aiderait à la trouver. Je mets toujours beaucoup d'argent dans ses troncs dans toutes les églises que je visite. D'abord Gertrude Stein protestait que ce n'était pas raisonnable, mais maintenant elle en a vu la nécessité, et, quand je ne suis pas avec elle, elle se rappelle saint Antoine pour moi.

C'était une très chaude journée italienne, et nous partîmes, comme d'ordinaire, vers midi, l'heure que Gertrude Stein préfère pour ses promenades, parce que c'est l'heure la plus chaude, et aussi parce que probablement saint François avait suivi cette route le plus souvent à cette heure, lui qui l'avait parcourue à toute heure. Nous partîmes de Pérouse, de l'autre côté de la vallée torride. Graduellement je me débarrassais d'un vêtement après l'autre, car à cette époque on portait bien plus de vêtements qu'aujourd'hui ; et moi, qui me souciais alors déjà bien peu des conventions, j'ôtai mes bas, mais, même ainsi allégée, je répandis quelques larmes avant d'arriver au but, car nous arrivâmes au but. Gertrude Stein aimait beaucoup Assise pour deux raisons, à cause de saint François et de la beauté de la ville, à cause des vieilles femmes qui, au lieu de mener paître sur les collines d'Assise une chèvre, menaient un petit cochon en laisse. Le petit cochon noir portait toujours un ruban rouge. Gertrude Stein avait toujours aimé les petits cochons et elle disait que dans sa vieillesse elle espérait se promener ainsi le long des collines d'Assise avec un petit cochon noir. Maintenant elle se promène sur les collines de l'Ain avec un grand caniche blanc et un petit chien noir ; j'imagine que c'est aussi bien.

Elle a toujours aimé les cochons, c'est pourquoi Picasso lui fit et lui donna de charmants dessins de l'Enfant Prodigue parmi des cochons. Et aussi une ravissante étude de cochons, tout seuls. C'est vers cette époque aussi qu'il fit pour elle la plus petite de toutes les décorations de plafond sur un tout petit panneau de bois, et c'était un « hommage à Gertrude » avec des femmes et des anges apportant des fruits et jouant de la trompette. Durant des années elle la fit placer au-dessus de son lit. Après la guerre seulement elle la suspendit au mur.

Mais revenons au début de ma vie à Paris. Elle avait pour centre la rue de Fleurus et les samedis soir ; c'était comme un kaléidoscope qui tourne doucement.

Qu'arrivait-il alors ? Il arrivait tant de choses !

Comme je l'ai dit, quand je devins une habituée de la rue de Fleurus, Pablo Picasso et Fernande étaient de nouveau ensemble.

Cet été-là ils retournèrent en Espagne et ils en revinrent avec des paysages espagnols ; l'on peut dire que ces paysages (dont deux se trouvent encore rue de Fleurus, et l'autre à Moscou dans la collection que Sloukine fonda et qui est devenue propriété nationale) furent le début du cubisme. La sculpture africaine n'exerçait encore sur Picasso aucune influence. Cézanne, par contre, exerçait sur lui une grande influence surtout par les aquarelles de la fin de sa vie, et cette habitude de construire ses ciels non en cubes, mais au moyen de blancs.

Pourtant l'essentiel, son traitement des maisons, était tout espagnol, et par conséquent bien propre à Picasso. Dans ces tableaux il mettait en relief pour la première fois la méthode de construction des villages espagnols, où les lignes des maisons ne suivent point les lignes du paysage, mais semblent le découper, et semblent se perdre dans le paysage, en découpant le paysage. Ce fut plus tard le principe suivi pour le camouflage des canons et des navires de guerre. La première année de la guerre, Picasso, et Eve, avec qui il vivait alors, Gertrude Stein et moi-même, nous nous promenions ensemble sur le boulevard Raspail par un soir froid d'hiver. Il n'y a rien sur terre de plus froid que le boulevard Raspail par un soir froid d'hiver, nous appelions ça la retraite de Moscou. Tout à coup un grand canon traversa la rue, le premier canon qu'aucun d'entre nous ait vu peint, c'est-à-dire camouflé. Pablo s'arrêta, cloué sur place : « C'est nous qui avons fait ça ! » dit-il. Et il avait raison ; c'était lui qui avait fait ça. De Cézanne par lui on en était arrivé là. Ses prévisions se trouvaient justifiées.

Mais revenons-en aux trois paysages. Quand on les suspendit au mur, naturellement tout le monde commença par protester. Il arriva que Picasso et Fernande avaient pris quelques photographies des villages qu'il avait peints et il avait donné des exemplaires de ces photographies à Gertrude Stein. Quand on lui disait que les cubes de ces paysages ne ressemblaient qu'à des cubes, Gertrude Stein se mettait à rire et disait : « Si vous souteniez que ces paysages sont trop réalistes, vous n'auriez point tout à fait tort. » Puis elle montrait les photographies et en fait, comme elle le disait à très juste titre, « les tableaux pouvaient seulement être accusés d'être une copie trop photographique du réel ». Bien des années plus tard Elliot Paul, à la suggestion de Gertrude Stein, fit faire une photographie du tableau de Picasso et des photographies des villages qui lui avaient servi de modèles, et il plaça le tout sur une page de *Transition* ; c'était très intéressant. Ce fut bien là alors le commencement du cubisme. La couleur elle aussi était typiquement espagnole, ce jaune pâle et argenté avec un soupçon de vert, cette couleur si fameuse que l'on retrouve dans les toiles cubistes de Picasso comme dans celles de ses successeurs.

Gertrude Stein dit toujours que le cubisme est une conception purement espagnole, que seuls les Espagnols peuvent être cubistes et que le seul vrai cubisme est celui de Picasso et de Juan Gris. Picasso le créa et Juan Gris lui donna son caractère de clarté et d'exaltation. Pour le comprendre, il suffit de lire *La Vie et la Mort de Juan Gris* par Gertrude Stein, écrite lors de la mort de celui qui fut l'un de ses deux plus chers amis, Picasso et Juan Gris, tous deux espagnols.

Elle dit toujours que les Américains peuvent comprendre les Espagnols. Que ce sont les deux seules nations occidentales qui peuvent parvenir à l'abstraction. Chez les Américains elle s'exprime par une sorte d'inhumanité littéraire et mécanique, en Espagne par un rituel si abstrait qu'il ne se rattache plus à rien qu'à un rituel.

Je me rappelle toujours le mot méprisant de Picasso à propos d'Allemands qui avaient déclaré qu'ils aimaient les courses de taureaux : « Bien entendu, dit-il avec colère, ils aiment le sang. » Pour un Espagnol ce n'est pas une cérémonie sanglante, mais un rite.

« Les Américains, dit Gertrude Stein, sont comme les Espagnols, ils sont abstraits et cruels. Ils ne sont pas brutaux, ils sont cruels. Ils n'ont point cette intimité étroite avec la terre qu'ont presque tous les Européens. Leur matérialisme n'est pas le matérialisme de l'être ni de la possession, c'est le matérialisme de l'action et de l'abstraction. Et ainsi le cubisme est espagnol. »

Nous fûmes très impressionnées, la première fois que Gertrude Stein et moi allâmes en Espagne (c'est-à-dire un an environ après le début du cubisme), de voir combien le cubisme était une production naturelle de l'Espagne. Dans les boutiques de Barcelone, au lieu de cartes postales, on vendait de petits cadres carrés à l'intérieur desquels il y avait un cigare, un vrai cigare, une pipe, un mouchoir, etc., etc., le tout rehaussé par des bouts de papier découpés qui représentaient d'autres objets, exactement l'arrangement de tant de peintures cubistes. C'est du moderne, qui, en Espagne, est vieux de plusieurs siècles.

Picasso, dans ses premières toiles cubistes, mettait des lettres d'imprimerie, et Juan Gris le faisait aussi, pour établir une relation fixe entre la surface peinte et un élément stable ; la lettre d'imprimerie fournissait l'élément stable. Graduellement, au lieu de se servir de caractères d'imprimerie, ils peignirent des lettres et tout fut gâché, Juan Gris seul peignait avec assez d'intensité une lettre d'imprimerie, pour pouvoir en tirer un contraste rigide avec le reste du tableau. Ainsi le cubisme s'établit petit à petit, mais il s'établit.

Ce fut alors que grandit l'intimité entre Braque et Picasso. Ce fut alors que Juan Gris, un jeune homme gauche et expansif, arriva de Madrid pour s'installer à Paris, et se mit à appeler Picasso « cher maître », au grand dépit de Picasso. C'est à propos de cela que Picasso s'était mis à appeler Braque « cher maître », pour continuer la plaisanterie, et j'ai le regret de dire qu'il y eut des sots pour prendre au sérieux cette plaisanterie de Picasso et pour se figurer que Picasso considérait Braque comme un maître.

Mais me voici une fois de plus en avance sur mon récit et sur ces premiers mois de Paris, quand je fis la connaissance de Fernande et de Picasso.

A cette époque il n'avait peint que trois paysages, et il commençait à peindre des têtes qui semblaient coupées selon des plans, et aussi de longues miches de pain.

A cette époque, Matisse, toujours à la tête de son école, commençait à être connu, tellement connu, qu'à la surprise de tous, Bernheim jeune, une firme très bourgeoise, lui offrait un contrat pour son œuvre entière à un très bon prix. Quel beau moment.

Derrière tout cela il y avait l'influence d'un homme nommé Fénéon. « Il est très fin », disait Matisse, que Fénéon impressionnait fort. Fénéon était un journaliste, un journaliste français, qui avait inventé le feuilleton en deux lignes, c'est-à-dire ce procédé qui consiste à résumer en deux lignes les nouvelles du jour. Il ressemblait à une caricature de l'Oncle Sam déguisé en Français, et Toulouse-Lautrec, dans une de ses scènes de cirque, avait fait son portrait, debout devant le rideau.

Les Bernheim, qui, pour des raisons inconnues, venaient de prendre Fénéon dans leur maison, se décidaient donc à lier partie avec la nouvelle génération de peintres.

Cela n'alla pas tout seul et, en tout cas, ce contrat ne dura pas longtemps, mais ça changea la chance de Matisse. Désormais il eut une position établie. Il acheta une maison et un lopin de terre à Clamart, et il alla s'y installer. Voici la maison telle que je la vis.

La maison de Clamart était très confortable ; à vrai dire la salle de bains, que la famille, à cause de ses contacts avec les Américains, appréciait fort (les Matisse, il faut aussi le dire, avaient toujours été scrupuleusement propres et bien tenus), la salle de bains était au rez-de-chaussée, contre la salle à manger. Mais c'était très bien ainsi ; du reste c'était, et c'est, une coutume française pour les maisons françaises. Ça rend la salle de bains plus intime de la mettre au rez-de-chaussée. Il n'y a pas si longtemps que, visitant la nouvelle maison que Braque était en train de construire, nous remarquâmes la salle de bains, cette fois non pas même au rez-de-chaussée, mais au sous-sol, sous le salon. Quand nous demandâmes : « Mais pourquoi ? », on nous répondit : « Parce que ce sera plus près du calorifère et par conséquent plus chaud. »

Il y avait beaucoup de place à Clamart, et Matisse, avec un mélange d'orgueil et de regret, nommait son jardin « le petit Luxembourg ». Il y avait aussi une serre chaude pour les fleurs. Plus tard ils y firent pousser des bégonias qui ne cessaient de devenir de plus en plus petits. Au-delà il y avait des lilas, et encore au-delà un atelier démontable. Ils l'aimaient extrêmement. Madame Matisse, quotidiennement, faisait la folie modeste de venir contempler sa serre et cueillir des fleurs, tandis que son taxi l'attendait à la porte. A cette époque seuls les millionnaires faisaient attendre leurs taxis, et ils ne le faisaient qu'aux grandes occasions.

Les Matisse déménagèrent, et se trouvèrent très bien chez eux. Et bientôt l'énorme atelier fut plein de statues énormes et d'énormes tableaux. C'était la période de l'énorme pour Matisse. Bientôt aussi il trouva Clamart si beau, qu'il ne pouvait plus se résigner à rentrer le soir, c'est-à-dire qu'il lui était très dur de le quitter pour Paris, quand il s'y rendait pour son heure de dessin d'après le nu, comme il l'avait fait tous les après-midi de sa vie depuis le commencement. Son atelier n'existait plus, le Gouvernement avait repris le vieux couvent et en avait fait un lycée ; l'atelier alors avait été fermé.

Ce fut le début de jours très prospères pour les Matisse. Ils allèrent en Algérie, ils allèrent à Tanger, leurs fidèles disciples allemands leur envoyèrent des vins du Rhin, et un magnifique chien policier allemand, le premier de cette race qu'aucun d'entre nous ait vu.

Puis Matisse eut une grande exposition à Berlin. Je me rappelle si bien un jour de printemps charmant, où nous devions aller déjeuner à Clamart avec les Matisse. Quand nous y arrivâmes, ils étaient tous assemblés autour d'une énorme caisse, dont on venait d'ôter le couvercle. Nous nous joignîmes à eux ; dans la caisse, il y avait la plus grande couronne de laurier que l'on eût jamais tressée, et elle était ornée d'un beau ruban rouge. Matisse montra à Gertrude Stein une carte qui se trouvait dans le paquet. On y voyait inscrit : « A Henri Matisse, triomphant sur le champ de bataille de Berlin », et c'était signé : « Thomas Whittemore. » Thomas Whittemore était un archéologue bostonien et un professeur à Tufts College, un grand admirateur de Matisse, et c'était un tribut qu'il envoyait au maître. Mais Matisse déclara sur un ton encore plus lugubre que d'ordinaire : « Enfin, pourtant, je ne suis pas encore mort ! » Madame Matisse, une fois passé le premier moment d'ennui, déclara : « Mais, Henri, regarde », et, se baissant, elle arracha une feuille et la goûta : « C'est du vrai laurier, pense comme ça fera bien dans la soupe. Et puis », dit-elle encore, de plus en plus contente, « le ruban fera très bien et pourra servir longtemps comme nœud pour les cheveux de Margot. »

Les Matisse demeurèrent à Clamart d'une façon plus ou moins stable jusqu'à la guerre. A cette époque, Gertrude Stein et eux se fréquentèrent de moins en moins.

Puis, durant la guerre, on les vit chez nous assez souvent. Ils se sentaient solitaires et inquiets, la famille de Matisse, à Saint-Quentin, se trouvait derrière les lignes allemandes et son frère y était otage. C'est alors que madame Matisse m'enseigna à tricoter des gants de laine. Elle les faisait très vite et très bien et j'appris à les faire ainsi. Puis Matisse alla vivre à Nice et, d'une façon ou de l'autre, tout en restant de très bons amis, Gertrude Stein et Matisse cessèrent entièrement de se voir.

Les samedis soir, à cette époque éloignée, étaient fréquentés par de nombreux Hongrois, beaucoup d'Allemands, toutes sortes de gens de toutes sortes de pays, quelques Américains clairsemés et pratiquement point d'Anglais. Ils devaient se montrer plus tard, et, avec eux, apparurent l'aristocratie de tous les pays et même quelques personnages royaux.

Parmi les Allemands que l'on voyait à cette époque, se trouvait Pascin. C'était alors un être mince et brillant, il avait déjà acquis une réputation considérable grâce aux petites caricatures sobres qu'il publiait dans le *Simplicissimus*, le plus vivant de tous les journaux comiques allemands. Les autres Allemands racontaient sur lui d'étranges histoires. Il aurait été élevé dans une maison de prostitution, et aurait été le rejeton d'un sang inconnu et probablement royal, etc.

Lui et Gertrude Stein ne s'étaient point vus depuis ces temps lointains, mais il y a peu d'années ils se rencontrèrent au vernissage d'un jeune peintre hollandais, Kristians Tonny, qui avait été l'élève de Pascin, et dont l'œuvre intéressait alors Gertrude Stein. Ils eurent plaisir à se rencontrer et ils causèrent longuement ensemble.

Pascin était de beaucoup le plus amusant des Allemands, bien que j'hésite à faire cette déclaration à cause de Uhde, qui venait aussi chez nous.

A n'en point douter, Uhde était bien né, il n'était point un Allemand blond, mais il était grand, mince et brun, il avait le front très haut, et l'esprit très vif et très prompt. Lors de son arrivée à Paris il visita toutes les boutiques d'antiquaires et tous les bric-à-brac de Paris pour voir ce qu'il y pourrait trouver. Il n'y trouva pas grand-chose, sauf un Ingres supposé, et quelques très vieux Picasso, mais peut-être trouva-t-il autre chose encore. Quoi qu'il en soit, quand la guerre éclata, on l'accusa d'avoir été un des super-espions de l'état-major général allemand.

On racontait qu'on l'avait vu rôder autour du ministère de la Guerre français après que la guerre eut été déclarée, et assurément lui et un de ses amis avaient une maison de campagne tout près de ce qui fut plus tard la ligne Hindenburg. Enfin, quoi qu'il en soit, il était très gentil et très amusant. Il fut aussi le premier à faire commerce des tableaux du douanier Rousseau. Il avait une sorte de boutique d'art intime. C'est là que Braque et Picasso allaient le voir dans leurs habits les plus neufs et les plus canailles qu'ils pouvaient dénicher, et qu'ils se plaisaient, selon le meilleur style du cirque Médrano, à se présenter inlassablement l'un l'autre et à se prier sans cesse l'un l'autre de bien vouloir le présenter à monsieur Uhde.

Uhde, bien entendu, venait souvent les samedis soir rue de Fleurus, et il était toujours accompagné de beaux jeunes gens blonds et grands, qui faisaient claquer leurs talons et courbaient l'échine très bas quand on les présentait, puis passaient toute la soirée solennellement au garde-à-vous. Ils constituaient un fond très impressionnant pour le reste de la société. Je me rappelle un soir que le fils du grand érudit Bréal et sa femme, personne fort spirituelle et amusante, avaient amené un guitariste espagnol qui souhaitait de jouer pour nous. Uhde et ses gardes du corps formaient le fond du tableau, et ce fut une soirée très brillante ; le guitariste joua, et Manolo fit son apparition. Ce fut la seule fois que je vis Manolo le sculpteur, qui était alors un personnage légendaire à Paris. Gagné par l'animation générale, Picasso entreprit de danser une danse de l'Espagne du Sud un peu légère, et le frère de Gertrude Stein exécuta la danse de la mort d'Isadora Duncan. La gaieté régnait ; Fernande et Pablo se prirent de discussion au sujet de Frédéric du *Lapin Agile* et des apaches. Fernande prétendait que les apaches valsaient mieux que les artistes et son index se mit à se dresser en l'air. Picasso rétorquait : « Oui, c'est vrai, les apaches ont leur université, les artistes n'en ont pas. » Fernande se mit en colère et le secoua en lui disant : « Tu crois que tu as de l'esprit mais tu n'es que bête. » D'un air grognon il lui montra qu'elle avait arraché un des boutons de sa veste, ce qui la mit dans une vraie colère, et elle reprit : « Mais toi, ta seule qualité c'est que tu es un enfant précoce. » Ça n'allait pas trop bien entre eux, à ce moment-là, c'était l'époque où ils quittaient la rue Ravignan pour vivre dans un appartement du boulevard de Clichy, où ils allaient avoir une domestique et mener une vie prospère.

Mais revenons à Uhde, et d'abord à Manolo. Manolo était peut-être le plus vieil ami de Picasso. C'était un curieux type d'Espagnol. On racontait qu'il était le frère de l'un des plus grands pickpockets de Madrid. Manolo, lui, était gentil et admirable. C'était la seule personne à Paris avec qui Picasso parlât espagnol. Tous les autres Espagnols avaient des femmes ou des maîtresses françaises et avaient si bien l'habitude de parler français qu'ils parlaient toujours français entre eux. Cela me paraissait étrange. Pourtant Picasso et Manolo parlaient toujours espagnol entre eux.

Il courait beaucoup d'histoires sur Manolo. Il avait toujours aimé les saints et il avait toujours vécu sous leur protection. On racontait comment il entra dans la première église qu'il vit à Paris, lors de son arrivée dans cette ville, et comment il y remarqua une femme qui offrait une chaise à un visiteur, et à qui le visiteur donnait de l'argent ; Manolo se mit à imiter la femme, il visita beaucoup d'églises, offrant toujours des chaises à tout le monde, et pour cela recevant toujours quelque argent jusqu'au jour où la chaisière officielle et reconnue le surprit et lui créa des ennuis.

Comme il se trouvait une fois dans la dèche il proposa à ses amis de mettre en loterie une de ses statues et de leur vendre les billets, tous y consentirent ; et, lorsqu'ils se réunirent pour la cérémonie, ils découvrirent qu'ils avaient tous le même billet. Quand ils lui en firent le reproche, il expliqua qu'il avait agi de cette façon parce qu'il savait bien que ses amis ne seraient point contents s'ils n'avaient point tous le même numéro. On racontait qu'il avait quitté l'Espagne durant son service militaire ; il était alors dans la cavalerie, et il passa la frontière, il vendit son cheval et son uniforme, et se procura de cette façon assez d'argent pour venir à Paris et devenir sculpteur. Une fois, un ami de Gauguin lui prêta sa maison pour quelques jours. Quand l'ami de Gauguin revint, tous les souvenirs de Gauguin et toutes les esquisses de Gauguin avaient disparu. Manolo les avait vendues à Vollard, et Vollard dut les restituer. Mais personne n'en fit une histoire. Manolo était une sorte de mendiant espagnol assez charmant, un peu fou, très saint, et surnaturel, que tout le monde aimait. Moréas, le poète grec, qui était alors un personnage fameux à Paris, était féru de lui, et ne se lassait point de sa compagnie. Manolo l'accompagnait partout où il avait affaire, espérant toujours en tirer un repas, mais d'ordinaire il en était quitte pour l'attendre ; Moréas mangeait, tandis que Manolo attendait. Mais Manolo était toujours plein de patience et d'espérance, bien que Moréas fût alors bien connu, comme le fut plus tard Guillaume Apollinaire, pour sa répugnance extrême à payer, et son adresse à ne point payer.

Manolo faisait des statues pour les cabarets de Montmartre, en échange de la nourriture qu'il y consommait, etc., jusqu'au jour où Alfred Stieglitz entendit parler de lui et montra ses statues à New York ; il en vendit quelques-unes ; alors Manolo retourna à la frontière française, à Céret, où il a vécu depuis ce jour, lui et sa femme, une Catalane, et où il a continué à faire de la nuit le jour.

Mais revenons à Uhde. Uhde, un samedi soir, présenta sa fiancée à Gertrude Stein. On s'en étonna, et comme sa fiancée semblait être une jeune femme très bien, très conventionnelle, et très riche, nous fûmes tous surpris. Mais, en fin de compte, nous sûmes que c'était un mariage arrangé ; Uhde voulait regagner de la respectabilité et elle voulait entrer en possession d'un héritage qu'elle ne pouvait recevoir qu'après son mariage. Peu après elle épousa Uhde, et peu après ils divorcèrent. Elle épousa alors Delaunay, le peintre, qui commençait tout juste à faire parler de lui. Il était le fondateur d'un de ces nombreux groupes qui vulgarisèrent la doctrine cubiste, il peignait des maisons pas d'aplomb et l'on appelait cela « l'école catastrophique ».

Delaunay était un grand Français blond. Il avait une petite mère pleine de vivacité. Elle venait souvent rue de Fleurus avec de vieux vicomtes qui ressemblaient exactement aux idées que nous nous faisions dans notre jeunesse de ce qu'un vieux marquis français devait être. Ils déposaient toujours leurs cartes à l'atelier et écrivaient ensuite une lettre de remerciements fort solennelle, sans laisser jamais voir combien ils avaient dû se sentir déplacés en telle compagnie. Delaunay lui-même était amusant. Il avait quelque talent, et beaucoup d'ambition. Il était toujours à demander quel âge avait Picasso quand il avait peint telle ou telle toile. Quand on le lui disait, il s'écriait : « Ah, je n'ai pas encore cet âge-là. Quand j'aurai cet âge, j'en ferai autant. »

En réalité il avança très vite. Il venait souvent rue de Fleurus, et Gertrude Stein trouvait beaucoup de plaisir à le voir. Il était très drôle et il peignit un tableau assez intéressant, les trois déesses, avec Pâris à l'arrière-plan, une peinture énorme, où il avait fait entrer les idées de tout le monde et introduit aussi un certain élément de clarté française et de spontanéité qui lui était propre. Il y avait là une atmosphère assez originale, et la toile eut beaucoup de succès. Ensuite sa peinture perdit toute qualité, elle devint de plus en plus grande et vide, ou petite et vide. Je me rappelle un jour qu'il vint et nous apporta une de ses petites toiles : « Voyez, dit-il, je vous apporte un tout petit tableau, un joyau. — C'est tout petit, répondit Gertrude Stein, mais ce n'est pas un joyau. »

Ce fut Delaunay qui épousa l'ex-femme de Uhde, et ils menèrent assez grand train. Ils s'adjoignirent Guillaume Apollinaire et ce fut lui qui leur enseigna l'art de la cuisine et l'art de vivre. Guillaume était extraordinaire. Personne, sauf Stella, le peintre de New York, dans sa prime jeunesse à Paris, ne pouvait réussir ce que Guillaume réussissait à faire grâce à son génie italien : il se moquait de ses hôtes, il se moquait de leurs invités, il se moquait de leur cuisine, et il les obligeait à se mettre en quatre de plus en plus pour lui plaire.

Ce fut pour Guillaume la première occasion qu'il eut de voyager. Il alla en Allemagne avec Delaunay et s'y amusa beaucoup.

Uhde aimait à raconter comment son ex-femme un jour vint lui rendre visite et lui exposer ce que serait la carrière de Delaunay, et pourquoi lui, Uhde, devait abandonner Picasso, Braque et tout le passé, pour se consacrer à la cause de Delaunay et de l'avenir. Picasso et Braque, à cette époque, il faut se le rappeler, n'avaient point encore trente ans. Uhde raconta l'histoire à la ronde, en l'ornant de mille détails spirituels, qu'il ne cessait d'enrichir : « Vous savez, je ne vous dis pas ça en confidence ; on peut le raconter à tout le monde. »

L'autre Allemand que l'on vit alors rue de Fleurus était ennuyeux. Il est maintenant, m'affirme-t-on, un homme fort important dans son pays ; il était alors un très fidèle ami de Matisse ; et il le fut en tout temps, même durant la guerre. Matisse ne fut pas toujours, ne fut même pas souvent gentil avec lui. Toutes les femmes l'aimaient, du moins on l'affirmait. C'était une sorte de don Juan trapu. Je me rappelle une grosse Scandinave qui l'aimait et qui ne voulait jamais venir les samedis soir, mais restait dans la cour ; quand la porte s'ouvrait pour laisser entrer ou sortir quelqu'un, on pouvait voir dans l'obscurité de la cour le sourire de la Scandinave comme celui du chat du Cheshire. Gertrude Stein était pour lui un problème. Elle faisait et elle achetait tant d'étranges choses. Il n'osait jamais lui présenter aucune critique mais il me disait : « Mais vous, mademoiselle, trouvez-vous ça (et il montrait de son doigt l'objet qu'il condamnait), trouvez-vous ça choli ? »

Lors d'un de nos voyages en Espagne, lors de notre premier voyage en Espagne, pour être précise, Gertrude Stein avait absolument voulu acheter à Cuenca une énorme tortue toute neuve faite de cailloux du Rhin. Elle avait de très beaux bijoux anciens, mais elle se donnait le plaisir de porter cette tortue sur elle en guise de broche. Purrmann cette fois fut atterré. Il m'attira dans un coin. « Ce bijou, me dit-il, ce bijou que porte Miss Stein, est-ce des vraies pierres précieuses ? »

A propos d'Espagne je me rappelle qu'une fois où nous nous trouvions dans un restaurant encombré, soudain, au bout de la pièce, une haute silhouette se dressa et un homme fit un salut cérémonieux à Gertrude Stein, qui répondit avec autant de solennité. A coup sûr c'était un des Hongrois du samedi soir.

Il y avait encore un autre Allemand que, je dois l'avouer, nous aimions toutes deux. Ceci se passait beaucoup plus tard, vers 1912. Lui aussi était un grand Allemand brun. Il parlait anglais et était un ami de Marsden Hartley, que nous aimions beaucoup ; nous aimions aussi son ami allemand, je dois convenir que nous l'aimions bien.

Il aimait à se décrire comme « le fils fortuné d'un père infortuné ». En d'autres termes il recevait une fastueuse pension d'un père qui était plutôt pauvre, un professeur d'Université. Rönnebeck était charmant et nous l'invitions toujours à dîner. Il dînait avec nous un soir que Berenson, le fameux critique, le spécialiste de l'art italien, était aussi là. Rönnebeck avait apporté quelques photographies de toiles de Rousseau. Il les avait laissées dans l'atelier et nous étions passés dans la salle à manger. Tout le monde se mit à parler de Rousseau. Berenson ne savait quoi dire : « Oui, Rousseau, Rousseau, répétait-il, était un peintre honorable, mais pourquoi se monter la tête de cette façon ? Ah, dit-il enfin, avec un soupir, les modes changent, ça je le sais bien, mais réellement je n'aurais jamais pu penser que Rousseau deviendrait une mode pour les jeunes. » Berenson était enclin à prendre des airs avantageux, aussi tous le laissaient-ils s'enferrer. Enfin Rönnebeck dit gentiment : « Mais peut-être, monsieur Berenson, n'avez-vous jamais entendu parler du grand Rousseau, du douanier Rousseau ? — Non », confessa Berenson, qui n'avait jamais entendu parler du douanier Rousseau, et qui fut encore plus désorienté quand il vit les photographies ; il ne savait plus guère où il en était. Mabel Dodge, qui se trouvait là, lui dit : « Mais, Berenson, vous savez bien que l'art est une fatalité. — Ah, dit Berenson, retrouvant soudain ses esprits, cela, vous n'avez point de peine à le comprendre, vous qui êtes une femme fatale. »

Nous aimions beaucoup Rönnebeck, et aussi, la première fois qu'il vint rue de Fleurus il lui arriva de citer un des récents écrits de Gertrude Stein. Elle avait prêté certains de ses manuscrits à Marsden Hartley. C'était la première fois qu'on lui citait de ses œuvres, et naturellement cela lui fit plaisir. Il fit aussi la traduction allemande de certains des portraits qu'elle écrivait alors, et par là il commença à établir sa réputation internationale. A vrai dire ce n'est point tout à fait cela. Roché, le fidèle Roché, avait déjà fait lire *Three Lives* à quelques jeunes Allemands et déjà ils en avaient été séduits. Pourtant Rönnebeck était charmant et nous l'aimions beaucoup.

Rönnebeck était sculpteur ; il faisait de petits portraits en pied et il les faisait bien ; il était épris d'une jeune Américaine, qui étudiait la musique. Il aimait la France et toutes les choses de France, et il nous aimait beaucoup. Nous nous séparâmes comme d'ordinaire pour l'été. Il nous dit qu'il avait devant lui un été très amusant. On lui avait commandé un portrait en pied d'une comtesse et de ses deux fils, deux petits comtes, et il devait passer l'été chez cette comtesse qui avait un château magnifique sur les côtes de la Baltique.

Quand nous fûmes tous revenus pour l'hiver, nous trouvâmes Rönnebeck bien changé. D'abord il revint avec des collections de photographies de navires de guerre allemands et il voulut à toute force nous les montrer. Cela ne nous intéressait pas. Gertrude Stein dit : « Bien entendu, Rönnebeck, vous avez une flotte de guerre, tout le monde a une flotte, mais pour tout le monde, sauf pour la flotte, un gros cuirassé et un autre gros cuirassé, ça ne fait pas beaucoup de différence. Pas de chichis. » Mais il était changé. Il s'était amusé. Il avait des photos de lui-même avec tous les comtes et il en avait une aussi de lui avec le kronprinz, qui était un grand ami de la comtesse. Cet hiver-là passa, c'était l'hiver 1913-1914. Tout se déroula comme de coutume, et comme de coutume nous donnâmes quelques dîners. J'ai oublié pourquoi nous donnâmes l'un d'entre eux, mais je me rappelle que nous pensâmes que Rönnebeck y ferait bien. Nous l'invitâmes. Il répondit qu'il lui fallait aller à Munich passer deux jours, mais qu'il voyagerait de nuit et reviendrait pour le dîner. Il le fit et il se montra charmant, comme toujours.

Peu après il partit faire un petit voyage dans le Nord, visiter les cathédrales. Quand il revint il nous rapporta une série de photographies de toutes ces villes du Nord de la France, vues d'en haut. « Qu'est-ce que cela ? » demanda Gertrude Stein. « Oh, répondit-il, j'ai pensé que ça vous intéresserait, ce sont des vues que j'ai prises de toutes les villes où il y a des cathédrales. Je les ai prises du haut du clocher, et j'ai pensé que ça vous intéresserait, parce que, voyez-vous, dit-il, elles ressemblent exactement aux tableaux des disciples de Delaunay, ceux que vous appelez l'école des tremblements de terre, ajouta-t-il en se tournant vers moi. » Nous le remerciâmes, et ne pensâmes plus à cet incident. Plus tard seulement, pendant la guerre, je retrouvai les photographies, et je les mis en pièces dans mon indignation.

Puis tous nous nous mîmes à parler de nos projets d'été. Gertrude Stein devait aller à Londres en juillet pour voir John Lane et signer le contrat pour *Three Lives*. Rönnebeck nous dit : « Pourquoi ne pas venir plutôt en Allemagne ? Ou encore, pourquoi n'y pas venir après ou avant ? — Parce que, répondit Gertrude Stein, comme vous le savez, je n'aime pas les Allemands. — Oui, je le sais, reprit Rönnebeck, mais vous m'aimez bien et vous vous amuseriez beaucoup. Vous les intéresseriez tant, et ça leur ferait si grand plaisir ; je vous en prie, venez. — Non, répondit Gertrude Stein, je vous aime bien, mais je n'aime pas les Allemands. »

Nous allâmes en Angleterre en juillet, et, quand nous y arrivâmes, Gertrude Stein y reçut une lettre de Rönnebeck qui disait qu'il voudrait bien nous voir passer l'été en Allemagne, mais, puisque nous ne le voulions pas, il suggérait que nous passions l'été en Angleterre, ou en Espagne, plutôt qu'à Paris comme nous l'avions projeté. Ce fut, naturellement, la fin de nos relations. Je raconte l'histoire pour ce qu'elle vaut.

Quand j'arrivai à Paris, il n'y avait aux samedis soir qu'un très petit groupe d'Américains, mais ce petit groupe grossit graduellement. Toutefois, avant de m'occuper d'eux, il me faut parler du banquet du douanier Rousseau.

Au début de mon séjour à Paris, je vivais avec une amie, rue Notre-Dame-des-Champs, dans un petit appartement, comme je l'ai déjà dit. Je ne pouvais plus alors prendre de leçons de français avec Fernande parce qu'elle et Picasso s'étaient raccommodés, mais elle venait me voir assez souvent. L'automne était venu, et je puis me le rappeler fort exactement, car je venais d'acheter mon premier chapeau d'hiver parisien. C'était un très joli chapeau de velours noir, avec un morceau de fantaisie jaune brillant. Fernande elle-même approuva mon choix.

Fernande, un jour, déjeunait avec nous. Elle nous dit qu'on allait donner un banquet pour Rousseau et qu'elle allait s'en charger. Elle dénombra ceux qu'elle allait inviter. Nous étions du nombre. Qui était Rousseau ? Je ne le savais pas alors, mais ça n'avait pas d'importance, puisque c'était un banquet, que tout le monde devait y aller, et que nous étions invitées.

Le samedi suivant, rue de Fleurus, tout le monde parlait du banquet pour Rousseau, et je découvris alors que Rousseau était le peintre dont j'avais vu le tableau à ce premier Salon des Indépendants. On apprit que Picasso venait récemment de découvrir à Montmartre un grand portrait de femme par Rousseau, qu'il l'avait acheté et que la célébration allait être en l'honneur de cet achat et du peintre. Ç'allait être magnifique.

Fernande me décrivit le menu en détail. Il allait y avoir du riz à la valencienne. Fernande venait d'apprendre la recette de ce plat durant son dernier voyage en Espagne, et elle avait commandé, j'oublie maintenant ce qu'elle avait commandé, mais enfin elle avait commandé un grand nombre de plats tout préparés chez Félix Potin. Tout le monde était fort excité. C'est Guillaume Apollinaire, je me le rappelle, qui, grâce à ses relations intimes avec Rousseau, l'avait décidé à promettre de venir et devait l'amener ; tout le monde devait rédiger des poèmes et des chansons et ça devait être très « rigolo », comme on aimait alors à dire à Montmartre. Nous devions tous nous retrouver à ce café situé au bas de la rue Ravignan ; nous devions y prendre un apéritif, puis monter jusqu'à l'atelier de Picasso où nous devions dîner. Je mis mon chapeau neuf et nous allâmes tous à Montmartre et nous nous retrouvâmes tous au café.

Comme Gertrude Stein et moi entrions dans le café, nous aperçûmes dans la salle un grand nombre de gens, et au milieu d'eux une grande fille maigre avec de longs bras maigres qu'elle étendait et balançait par-devant et par-derrière. Je ne savais pas ce qu'elle était en train de faire. Ce n'était pas de la gymnastique évidemment, c'était drôle, mais elle semblait fort attirante. « Qui est-ce ? murmurai-je à Gertrude Stein. — Oh, ça c'est Marie Laurencin ; j'ai bien peur qu'elle n'ait pris un peu trop d'apéritifs préliminaires ! — Est-ce la vieille dame dont m'a parlé Fernande, qui fait des bruits comme un animal et qui agace Pablo ? — Elle agace Pablo, c'est vrai, mais c'est une toute jeune femme, et elle en a pris un peu trop pour son compte », dit Gertrude Stein, en pénétrant dans le café. Juste à cet instant on entendit un violent bruit à la porte du café et Fernande apparut, énorme, très animée et très irritée. « Félix Potin, dit-elle, n'a pas envoyé le dîner ! » Tout le monde parut consterné par cette terrible nouvelle ; mais aussitôt, en bonne Américaine, je m'écriai : « Fernande, venez vite, et allons téléphoner ! » A cette époque personne à Paris ne téléphonait, surtout pas aux magasins de comestibles. Mais Fernande y consentit et dare-dare nous partîmes. Partout où nous allâmes les téléphones étaient introuvables ou hors de service, pourtant nous en trouvâmes un qui marchait, mais tous les Félix Potin étaient fermés, ou en train de fermer et restaient sourds à nos appels. Fernande était au désespoir, mais enfin je la persuadai de me dire exactement ce que Félix Potin aurait dû lui envoyer, puis de boutique en boutique à travers Montmartre nous fîmes le marché et trouvâmes de quoi remplacer ce qui manquait ; en fin de compte Fernande annonça qu'elle avait fait tant de riz à la valencienne que cela remplacerait tout le reste. Et il en fut ainsi.

Quand nous fûmes retournées au café, presque tous ceux que

nous avions laissés là étaient partis, mais de nouveaux invités étaient arrivés. Fernande leur dit de se joindre à nous. Puis nous grimpâmes la butte. Et nous aperçûmes alors en avant de nous toute la bande ; au milieu de laquelle se trouvait Marie Laurencin, soutenue d'un côté par Gertrude Stein et de l'autre par le frère de Gertrude Stein : elle s'affalait à chaque instant entre les bras d'un de ses acolytes, tantôt à gauche, tantôt à droite, tandis que l'on ne cessait d'entendre sa voix aiguë. Guillaume, bien entendu, n'était point là ; il devait se charger d'amener Rousseau, une fois que les invités seraient installés. Fernande dépassa ce cortège à la démarche lente, et elle et moi nous arrivâmes vite à l'atelier. Il avait vraiment assez grand air. On y avait disposé des tréteaux de menuisier, et dessus on avait placé des planches devant lesquelles on avait mis des bancs. Au haut bout de la table se trouvait la nouvelle acquisition, le Rousseau, encadré de drapeaux et de guirlandes et flanqué de chaque côté de grandes statues, je ne me rappelle plus lesquelles. C'était très imposant et très engageant. Le riz à la valencienne était sans doute en train de cuire en bas dans l'atelier de Max Jacob. Max, qui n'était pas en très bons termes avec Picasso, n'assistait pas à la cérémonie, mais on se servait de son atelier pour cuire le riz et déposer les manteaux des hommes. Les dames devaient laisser les leurs dans l'atelier de devant, celui qui avait été occupé par Van Dongen à l'époque où il mangeait des épinards et qui alors était occupé par un Français du nom de Vaillant. Plus tard ce devait être celui de Juan Gris.

J'eus à peine le temps d'enlever mon chapeau et d'admirer l'arrangement de la salle. Fernande était en train d'insulter Marie Laurencin et la foule d'arriver. Fernande, grande, imposante, s'était mise en travers du passage et se refusait à laisser gâcher sa fête par Marie Laurencin. C'était un banquet sérieux, un banquet tout à fait sérieux en l'honneur de Rousseau, et ni elle ni Pablo ne voulaient tolérer une telle conduite. Bien entendu, Pablo, durant tout ce temps, était hors de portée à l'arrière-garde. Gertrude Stein protesta, moitié en français, moitié en anglais, elle dit qu'on la pendrait plutôt que de lui faire perdre le résultat de tous les efforts qu'elle avait dû faire pour hisser Marie Laurencin jusqu'au haut de cette terrible butte. Non, elle refusait de s'être donné tant de peine pour rien, et elle rappelait aussi à Fernande que dans quelques instants Guillaume Apollinaire et Rousseau allaient apparaître et qu'il fallait auparavant avoir installé tout le monde décemment. A ce moment Pablo se fraya un passage à travers la foule, il se mêla à la discussion et il dit : « Oui, oui ! », ce qui fit céder Fernande. Elle était toujours un peu effrayée de Guillaume Apollinaire, de sa solennité et de son esprit ; ainsi tout le monde entra. Tout le monde s'assit.

Tout le monde s'assit et commença à manger le riz et le reste, du moins ils commencèrent aussitôt que Guillaume Apollinaire et Rousseau eurent fait leur entrée, ce qu'ils firent au bout de peu d'instants, et au milieu d'applaudissements frénétiques. Comme je me rappelle bien leur entrée !

Rousseau, un Français petit et pâle, avec une petite barbe, comme tous ces Français qu'on voit n'importe où, Guillaume Apollinaire avec ses traits fins et exotiques, ses cheveux noirs et son beau teint. Chacun à son tour fut présenté, et chacun se rassit. Guillaume se glissa sur un siège à côté de Marie Laurencin. A la vue de Guillaume, Marie, qui était devenue comparativement calme, et était assise à côté de Gertrude Stein, avait eu une nouvelle crise d'agitation, de gesticulations et d'exclamations. Guillaume s'arrangea pour l'emmener dehors et, après un intervalle convenable, ils reparurent, Marie désormais un peu meurtrie mais calme. A ce moment-là on avait mangé tout ce qu'il y avait à manger et l'on en vint à la poésie. Ah, oui, mais auparavant Frédéric, du Lapin Agile et de l'Université des Apaches, avait fait une entrée avec son compagnon ordinaire, un âne, on lui avait donné un petit verre et il était reparti. Un peu plus tard des chanteurs italiens, qui avaient entendu parler du banquet, vinrent aussi. Fernande, au bout de la table, se dressa toute rouge, et son index tourné vers le ciel déclara que ce n'était pas du tout convenable, et l'on se débarrassa d'eux prestement.

Qui y avait-il là ? Il y avait là Salmon, André Salmon, à cette époque un jeune poète et journaliste plein de promesses, Pichot et Germaine Pichot, Braque et Marcelle Braque, peut-être, bien que je ne m'en souvienne pas, je me rappelle seulement qu'on parlait d'elle à ce moment-là, les Raynal, les Agéro, le faux Greco et sa femme, et plusieurs autres couples, que je ne connaissais pas et que je ne me rappelle pas, et Vaillant, qui était un jeune Français banal, fort aimable, et locataire de l'atelier de devant.

Les cérémonies commencèrent. Guillaume Apollinaire se leva et prononça un éloge solennel ; je ne me rappelle plus du tout ce qu'il dit, mais ça finissait par un poème qu'il avait écrit et qu'il chanta à demi, et dont tout le monde reprit ensemble le refrain : « La peinture de ce Rousseau ». Quelqu'un d'autre, peut-être Raynal, je ne me rappelle plus, se leva et l'on porta des toasts, puis tout à coup, André Salmon, qui était assis à côté de mon amie et discourait solennellement de littérature et de voyage, sauta sur la table, qui n'était point trop solide, et débita un éloge et des poèmes improvisés. A la fin de son discours il saisit un grand verre et avala tout ce qu'il contenait, puis, aussitôt, il se mit à divaguer, car il était complètement ivre, et il commença à chercher querelle aux gens. Les hommes le maîtrisèrent, tandis que les statues vacillaient sur leurs socles. Braque, qui était un grand fort diable, saisit une statue dans chaque bras, et les protégea ainsi, tandis que le frère de Gertrude Stein, un autre grand fort diable, protégeait le petit Rousseau et son violon. Les autres, avec Picasso en tête, parce que Picasso, tout petit qu'il soit, est très fort, poussèrent Salmon dans l'atelier de devant et l'y enfermèrent à double tour. Puis ils revinrent et reprirent leurs places.

La fin de la soirée fut paisible. Marie Laurencin, de sa mince petite voix, chanta quelques charmantes chansons normandes. La femme d'Agero chanta quelques charmantes chansons limousines. Pichot dansa une danse espagnole merveilleusement religieuse, qui se terminait en faisant du danseur un Christ crucifié sur le plancher. Guillaume Apollinaire s'approcha de moi et de mon amie et nous pria de chanter quelques chansons des Indiens peaux-rouges. Mais ni elle ni moi ne nous en sentions alors capables, au grand regret de Guillaume et de toute la compagnie. Rousseau, rayonnant de bonheur et de gentillesse, joua du violon et nous raconta les drames qu'il avait écrits et ses souvenirs du Mexique. Tout cela était très paisible et vers trois heures du matin nous allâmes tous dans l'atelier où l'on avait déposé Salmon et où nous avions laissé nos chapeaux et nos manteaux pour les reprendre et rentrer chez nous. Mais là, sur le canapé, dormait paisiblement Salmon, et tout autour de lui, à moitié mâchés, se trouvaient une boîte d'allumettes, un petit bleu, et ma fantaisie jaune. Que l'on imagine mes sentiments à cette découverte, même à trois heures du matin. Pourtant Salmon se réveilla et se montra tout à fait charmant et poli, et nous sortîmes tous ensemble. Soudain, avec un cri sauvage, Salmon dévala la butte.

Gertrude Stein, son frère, mon amie et moi, tous entassés dans un fiacre, nous reconduisîmes Rousseau chez lui.

C'était environ un mois plus tard, par un sombre après-midi d'hiver à Paris, je me hâtais de rentrer chez moi, et j'avais l'impression que quelqu'un me suivait. J'entendais des pas derrière moi, j'avais beau me hâter, les pas se rapprochaient, et j'entendis une voix qui disait : « Mademoiselle, mademoiselle. » C'était Rousseau. « Ah ! Mademoiselle, me dit-il, vous ne devriez pas sortir seule à la nuit comme cela ; puis-je vous reconduire chez vous ? » Et il le fit.

C'est peu de temps après cet incident que Kahnweiler vint à Paris. Kahnweiler était un Allemand marié à une Française et qui avait vécu longtemps en Angleterre où il était dans les affaires, et mettait de l'argent de côté pour réaliser un ancien rêve d'avoir une galerie de tableaux à Paris. L'heure en était venue, et il ouvrit une jolie petite galerie de tableaux rue Vignon. Il tâta le terrain quelque temps puis il misa sur les cubistes. Il y eut d'abord quelques difficultés. Picasso, toujours soupçonneux, ne voulait point s'engager à fond avec lui. Fernande se chargea du marchandage avec Kahnweiler et enfin ils constatèrent la droiture de ses intentions et la sincérité de son dévouement ainsi que sa foi en eux, et ils se rendirent compte aussi qu'il pouvait et voulait vendre leurs œuvres. Tous ils signèrent des contrats avec lui, et jusqu'à la guerre il fit tout ce qu'il y avait à faire pour eux. Les après-midi, quand tout le groupe entrait et sortait de sa boutique, étaient pour Kahnweiler de vraies après-midi chez Vasari. Il croyait en eux et dans leur grandeur future. Ce fut seulement l'année d'avant la guerre qu'il leur adjoignit Juan Gris. Ce fut seulement deux mois avant le début de la guerre que Gertrude Stein vit les premières toiles de Juan Gris chez Kahnweiler et en acheta trois.

Picasso dit toujours qu'il répétait sans cesse à Kahnweiler à cette époque qu'il devrait se faire naturaliser français, que la guerre viendrait et qu'alors il serait dans le pétrin. Kahnweiler répondait toujours qu'il se ferait naturaliser dès qu'il aurait dépassé l'âge du service militaire, mais que naturellement il n'avait pas envie de faire son service militaire. La guerre arriva, Kahnweiler était en Suisse en vacances avec toute sa famille et il ne put pas revenir. Tous ses biens furent séquestrés ; c'étaient pratiquement tous les tableaux cubistes des trois années qui précédèrent la guerre.

La vente aux enchères des tableaux de Kahnweiler par le Gouvernement français, après la guerre, fut la première occasion de se réunir pour toute la bande des vieux amis. Les vieux marchands de tableaux faisaient un effort assez systématique pour détruire le cubisme, maintenant que la guerre était finie. L'expert qui présidait à cette vente, et qui était un marchand de tableaux fort connu, avait avoué que c'était aussi là son intention. Il devait s'efforcer de maintenir les prix aussi bas que possible et de décourager le public le plus possible. Comment les artistes pouvaient-ils se défendre ?

Nous nous trouvions par hasard avec les Braque un ou deux jours avant l'exposition publique des tableaux qui précédait la vente, et Marcelle Braque, la femme de Braque, nous dit qu'ils avaient tous pris une décision. Picasso et Juan Gris ne pouvaient rien faire, puisqu'ils étaient espagnols et que la vente était faite par le gouvernement français, Marie Laurencin était légalement une Allemande, Lipschitz était un Russe, ce qui, à cette époque, avait cessé d'être populaire. Braque, par contre, était un Français qui avait gagné sa croix de guerre au cours d'une charge, qui avait été nommé officier et avait reçu la Légion d'honneur et qui enfin avait eu une mauvaise blessure à la tête ; il pouvait donc faire ce qui lui plaisait. Il avait aussi une raison technique pour chercher querelle à l'expert. Il lui avait envoyé la liste des gens qui avaient chance d'être disposés à acheter de ses tableaux, privilège toujours accordé à un artiste dont on va vendre les œuvres aux enchères, mais cette fois on n'avait pas envoyé de catalogues aux gens indiqués par lui. Quand nous arrivâmes, Braque avait déjà fait son devoir. Nous arrivâmes juste à la fin de la dispute. La fièvre régnait dans la pièce.

Braque s'était approché de l'expert et lui avait dit qu'il avait négligé ses devoirs les plus élémentaires. L'expert avait répondu qu'il avait fait et qu'il était décidé à faire encore ce qui lui plaisait, et il traita Braque de « cochon normand ». Braque, en réponse, lui avait donné un coup de poing. Braque était grand, et l'expert ne l'était pas ; bien que Braque eût cherché à ne pas taper trop fort, l'expert cependant tomba. Les agents entrèrent dans la salle, et les combattants furent emmenés au poste de police. Là ils racontèrent leur histoire. Braque, bien entendu, fut traité avec le respect qui lui était dû comme à un héros de la guerre, et quand il parla à Léonce Rosenberg en employant son tutoiement habituel, celui-ci perdit patience et sang-froid en même temps, de sorte que les magistrats le réprimandèrent. A peine était-ce fini que Matisse parut sur les lieux et voulut savoir ce qui était arrivé. Gertrude Stein le lui dit. Matisse s'écria, bien à la Matisse : « Braque a raison, cet homme a volé la France et on sait bien ce que c'est que de voler la France ! »

En fait les acheteurs prirent peur et tous les tableaux, sauf ceux de Derain, se vendirent pour peu de chose. Le pauvre Juan Gris, dont les tableaux montèrent bien peu, s'efforça d'être brave. « Après tout, dit-il à Gertrude Stein, ils ont atteint un prix honorable », mais il était triste.

Heureusement, Kahnweiler, qui n'avait pas porté les armes contre la France, fut autorisé à revenir l'année suivante. Les autres, à cette époque, n'avaient plus besoin de lui, mais Juan avait terriblement besoin de lui, et la loyauté, la générosité de Kahnweiler à l'égard de Juan Gris pendant ces dures années n'eurent pour égales que la loyauté et la générosité de Juan Gris quand enfin, juste avant sa mort, il fut devenu fameux et qu'il repoussa toutes les offres tentantes que les autres marchands lui firent alors.

L'arrivée de Kahnweiler à Paris et son patronage commercial du groupe cubiste changea complètement l'existence de tous ces peintres. Ils étaient à l'abri pour le présent et pour l'avenir.

Les Picasso quittèrent leur vieil atelier de la rue Ravignan pour s'installer dans un appartement du boulevard de Clichy. Fernande commença à acheter des meubles et à avoir une bonne, et bien entendu elle avait une bonne qui savait faire un soufflé. C'était un joli appartement très ensoleillé. Dans l'ensemble pourtant Fernande n'y fut pas aussi heureuse qu'elle avait été auparavant. Il y avait beaucoup de gens qui venaient tous les après-midi pour le thé. Braque y venait souvent, c'était la grande époque de l'intimité entre Braque et Picasso, l'époque où tous deux commencèrent à mettre des instruments de musique dans leurs tableaux. Ce fut aussi l'époque où Picasso commença à faire des constructions. Il faisait des natures mortes et les photographiait. Il fit des constructions de papier un peu plus tard, il en donna même une à Gertrude Stein. C'est peut-être la seule qui existe encore.

Ce fut enfin l'époque où j'entendis parler de Poiret pour la première fois. Il avait une péniche sur la Seine, et il y avait donné une fête où il avait invité Pablo et Fernande. Il fit cadeau à Fernande d'une écharpe rose à frange d'or fort belle, et d'un motif en verre soufflé à mettre sur son chapeau, et c'est moi qui le portai sur un petit chapeau de paille pointu durant de longues années par la suite. Je l'ai même peut-être encore.

C'est alors que l'on vit le plus jeune des cubistes. Je n'ai jamais su son nom. Il faisait son service militaire et se destinait à la diplomatie. Comment il se glissa dans le groupe et s'il peignait, je l'ignore. Tout ce que je sais, c'est que nous le connaissions comme le plus jeune des cubistes. Fernande avait à cette époque une nouvelle amie dont elle me parlait souvent. C'était Eve, qui vivait avec Marcoussis. Et un soir tous les quatre, Pablo, Fernande, Marcoussis et Eve, vinrent rue de Fleurus. C'est la seule fois à cette époque que je vis Marcoussis, que je devais revoir beaucoup plus tard.

Je pouvais fort bien comprendre le goût de Fernande pour Eve. Comme je l'ai dit, Fernande avait pour héroïne Evelyn Thaw, qui elle était une femme petite et négative. Eve était une petite Evelyn Thaw française, mince et parfaite.

Peu de temps après Picasso vint rue de Fleurus et dit à Gertrude Stein qu'il avait décidé de prendre un atelier rue Ravignan. Il y travaillerait mieux. Il ne lui fut pas possible de reprendre l'ancien, mais il en prit un à l'étage inférieur. Un jour nous l'y allâmes voir. Il était sorti et Gertrude Stein, en guise de plaisanterie, laissa sa carte de visite. Peu de jours après nous nous y rendîmes une seconde fois, et trouvâmes Picasso au travail, en train de peindre une toile sur laquelle était écrit « ma jolie », et où se trouvait peinte, dans le coin du bas, la carte de visite de Gertrude Stein. Quand nous sortîmes, Gertrude Stein me dit : « Fernande n'est assurément pas " ma jolie ". Je me demande qui c'est. » Quelques jours plus tard nous le savions. Picasso avait filé avec Ève.

Ceci se passait au printemps. Ils avaient tous l'habitude d'aller à Céret, près de Perpignan, pour l'été, sans doute à cause de Manolo, et tous, malgré tout, continuaient à s'y rendre. Fernande y allait avec les Pichot et Eve y était, accompagnant Pablo. Il y eut quelques terribles batailles, puis tout le monde revint à Paris.

Un soir, comme nous étions revenues nous aussi, Picasso entra. Lui et Gertrude Stein eurent une longue conversation tête à tête. « C'était Pablo, dit-elle quand elle revint, après lui avoir dit au revoir, et il m'a raconté des histoires merveilleuses sur Fernande, il dit que sa beauté le fait toujours marcher, mais qu'il ne peut pas supporter ses façons. » Elle ajouta aussi que Pablo et Eve étaient maintenant installés boulevard Raspail et que nous irions les voir le lendemain.

Entre-temps, Gertrude Stein avait reçu une lettre de Fernande, écrite avec beaucoup de tenue et la réticence d'une Française. Elle disait qu'elle souhaitait faire savoir à Gertrude Stein qu'elle comprenait parfaitement qu'elle avait toujours été l'amie de Picasso ; bien que Gertrude lui eût toujours témoigné à elle de la sympathie et de l'affection, maintenant qu'elle et Pablo étaient séparés, il devenait naturellement impossible qu'à l'avenir régnât entre elles une intimité quelconque, car c'était avec Picasso que Gertrude avait été liée et il ne pouvait bien entendu être question d'un choix. Mais elle disait qu'elle se rappellerait toujours leurs relations avec plaisir et qu'elle se permettrait, si jamais elle en avait besoin, de faire appel à la générosité de Gertrude Stein.

C'est ainsi que Picasso quitta Montmartre pour n'y plus retourner. Quand je commençai à fréquenter la rue de Fleurus Gertrude Stein était en train de corriger les épreuves de *Three Lives*. Bien vite je me mis à l'aider, et en peu de temps le livre fut publié. Je lui demandai de me laisser prendre un abonnement au Bureau Romeike (Bureau d'extraits de presse), car les réclames insérées par Romeike dans l'*Argonaut* de San Francisco avaient fasciné ma jeunesse. Bientôt les coupures de journaux commencèrent à affluer.

Le nombre des journaux qui remarquèrent le livre fut étonnant, car il n'avait jamais été mis en vente et son auteur était parfaitement inconnue. L'article qui plut le plus à Gertrude Stein fut celui de la *Kansas City Star*. Souvent elle demandait alors, et plus tard elle le demanda encore, qui pouvait bien avoir écrit cet article, mais elle ne le découvrit jamais. C'était une étude critique du livre très favorable et très intelligente. Plus tard, aux heures où les autres critiques la décourageaient, elle parlait de cet article et de la satisfaction profonde qu'il lui avait causé. Elle dit dans *Composition as Explanation* : « Quand vous écrivez un livre, tout est parfaitement clair, puis ensuite vous commencez à douter, et plus tard quand vous le relisez vous vous y perdez comme vous faisiez au cours de la rédaction. »

L'autre note relative à ce premier livre de Gertrude Stein qui lui causa un grand plaisir fut celle de H. G. Wells ; pendant des années elle la garda précieusement rangée, car ç'avait été pour elle une joie particulière. Elle lui écrivit alors et ils durent souvent se rencontrer, mais, en fin de compte, ils ne se virent jamais. Et sans doute ne se verront-ils jamais.

Gertrude Stein, à cette époque, écrivait *The Making of Americans*. Cela avait dû d'abord être l'histoire d'une famille, puis c'était devenu l'histoire de toutes les espèces d'hommes et de chaque individu. Mais en dépit de cela il y avait un héros et il devait mourir. Le jour où il mourut je rencontrai Gertrude Stein dans l'appartement de Mildred Aldrich. Mildred aimait beaucoup Gertrude Stein et s'intéressait beaucoup à la fin de son livre. C'était un ouvrage de mille pages et j'étais en train de le copier à la machine à écrire.

Je dis toujours que vous ne pouvez point affirmer ce qu'est en réalité un tableau ou un objet tant que vous ne l'avez pas épousseté tous les jours, et que vous ne pouvez pas dire ce qu'est un livre tant que vous ne l'avez pas copié à la machine à écrire, ou que vous n'en avez pas corrigé les épreuves. Car alors il produit sur vous une impression que la lecture ne peut jamais vous donner. Bien des années plus tard, Jeanne Heap dit qu'elle n'avait jamais apprécié la qualité de l'œuvre de Gertrude Stein avant d'avoir lu les épreuves de certains de ses écrits.

Quand *The Making of Americans* fut terminé, Gertrude

Stein commença un autre livre qui devait être aussi long et qu'elle appelait *The Long Gay Book*, mais en fait il ne fut pas long, pas plus qu'un autre commencé par elle à la même époque, *Many Many Women*, car tous les deux furent interrompus par les portraits que Gertrude Stein se mit alors à écrire. Voici comment elle se mit à rédiger des portraits.

Hélène passait les samedis soir chez elle avec son mari, c'est-à-dire qu'elle était toujours prête à venir si nous avions besoin d'elle, mais souvent nous lui disions de ne pas se déranger. J'aime faire la cuisine, je suis une très bonne cuisinière improvisée, et de plus Gertrude Stein aimait de temps en temps me voir faire des plats américains. Un dimanche soir, j'étais absorbée par la préparation d'un de ces plats, et, quand ce fut fini, j'appelai Gertrude Stein et lui dis de quitter l'atelier et de venir dîner. Elle apparut fort excitée et elle refusa de s'asseoir. « Regardez, dit-elle, je veux vous montrer quelque chose. — Non, répondis-je, il faut que mon plat soit mangé chaud. — Non, reprit-elle, il faut que vous voyiez d'abord ce que j'ai à vous montrer. » Gertrude Stein ne mange jamais ses repas chauds, tandis que moi j'aime manger tous les plats chauds, nous ne sommes donc jamais d'accord sur ce chapitre. Elle reconnaît qu'on peut attendre pour laisser refroidir les plats, mais qu'on ne peut pas réchauffer la nourriture une fois qu'elle est dans l'assiette, ainsi nous avons conclu qu'elle serait servie aussi chaude que je le voudrais. Mais, cette fois, malgré mes protestations et malgré les plats qui refroidissaient, je dus lire. Je vois encore les toutes petites pages du cahier où Gertrude Stein avait écrit dans tous les sens. C'était un portrait intitulé *Ada*, le premier de *Geography and Plays*. Je commençai de lire et je crus d'abord qu'elle se moquait de moi, et je protestai ; elle dit que maintenant je proteste au sujet de mon autobiographie. Enfin je lus toute la page et je fus complètement séduite par elle. Et nous pûmes nous mettre à table.

Ce fut le premier d'une longue série de portraits. Elle a écrit en somme les portraits de tous ceux qu'elle a connus, et elle les a écrits de toutes manières et dans tous les styles.

Ada fut suivi du portrait de Matisse et du portrait de Picasso, puis Stieglitz[1] qu'ils intéressaient fort et qui observait Ger-

1. Stieglitz était à la fois photographe et marchand de tableaux. Il fut le premier à montrer aux Etats-Unis des toiles de Matisse et de Picasso.

trude Stein avec beaucoup d'attention, les imprima dans un numéro spécial de *Camera World*.

Elle se mit alors à faire de petits portraits de tous ceux qui allaient et venaient autour d'elle. Elle en fit un d'Arthur Frost, le fils de A. B. Frost, l'illustrateur américain. Frost était un élève de Matisse, et sa fierté, quand il lut son portrait et découvrit qu'il avait trois grandes pages de plus que le portrait de Matisse et le portrait de Picasso, était quelque chose de beau à voir.

Cet A. B. Frost fit de durs reproches à Pat Bruce qui avait conduit Frost chez Matisse, et lui déclara qu'il était bien malheureux de voir Arthur si incapable de devenir un artiste académique comme tous les autres, ce qui lui aurait permis d'arriver à la gloire et à la fortune. Pat Bruce répondit : « Vous pouvez mener un cheval à l'abreuvoir, mais vous ne pouvez pas l'obliger à boire s'il n'a pas soif. — La plupart des chevaux boivent, Mr. Bruce », rétorqua A. B. Frost.

Bruce, Patrick Henry Bruce, était un des premiers et des plus ardents élèves de Matisse, et bientôt il réussit à faire de petits Matisse, mais cela ne suffisait pas à le rendre heureux. En expliquant son infortune à Gertrude Stein, il lui dit : « On parle toujours des malheurs des grands artistes, mais après tout ce sont de grands artistes. Un petit artiste a tous les malheurs tragiques et tous les chagrins des grands artistes, mais il n'est pas un grand artiste. »

Elle fit des portraits de Nadelman, et aussi des protégés de la femme-sculpteur madame Whitney, Lee et Russell et aussi de Henry Phelan Gibb qui fut son premier et son meilleur ami anglais. Elle fit des portraits de Manguins, de Roché, de Purrmann, de David Edstrom, le gros sculpteur suédois, qui épousa la directrice de l'Eglise de la Science chrétienne à Paris et la conduisit à la catastrophe. Elle en fit de Brenner, le sculpteur qui ne finissait jamais rien. Il avait une technique admirable et une masse d'obsessions qui l'empêchaient de travailler. Gertrude Stein l'aimait beaucoup et l'aime encore beaucoup. Une fois elle posa pour lui durant des semaines et il fit d'elle un portrait inachevé qui est très beau. Lui et Cody publièrent plus tard une petite revue nommée *Soil*, qui n'eut que quelques numéros, et ils furent parmi les premiers à publier du Gertrude Stein. Le seul petit périodique qui ait précédé *Soil* se nommait *Rogue*, il était publié par Allan Norton et il donna la *Description des Galeries Lafayette* par Gertrude Stein. Ceci arriva, bien entendu, beaucoup plus tard et par l'entremise de Carl Van Vechten.

Elle fit aussi des portraits de Miss Etta Cone, et de sa sœur le Dr. Claribel Cone. Elle fit des portraits de Miss Mars et de Miss Squires sous le titre de *Miss Furr and Miss Skeene*. Il y eut des portraits de Mildred Aldrich et de sa sœur. Elle donnait à chacun son portrait en lecture, et tous en étaient très contents et c'était très amusant. Tout cela occupa une grande partie de cet hiver. Puis nous allâmes en Espagne.

En Espagne Gertrude Stein se mit à écrire les pièces qui aboutirent à *Tender Buttons*.

J'aimais beaucoup l'Espagne. Nous allâmes plusieurs fois en Espagne et chaque fois je l'aimais davantage. Gertrude Stein dit que je suis toujours impartiale sauf quand il s'agit de l'Espagne et des Espagnols.

Nous allâmes droit à Avila, et, tout de suite, Avila conquit mon cœur : « Il faut que je passe à Avila le reste de ma vie », disais-je à Gertrude Stein, que cela ennuyait beaucoup. « Avila est très bien », répondait-elle, mais elle ajoutait qu'elle avait besoin de Paris. Pour moi il me semblait que je n'avais besoin de rien sauf d'Avila. Et nous eûmes de violentes discussions à ce sujet. Pourtant nous y restâmes dix jours, et comme sainte Thérèse était une des héroïnes de la jeunesse de Gertrude Stein, nous fûmes toutes deux très heureuses à Avila. Dans l'opéra *Four Saints* qu'elle a écrit il y a quelques années, elle décrit le paysage qui m'avait si profondément émue.

Nous allâmes de là à Madrid où nous rencontrâmes Georgiana King de Bryn Mawr, une vieille amie de Gertrude Stein du temps de Baltimore. Georgiana King écrivit l'un des plus intéressants parmi les comptes rendus critiques qui furent publiés sur *Three Lives*. Elle s'occupait alors à préparer une réédition des *Cathédrales d'Espagne* de Street et pour cela il lui avait fallu parcourir toute l'Espagne. Elle nous donna beaucoup de bons conseils.

A cette époque, Gertrude Stein portait un costume avec veste et jupe de velours brun, un petit chapeau de paille toujours crocheté pour elle par une femme de Fiesole, des sandales, et souvent aussi une canne. Cet été-là la pomme de la canne était en ambre. C'est plus ou moins le costume (moins le chapeau et la canne) que Picasso a représenté dans son portrait de Gertrude Stein. Ce costume convenait parfaitement à l'Espagne, car tous les Espagnols se figuraient ainsi qu'elle appartenait à quelque ordre religieux et l'on nous traitait toujours avec le plus profond respect. Je me rappelle une fois qu'une religieuse nous montrait les trésors d'une église conventuelle à Tolède. Nous nous trouvions au pied de l'autel. Soudain on entendit un bruit terrible. Gertrude Stein venait de laisser tomber sa canne. La religieuse blêmit, les fidèles sursautèrent. Gertrude Stein ramassa sa canne et, se tournant vers la religieuse encore pâle d'émotion, lui dit pour la rassurer : « Non, elle n'est pas cassée. »

Dans ces vieux temps de notre voyage en Espagne je portais ce que j'aimais appeler mon déguisement espagnol. Je portais toujours un manteau de soie noire, des gants noirs et un chapeau noir ; la seule fantaisie que je me permettais était de très belles fleurs artificielles sur mon chapeau. Elles intéressaient beaucoup les paysannes qui me demandaient très poliment la permission de les toucher pour se rendre compte par elles-mêmes si elles étaient vraiment fausses.

Cet été-là, nous allâmes à Cuenca, dont nous avait parlé Harry Gibb, le peintre anglais. Harry Gibb était un cas étrange, il prévoyait tout. Il avait été dans sa jeunesse en Angleterre un peintre animalier très couru, puis il s'était marié et il avait séjourné en Allemagne ; là il s'était dégoûté de ce qu'il avait fait jusqu'alors, et il avait entendu parler de la nouvelle école de peinture parisienne. Il vint à Paris et tout de suite tomba sous l'influence de Matisse. Puis il s'intéressa à Picasso et sous leur double influence fit quelques toiles très curieuses. Tout cela le jeta dans une autre direction, et il réussit à faire avant la guerre à peu près ce que les surréalistes cherchèrent à faire après la guerre. La seule chose qui lui manquait était ce que les Français nomment « saveur », ce que l'on pourrait appeler « la grâce dans la peinture ». Cela l'empêchait de trouver un public en France. Naturellement, à cette époque, il n'y avait pas de public en Angleterre. Harry Gibb connut des heures noires. Il tombait toujours sur des heures noires. Lui et sa femme, Bridget, une des plus gentilles parmi toutes les femmes des génies que j'ai connues, étaient très courageux et faisaient front très carrément à toutes les difficultés, mais les difficultés ne finissaient jamais. Puis ça s'arrangea un peu. Il trouva quelques clients qui avaient confiance en lui, et c'est alors, en 1912-1913, qu'il alla à Dublin et y eut une exposition sensationnelle. C'est à cette époque qu'il importa en Irlande plusieurs exemplaires du *Portrait de Mabel Dodge de la Villa Curonia* que Mabel Dodge avait fait imprimer à Florence et c'est alors que les écrivains dublinois entendirent dans les cafés de Dublin du Gertrude Stein déclamé à haute voix. Le docteur Gagarty, l'hôte et l'admirateur de Harry Gibb, aimait à en lire lui-même à haute voix et en faisait lire à haute voix par les autres.

Puis vint la guerre, qui fut pour le pauvre Harry une période d'éclipse ; et depuis ce n'a été qu'un long combat amer. Il a connu des hauts et des bas, mais plus de bas que de hauts et c'est tout récemment enfin que la roue de la fortune a tourné pour lui. Gertrude Stein, qui les aimait profondément tous les deux, a toujours été convaincue que les deux peintres de sa génération qui seraient découverts après leur mort (car ils étaient prédestinés à une vie de tragédie), étaient Juan Gris et Harry Gibb. Juan Gris, mort il y a cinq ans, commence à être reconnu pour ce qu'il était. Harry Gibb est encore vivant et encore inconnu. Gertrude Stein et Harry Gibb ont toujours été des amis très fidèles et très affectueux. Parmi ses premiers portraits est celui qu'elle fit de Harry Gibb et c'est un fort bon portrait, qui fut publié dans la *Oxford Review* puis dans *Geography and Plays*.

Ainsi Harry Gibb nous parla de Cuenca et nous prîmes un petit train qui faisait mille détours sans jamais aboutir nulle part, et nous nous trouvâmes à Cuenca.

Nous adorâmes Cuenca et la population de Cuenca nous adora. Elle nous adora si chaudement que cela en devenait gênant. Mais soudain, un jour, alors que nous nous promenions, la population et en particulier les enfants de Cuenca se mirent à nous considérer à distance respectueuse. Bientôt un homme en uniforme vint vers nous et, nous saluant, nous dit qu'il était un agent de police de la ville et que le gouverneur lui avait donné la mission de nous suivre partout de loin au cours de nos promenades dans la région pour empêcher que la population ne nous importunât ; il espérait, disait-il, que ça ne nous ennuierait pas. Cela ne nous ennuya pas du tout, au contraire, c'était un homme charmant et il nous emmena voir dans la région des endroits ravissants où nous n'aurions guère pu aller seules. Telle était la vieille Espagne du bon vieux temps.

Enfin nous retournâmes à Madrid et nous y découvrîmes la Argentina et les courses de taureaux. Les jeunes journalistes de Madrid venaient de la découvrir. Nous tombâmes sur elle un jour qu'elle dansait dans un music-hall. Nous y étions allées pour y voir des danses espagnoles, puis après avoir aperçu la Argentina une première fois nous y retournâmes tous les après-midi et tous les soirs. Nous allâmes aussi aux courses de taureaux. D'abord je ne pouvais les supporter et Gertrude Stein me disait : « Maintenant vous pouvez regarder », « Maintenant, ne regardez pas », jusqu'au moment où je finis par être capable de regarder tout le temps.

Pour terminer nous allâmes à Grenade et nous y restâmes quelque temps ; Gertrude Stein y travailla énormément. Elle avait toujours aimé Grenade. C'est là qu'elle avait appris à connaître l'Espagne, alors qu'elle était encore une jeune étudiante, dans les années qui suivirent immédiatement la guerre hispano-américaine, au cours de ce voyage qu'elle et son frère firent alors en Espagne. Ils s'amusèrent beaucoup et elle aime raconter l'histoire du jour où elle causait dans une salle à manger d'hôtel avec un homme de Boston et sa fille, quand soudain on entendit un horrible bruit, un âne qui brayait. « Qu'est cela ? demanda la jeune Bostonienne toute tremblante. — Cela, dit le père, c'est le dernier soupir des Maures ! »

Nous nous plûmes à Grenade, nous y rencontrâmes des gens fort amusants, des Anglais, des Espagnols, et c'est alors et là que le style de Gertrude Stein commença à changer graduellement. Elle dit qu'auparavant elle s'était seulement intéressée à l'être intérieur des gens, leur caractère et ce qui se passait en eux, mais durant cet été, elle commença à éprouver le désir d'exprimer le rythme du monde visible.

Ce fut une transformation lente et pénible, elle regardait, elle écoutait et elle décrivait. Elle a toujours été et elle est toujours tourmentée par le problème des relations entre l'être extérieur et l'être intérieur. Une des questions qui la préoccupe toujours dans la peinture est la difficulté que l'artiste éprouve à *représenter* l'être humain, et qui finit par l'entraîner à composer des natures mortes, car après tout l'essence de l'être humain se dérobe à la peinture. Pourtant une fois, tout récemment, elle a eu l'impression qu'un peintre avait fait un pas vers la solution de ce problème. Picabia, qui auparavant ne lui disait rien, l'a intéressée, parce que lui du moins il sait que, si vous ne pouvez point résoudre le problème pictural en peignant des êtres humains, vous ne pouvez point du tout le résoudre. Il y a aussi un disciple de Picabia qui a bien vu le problème, mais nul ne sait s'il le résoudra. Peut-être pas ? Quoi qu'il en soit, c'est de cela qu'elle parle toujours et c'est alors que sa longue lutte contre ce problème commença.

C'est l'époque où elle écrivit *Susie Asado* et *Preciosilla*, et *Bohémiens en Espagne*. Elle fit toutes sortes d'expériences et de tentatives pour arriver à décrire. Elle essaya d'inventer des mots, mais elle y renonça vite. La langue anglaise était sa matière, et il fallait accomplir sa tâche, résoudre ce problème au moyen de l'anglais ; l'emploi de mots fabriqués la choquait, c'était s'abandonner à l'émotionalisme imitatif.

Non, elle resta face à face avec sa tâche, et, après son retour à Paris, elle se mit à décrire des objets, des chambres avec des objets, et, réunissant tout cela, l'ajoutant à ses premières tentatives espagnoles, elle en fit le volume *Tender Buttons*.

Pourtant les hommes restèrent toujours l'objet principal de ses études et par conséquent elle continua la série jamais interrompue ni finie de ses portraits.

Nous revînmes rue de Fleurus comme d'ordinaire.

Une des personnes qui m'avaient le plus frappée quand j'étais arrivée rue de Fleurus était Mildred Aldrich[1]. Mildred Aldrich était alors au début de la cinquantaine, c'était une femme forte et vigoureuse, avec un visage à la George Washington, des cheveux blancs, des vêtements et des gants d'une fraîcheur admirable ; une personnalité frappante et très attirante dans cette foule où se mêlaient toutes les nationalités. Elle était bien, selon le mot de Picasso, une de celles dont on

---

1. Mildred Aldrich vécut longtemps en France. C'est elle qui fit connaître aux Etats-Unis Maeterlinck dont elle fit donner diverses pièces dans le Nouveau Monde. Son livre sur la guerre, dont il sera parlé plus tard, eut beaucoup de retentissement aux Etats-Unis.

pouvait dire : « C'est elle qui fera la gloire de l'Amérique. » Elle vous rendait fière et contente d'être née dans le pays où elle était née.

Sa sœur l'avait quittée pour rentrer en Amérique, et elle vivait seule à l'étage supérieur d'une maison au coin du boulevard Raspail et de la demi-rue Boissonade. Elle avait là à ses fenêtres une énorme cage pleine de serins. Nous attribuions toujours cela à un grand amour pour les serins que nous lui prêtions. Mais pas du tout. Une amie lui avait une fois confié, durant son absence, un canari dans sa cage. Mildred, fidèle et soigneuse comme toujours, s'occupa du serin parfaitement. Ce que voyant, ses amis conclurent que Mildred devait aimer les serins et lui en donnèrent un autre. Mildred, bien entendu, soigna très bien les deux serins et, en conséquence, les deux serins multiplièrent, et graduellement la taille de la cage augmenta, jusqu'en 1914, époque où Mildred émigra à Huiry sur les hauteurs de la Marne et se débarrassa des serins. Elle allégua que les chats du village mangeraient les serins. Mais la vraie raison, qu'elle m'avoua un jour, était qu'en réalité elle ne pouvait pas supporter les serins.

Mildred était une excellente maîtresse de maison ; j'avais eu d'abord une tout autre impression. Je fus donc très surprise, allant la voir un jour, de la trouver en train de repriser son linge et de le faire avec un soin religieux.

Mildred adorait les câbles, elle adorait être dans la gêne, ou plutôt elle adorait dépenser de l'argent et, comme elle était capable de gagner beaucoup d'argent, mais non point perpétuellement, elle était dans la gêne. A cette époque elle préparait des contrats pour présenter sur les théâtres américains *L'Oiseau Bleu* de Maeterlinck. Les négociations demandaient des télégrammes sans fin, et mes premiers souvenirs de Mildred me la montrent venant à notre petit appartement de la rue Notre-Dame-des-Champs, tard le soir, pour me demander de lui prêter de l'argent pour un long câble. Quelques jours plus tard elle me renvoya l'argent avec une très belle azalée qui valait cinq fois la somme que je lui avais prêtée. Rien d'étonnant donc à la trouver toujours dans la gêne. Mais tout le monde avait plaisir à l'écouter parler. Personne au monde ne savait raconter des histoires comme elle. Je la vois encore rue de Fleurus, assise dans un des grands fauteuils et attirant peu à peu tout le monde, qui se groupait autour d'elle pour l'écouter parler.

Elle aimait beaucoup Gertrude Stein et son œuvre l'intéressait énormément, elle avait un vrai enthousiasme pour *Three Lives*, et *The Making of Americans* l'avait beaucoup impressionnée en la troublant un peu, *Tender Buttons* l'avait bouleversée, mais elle demeurait fidèle et convaincue que, si Gertrude Stein faisait quelque chose, ce quelque chose devait avoir un sens et de la valeur.

Sa joie et son orgueil, quand, en 1926, Gertrude Stein donna une conférence à Cambridge et à Oxford, furent touchants. Gertrude Stein dut absolument la lui lire avant de partir. Gertrude Stein le fit et toutes deux en furent ravies.

Mildred Aldrich aimait Picasso et même Matisse, du moins elle les aimait comme hommes, mais elle n'était point rassurée. Un jour elle me dit : « Alice, dites-moi, est-ce bien ça ? sont-ils tout à fait bien ? Je sais que c'est l'avis de Gertrude, et Gertrude sait ce qu'elle fait, mais réellement n'est-ce pas une vaste fumisterie, n'est-ce pas entièrement faux ? »

Malgré ces instants de doute, Mildred Aldrich aimait tout cela. Elle aimait venir rue de Fleurus, et elle aimait y amener des gens. Elle en amena beaucoup. C'est elle qui amena Henry MacBride, qui était alors employé par le *New York Sun*. Ce fut Henry MacBride qui maintint le nom de Gertrude Stein sous les yeux du public durant toutes ces années pénibles. « Riez si vous voulez, disait-il aux détracteurs de Gertrude Stein, mais riez avec elle, non pas d'elle, ce sera bien plus amusant pour vous. »

Henry MacBride ne croit pas au succès mondain. « Ça vous détruit, ça vous détruit », se plaisait-il à dire. « Mais, Henry, répliquait dolemment Gertrude Stein, pensez-vous que je n'aurai jamais de succès ? Vous savez que j'aimerais en avoir un peu. Pensez à tous mes manuscrits inédits. » Mais Henry MacBride restait inébranlable : « Ce que je puis vous souhaiter de mieux, disait-il toujours, c'est de n'avoir aucun succès. C'est la seule bonne chose. » On ne pouvait pas l'en faire démordre.

Tout de même cela lui fit un grand plaisir quand Mildred eut du succès et il dit maintenant que l'heure est venue où Gertrude Stein pourrait se permettre un peu de succès. Il ne pense plus que maintenant cela lui puisse faire tant de mal.

C'est vers cette époque que Roger Fry vint pour la première fois chez nous. Il amena Clive Bell[1] et madame Clive Bell, et plus tard un grand nombre d'autres. A ce moment-là Clive Bell ne quittait pas les deux autres. Il laissait entendre tristement que sa femme et Roger Fry aimaient trop les grandes œuvres d'art. Il en parlait très drôlement. Il était fort amusant, mais plus tard, quand il devint un vrai critique d'art, il le fut beaucoup moins.

Roger Fry était toujours charmant, charmant comme invité, charmant comme hôte. Plus tard, quand nous allâmes à Londres, nous passâmes un jour avec lui à la campagne.

La vue du portrait de Gertrude Stein par Picasso le remplit d'enthousiasme. Il écrivit un article sur le tableau et le publia dans la *Burlington Review* avec deux illustrations photographiques côte à côte, l'une la photographie du portrait, l'autre une photographie d'un portrait de Raphaël. Il soutenait que ces deux toiles avaient la même valeur. Il amena chez nous une masse de gens. Bientôt nous reçûmes des caravanes d'Anglais, et parmi eux Augustus John et Lamb. Augustus John était ahurissant à regarder, et ne paraissait point tout à fait de sang-froid, Lamb était étrange et charmant.

C'est à cette époque que Roger Fry réunit autour de lui de nombreux jeunes disciples. Parmi eux était Wyndham Lewis[2]. Wyndham Lewis, grand et mince, avait plutôt l'air d'un jeune arriviste français, peut-être parce que ses pieds étaient très français ou du moins parce que ses chaussures l'étaient. Il venait, il prenait un siège, et il mesurait les tableaux. Je ne pourrais pas dire si, en fait, il les mesurait avec un mètre, mais il donnait absolument l'impression d'un homme qui prend très soigneusement les dimensions d'un tableau, et qui mesure exactement les lignes du tableau et tout ce qui peut être utile à connaître dans le tableau. Gertrude Stein l'aimait assez. Il lui plut surtout un jour où il vint nous raconter toutes ses querelles avec Roger Fry. Roger Fry, peu de jours aupa-

---

1. Critique d'art et critique littéraire anglais, qui jouit d'une grande réputation dans son pays.
2. Romancier, essayiste, publiciste et philosophe anglais d'un grand brillant.

ravant, était venu nous raconter toute l'histoire. Ils nous avaient raconté juste la même histoire, mais elle était fort différente selon le narrateur.

C'est à cette époque aussi que Prichard, du Musée des Beaux-Arts de Boston, et plus tard du Musée de Kensington, commença à venir nous voir. Prichard amenait avec lui un grand nombre de jeunes gens d'Oxford. Ils étaient très agréables à avoir dans le studio et ils trouvaient Picasso merveilleux. Ils avaient l'impression, juste à la vérité, qu'autour de son être rayonnait un halo. Avec eux vint Thomas Whittemore de Tufts College. Il était spontané et attirant, et, un jour, à la grande joie de Gertrude Stein, il déclara : « Le bleu est toujours précieux. »

Tout le monde amenait quelqu'un. Comme je l'ai dit le caractère des samedis soir changea graduellement, c'est-à-dire que les visiteurs changèrent. Quelqu'un amena l'Infante Eulalie, et la ramena plusieurs fois. Elle était charmante et elle avait la mémoire fidèle et flatteuse des rois qui lui permettait de m'appeler toujours par mon nom, même quelques années plus tard, quand nous nous rencontrâmes par hasard place Vendôme. La première fois qu'elle entra dans l'atelier, elle fut un peu effrayée. L'endroit paraissait bizarre, mais graduellement elle s'y fit et l'aima beaucoup.

Lady Cunard amena sa fille Nancy, alors une petite fille, et avec une grande solennité elle lui dit de ne jamais oublier cette visite.

Qui vint encore ? Il vint tant de gens. Le ministre de Bavière amena une masse de gens. Jacques-Emile Blanche amena des gens charmants, et Alphonse Kahn aussi. Il y eut, semblable à une merveilleuse version féminine de Disraeli, avec sa haute taille, lady Otoline Morril, que l'on vit hésiter à notre porte dans un instant de timidité. Il y eut une sorte de princesse hollandaise que son escorte abandonna chez nous, pour aller lui chercher un fiacre, et durant ce temps bien court elle parut épouvantée.

Il y eut une princesse roumaine, et son cocher de fiacre finit par s'impatienter. Hélène vint annoncer brutalement que le cocher de fiacre ne voulait pas attendre davantage. Puis, après un violent coup à la porte, le cocher de fiacre vint lui-même notifier qu'il n'attendrait pas une minute de plus.

C'était un défilé d'une variété infinie. Tout le monde venait, et ça n'avait point d'importance. Gertrude Stein restait tranquillement assise dans un fauteuil et ceux qui pouvaient faisaient de même, les autres se tenaient debout. Les amis demeuraient autour du feu à causer, les innombrables étrangers allaient et venaient, entraient et sortaient. J'en garde un souvenir très net.

Comme je l'ai dit, tout le monde amenait quelqu'un. William Cook amena un grand nombre de gens de Chicago, de grosses dames très riches, et de jolies dames très minces et non moins riches. Cet été nous découvrîmes les îles Baléares sur la carte et nous y allâmes, nous visitâmes Majorque ; sur le petit bateau qui y conduit nous trouvâmes Cook. Lui aussi avait découvert Majorque sur la carte. Nous n'y restâmes que quelques jours, mais lui s'y installa pour l'été et par la suite il y retourna ; plus tard, en masse, les Américains découvrirent Palma. Il fut le premier. Nous, nous y retournâmes durant la guerre.

Ce fut durant cet été que Picasso nous donna une lettre pour un ami de sa jeunesse, nommé Raventos, à Barcelone. « Mais parle-t-il français ? » demanda Gertrude Stein. Pablo éclata de rire : « Mieux que vous, Gertrude », répondit-il.

Raventos nous procura mille agréments, lui et un descendant de Soto nous promenèrent durant deux longs jours, les jours étaient longs parce que c'était aussi, en grande partie, des nuits. Ils avaient une auto, chose rare à cette époque, et ils nous emmenèrent dans les montagnes voir des églises préromanes. Nous grimpions sur une montagne, puis gaiement et un peu plus doucement nous redescendions, toutes les deux heures nous prenions un repas. A la fin, quand nous revînmes à Barcelone, vers dix heures du soir, ils déclarèrent : « Maintenant prenons un apéritif, puis nous dînerons. » C'était très fatigant de prendre tant de repas, mais nous nous amusions beaucoup.

Plus tard, beaucoup plus tard, il y a seulement quelques années, Picasso nous présenta à un autre de ses amis d'enfance.

Sabartés et lui se connaissaient depuis l'âge de quinze ans, mais comme Sabartés avait disparu dans le fond de l'Amérique du Sud, à Montevideo, Uruguay, avant que Gertrude Stein ne connût Picasso, elle n'avait jamais entendu parler de Sabartés. Un jour, il y a quelques années, Picasso nous écrivit qu'il nous amenait Sabartés. Sabartés, en Uruguay, avait lu des pages de Gertrude Stein dans diverses revues et il avait conçu une grande admiration pour son œuvre. Mais il n'avait aucune idée que Picasso pouvait la connaître. Etant revenu à Paris pour la première fois après tant d'années, il alla voir Picasso, et lui parla de Gertrude Stein. « Mais elle est ma seule amie, dit Picasso, c'est la seule maison où j'aille. — Conduis-moi là », dit Sabartés ; et c'est ainsi qu'ils vinrent chez nous.

Gertrude Stein et les Espagnols s'entendent naturellement, et cette fois encore il se forma une amitié.

C'est vers cette époque que les futuristes, les futuristes italiens, eurent à Paris leur grande exposition, qui fit tant de bruit. Tout le monde était surexcité, et, comme l'exposition se tenait dans une galerie de tableaux fort connue[1], tout le monde y alla. Jacques-Emile Blanche en était tout troublé. Nous le trouvâmes dans le jardin des Tuileries où il se promenait en tremblant, et il nous dit : « Ça a l'air bien, mais l'est-ce en réalité ? — Mais non, répondit Gertrude Stein. — Vous me réconfortez », repartit Jacques-Emile Blanche.

Les futuristes, menés par Severini, se pressèrent tous autour de Picasso ; il nous les amena tous. Marinetti vint aussi, seul, plus tard, je me rappelle ; mais en somme tout le monde trouva les futuristes ennuyeux.

Epstein, le sculpteur, vint rue de Fleurus un soir. Quand Gertrude Stein arrriva à Paris en 1904, Epstein était une sorte de fantôme mince, assez beau et mélancolique, qui se glissait parmi les statues de Rodin du Musée du Luxembourg. Il avait illustré les Etudes de Hutchins Hapgood sur le ghetto, et cet argent lui avait permis de venir à Paris, mais il était très pauvre. Quand moi je le vis pour la première fois il était venu à Paris pour placer sa statue des sphinx dédiée à Oscar Wilde sur la tombe d'Oscar Wilde. C'était alors un grand homme plutôt gras, point insignifiant, mais point beau. Il possédait une paire d'yeux bruns fort remarquables d'une teinte que je n'avais jamais vue auparavant dans aucun œil.

Le docteur Claribel Cone, de Baltimore, allait et venait

---

1. La Galerie Bernheim, rue Richepanse.

avec majesté. Elle aimait à lire à haute voix les œuvres de Gertrude Stein, et elle les lisait extrêmement bien. Elle aimait la vie facile, la grâce et le confort. Elle et sa sœur, Etta Cone, voyageaient ensemble. Un jour, comme la seule chambre libre de l'hôtel où elles étaient descendues n'était point confortable, Etta pria sa sœur de n'y point faire attention, puisqu'il ne s'agissait que d'y passer une nuit. « Etta, répondit le docteur Claribel, une nuit est aussi importante qu'une autre dans ma vie, et je ne peux me priver de confort. » Quand la guerre éclata, elle se trouvait à Munich, où elle procédait à des recherches scientifiques. Elle ne pouvait jamais se résigner à s'en aller, parce que les voyages alors étaient trop peu confortables. Tout le monde aimait beaucoup le docteur Claribel. Longtemps après, Picasso fit un portrait d'elle au crayon.

Emily Chadbourne vint aussi, et elle amena lady Otoline Morril, ainsi que de nombreux Bostoniens.

Mildred Aldrich, une fois, nous amena une personne tout à fait étrange, Myra Edgerly. Je me rappelais très bien que dans ma petite enfance, étant allée le mardi gras à un bal costumé à San Francisco, j'y vis une femme très grande, très belle, et très brillante. C'était Myra Edgerly, jeune. Genthe, le photographe bien connu, fit un grand nombre de photographies d'elle, en général avec un chat. Elle était venue à Londres pour y faire des miniatures, et elle avait eu un de ces succès phénoménaux que les Américains ont eu en Europe. Elle avait fait des miniatures de tout le monde, y compris la famille royale, et elle avait gardé tout le temps ses façons sérieuses, gaies, simples et bon garçon qu'elle avait à San Francisco. Maintenant elle venait à Paris pour étudier un peu. Elle rencontra Mildred Aldrich et s'attacha à elle. Ce fut même elle qui, en 1913, quand Mildred ne réussissait plus à gagner sa vie, s'arrangea pour qu'on lui servît une rente, et rendit possible son installation paisible sur les collines de la Marne.

Myra Edgerly souhaitait vivement que l'œuvre de Gertrude Stein fût plus connue du public ; quand Mildred lui parla de tous les manuscrits inédits de Gertrude Stein, Myra dit : « Il faut faire quelque chose. » Et, en effet, on fit quelque chose.

Elle connaissait un peu John Lane, et elle dit : « Il faut que Gertrude Stein et moi allions à Londres », mais d'abord il fallait que Myra écrivît des lettres, puis je devais moi aussi écrire des lettres à tout le monde pour Gertrude Stein. Elle m'indiqua la formule que je devais employer. Je me rappelle que cela commençait ainsi : « Miss Gertrude Stein, comme vous le savez peut-être, ou ne le savez pas, est... » Puis ça continuait et vous disiez tout ce que vous aviez à dire.

A l'instigation énergique de Myra, nous allâmes à Londres durant l'hiver de 1912-1913 pour quelques semaines. Nous nous y amusâmes beaucoup.

Myra nous emmena passer quelques jours chez le colonel et Mrs. Rogers à Riverhill en Surrey. C'était auprès de Knole et de Ightham Moat, maisons magnifiques aux parcs magnifiques. C'était la première fois que j'étais reçue dans une maison de campagne en Angleterre, puisque dans mon enfance je n'y avais été qu'en nourrice. Chaque instant de cette vie me charma. Le confort, les grands feux de bois, les belles servantes, qui ressemblaient à des anges de l'Annonciation, les jardins splendides, les enfants, toute cette vie facile, et la masse des objets, des choses somptueuses que l'on voyait partout ! « Qu'est cela ? demandais-je à Mrs. Rogers. — Oh, je n'en sais rien, c'était ici quand j'y suis arrivée moi-même », me répondait Mrs. Rogers. Et cela me donnait l'impression que bien des jeunes femmes charmantes avaient passé par cette maison et y avaient trouvé à leur arrivée toutes ces choses déjà installées.

Gertrude Stein aimait moins que moi être reçue à la campagne. La conversation continuelle, facile, hésitante ou fluide, le bruit incessant de voix humaines parlant anglais, la gênaient.

Lors de notre seconde visite à Londres, quand la guerre nous obligea à demeurer dans des maisons de campagne anglaises chez nos amis durant assez longtemps, elle s'arrangea pour s'isoler pendant une grande partie de la journée, et pour éviter au moins un des trois ou quatre repas, ainsi cela lui alla mieux.

Nous nous plûmes en Angleterre. Gertrude Stein oublia complètement ses souvenirs lugubres de Londres, et depuis ce temps elle a toujours eu plaisir à y retourner.

Nous allâmes voir Roger Fry dans sa maison de campagne et nous fûmes reçues d'une façon charmante par sa sœur, une quaker. Nous allâmes chez lady Otoline Morril et nous y rencontrâmes tout le monde. Nous allâmes chez Clive Bell.

Nous allâmes partout tout le temps, nous allâmes faire des courses et nous fîmes des commandes. Je garde encore un sac et une boîte à bijoux qui datent de ce voyage. Nous nous amusâmes beaucoup. Et nous allâmes voir John Lane très souvent. En fait nous devions aller tous les dimanches prendre le thé chez lui, et Gertrude Stein eut plusieurs rendez-vous avec lui à son bureau. Je connais vraiment bien tout ce que contiennent toutes les boutiques aux alentours de la « Tête de Bodley », car pendant que Gertrude Stein était à l'intérieur à causer avec John Lane sans aboutir à rien d'abord, puis plus tard, avec un résultat intéressant, j'attendais au-dehors, et je regardais les devantures.

Les dimanches après-midi chez John Lane étaient fort amusants. Je crois me rappeler que, durant ce premier séjour à Londres, nous y allâmes deux fois.

Gertrude Stein intéressait beaucoup John Lane. Mrs. John Lane était une Bostonienne fort aimable.

Le thé chez les John Lane le dimanche après-midi valait la peine d'être vu. John Lane avait des exemplaires de *Three Lives*, et du *Portrait de Mabel Dodge*. On ne pouvait pas comprendre comment il choisissait ceux à qui il voulait les montrer. Il ne donnait le livre à lire à personne. Il le leur glissait dans la main, puis il le reprenait et il bredouillait vaguement que Gertrude Stein était là. Personne n'était présenté à personne. De temps en temps John Lane entraînait Gertrude Stein dans des pièces diverses et lui montrait ses tableaux, de bizarres tableaux des diverses écoles anglaises des diverses périodes, dont certains étaient fort agréables à regarder. Parfois il racontait une histoire sur la façon dont il avait acquis un tableau. Il ne disait jamais rien d'autre sur ses tableaux. Il lui montrait aussi beaucoup de dessins de Beardsley, et ils parlaient ensemble de Paris.

Le second dimanche il lui demanda de venir le voir une seconde fois à la « Tête de Bodley ». Ils eurent un très long entretien. Il lui dit que Mrs. Lane avait lu *Three Lives* et en pensait beaucoup de bien, et qu'il avait grande confiance dans son jugement. Il demanda à Gertrude Stein quand elle reviendrait à Londres. Elle dit qu'elle ne reviendrait probablement point à Londres. « Bien, dit-il, quand vous viendrez en juillet, j'imagine que nous serons prêts à faire un arrangement. Peut-être, ajouta-t-il, vous verrai-je à Paris au début du printemps ? »

Ainsi nous quittâmes Londres. Nous étions dans l'ensemble très satisfaites de notre expédition. Nous nous étions fort amusées et, pour la première fois, Gertrude Stein avait eu une conversation avec un éditeur.

Mildred Aldrich amenait souvent rue de Fleurus, le samedi soir, des groupes entiers. Un soir il vint avec elle un grand nombre de gens et parmi ces gens il y avait Mabel Dodge. Je me rappelle très nettement ma première impression de Mabel Dodge.

C'était une femme un peu grosse avec une frange de cheveux raides sur le front, de grands cils lourds, des yeux charmants et une coquetterie du temps passé. Elle avait une voix délicieuse. Elle me rappelait une héroïne de ma jeunesse, l'actrice Georgia Cayvan. Elle nous pria de venir chez elle à Florence. Nous devions passer l'été comme d'ordinaire en Espagne, mais nous devions revenir à Paris à l'automne et peut-être alors pourrions-nous aller rendre visite à Mabel Dodge. A notre retour à Paris, à l'automne, nous trouvâmes une série de télégrammes pressants de Mabel Dodge qui nous demandait de venir à la villa Curonia, ce que nous fîmes.

Nous nous y amusâmes beaucoup. Nous aimions fort Edwin Dodge, et nous aimions beaucoup Mabel Dodge, mais nous aimions tout particulièrement Constance Fletcher, que nous rencontrâmes chez Mabel Dodge.

Constance Fletcher arriva un jour ou deux après nous, et j'allai au-devant d'elle à la gare. Mabel Dodge me l'avait décrite comme une femme très grosse, qui portait une robe rouge et était sourde. En fait elle était habillée en vert, elle n'était point sourde mais très myope et elle était délicieuse.

Son père et sa mère venaient de Newburyport, Rhode Island, où ils avaient vécu et où la famille d'Edwin Dodge avait aussi vécu ; ce qui établissait entre eux un lien très fort. Quand Constance avait douze ans sa mère s'éprit d'un professeur anglais qui instruisait le jeune frère de Constance. Constance savait que sa mère était sur le point de quitter la maison. Pendant une semaine elle resta couchée sur son lit à pleurer ; puis elle accompagna sa mère et son beau-père en Italie. Son beau-père était un Anglais et Constance devint une Anglaise enthousiaste. Le beau-père était un peintre qui avait une réputation locale parmi les Anglais résidant en Italie.

Quand Constance Fletcher atteignit ses dix-huit ans elle écrivit un livre à gros tirage et gros succès, *Kismet*, et elle se fiança avec Lord Lovelace, qui descendait de Byron.

Elle ne l'épousa pas et, par la suite, elle vécut toujours en Italie. Enfin elle se fixa à Venise. C'était après la mort de son père et de sa mère. En bonne Californienne j'ai toujours aimé sa description de Joaquin Miller à Rome quand elle était encore une petite fille.

Maintenant, bien qu'elle fût déjà assez âgée, elle restait attirante et imposante. J'aime beaucoup la tapisserie et j'étais fascinée par sa façon de broder des couronnes de fleurs. Il n'y avait nul dessin sur la toile qu'elle employait, elle la tenait seulement dans ses mains et de temps en temps elle la rapprochait d'un de ses yeux ; puis au bout de quelque temps une couronne surgissait sur la toile. Elle aimait beaucoup les fantômes. Il y en avait un à la Villa Curonia, et Mabel, qui se plaisait à effrayer ses visiteurs américains grâce à ses fantômes, avait une méthode très sûre et très brillante pour y parvenir.

Une fois elle rendit presque fou de peur un groupe d'invités qui comprenait Jo et Yvonne Davidson, Florence Bradley, Mary Foote et quelques autres. Pour parfaire son œuvre elle imagina de faire exorciser la maison par le curé de l'endroit. Vous pouvez imaginer l'état d'esprit des invités. Mais Constance Fletcher aimait les fantômes et aimait particulièrement celui de la Villa Curonia, qui était un fantôme de bon goût, le fantôme d'une gouvernante anglaise, qui s'était tuée dans la maison.

Un matin j'entrai dans la chambre de Constance Fletcher, pour lui demander comment elle allait, parce qu'elle ne s'était point sentie bien la nuit précédente.

J'entrai et je fermai la porte derrière moi. Constance Fletcher était très grosse et très blanche ; elle était installée dans un de ces énormes lits Renaissance qui garnissaient la villa. Près de la porte se trouvait une énorme armoire Renaissance. « J'ai passé une nuit délicieuse, me dit Constance Fletcher, ce charmant fantôme est venu me rendre visite toute la nuit, elle vient juste de me quitter, je crois même qu'elle doit être encore dans l'armoire ; voudriez-vous regarder, je vous prie ? »

J'ouvris l'armoire. « Elle est là ? » me demanda Constance Fletcher. Je répondis que je ne voyais rien. « Ah, oui », dit Constance Fletcher.

Nous fîmes un séjour charmant et Gertrude Stein écrivit alors le *Portrait de Mabel Dodge*. Elle écrivit aussi le portrait de Constance Fletcher, qui fut publié par la suite dans *Geography and Plays*. Bien des années plus tard, après la guerre, à Londres, je rencontrai Siegfried Sassoon à une soirée donnée par Edith Sitwell pour Gertrude Stein. Il me parla du portrait de Constance Fletcher par Gertrude Stein qu'il avait lu dans *Geography and Plays* et qui, dit-il, l'avait amené à s'intéresser pour la première fois à l'œuvre de Gertrude Stein. Et il ajouta : « Connaissez-vous Constance Fletcher et si vous la connaissez, pouvez-vous me parler de sa voix magnifique ? » Je répondis, mon intérêt éveillé par sa question : « Mais alors vous ne la connaissiez pas. — Non, répliqua-t-il, je ne l'ai jamais vue, mais elle a gâché ma vie. — Comment ? demandai-je tout excitée. — Parce que, répondit-il, elle a séparé mon père de ma mère. »

Constance Fletcher avait écrit une pièce qui avait eu beaucoup de succès et avait tenu longtemps la scène à Londres ; elle s'appelait *Green Stockings*, mais en réalité c'est en Italie qu'elle avait mené sa vraie vie, elle était plus italienne que les Italiens. Elle admirait son beau-père et, par conséquent, elle était anglaise, mais elle était en réalité dominée par le fin génie italien de Machiavel. Elle savait intriguer à la façon italienne mieux que les Italiens eux-mêmes et elle ne s'en privait pas ; durant beaucoup d'années elle sema la zizanie à Venise, non seulement chez les Anglais, mais aussi chez les Italiens.

André Gide fit une apparition à la Villa Curonia. Ce fut une soirée assez ennuyeuse. Ce fut là aussi que nous rencontrâmes Muriel et Paul Draper. Gertrude Stein avait beaucoup d'amitié pour Paul. Elle adorait son enthousiasme américain, sa façon de tout expliquer dans la musique et la vie humaine. Il avait eu beaucoup d'aventures dans l'Ouest, et cela créait un lien de plus entre eux. Quand Paul Draper s'en alla pour retourner à Londres, Mabel Dodge reçut un télégramme disant : « Perles disparues, je soupçonne second valet de chambre. » Elle vint tout agitée demander à Gertrude Stein ce qu'il fallait faire. « Ne me réveillez pas, dit Gertrude Stein, et ne faites rien. » Puis, s'asseyant sur son lit, elle ajouta : « C'est bien gentil de dire ça : je soupçonne le second valet de chambre, mais qui est le second valet de chambre ? » Mabel expliqua que, la dernière fois qu'il y avait eu un vol à la villa, la police avait dit qu'elle ne pouvait rien faire parce que personne ne soupçonnait les coupables, mais, cette fois, Paul, pour éviter cette difficulté, avait suspecté le second valet de chambre. Pendant que l'on nous expliquait cela, un deuxième télégramme arriva : « Perles retrouvées. » Le deuxième valet de chambre avait mis les perles dans la boîte à cols.

Haweis et sa femme, qui fut plus tard Mina Loy, étaient aussi à Florence. Leur maison était sens dessus dessous, parce qu'elle était pleine d'ouvriers, mais ils remirent tout en état pour nous donner un déjeuner qui fut délicieux. Haweis et Mina étaient parmi les premiers qui s'intéressèrent à l'œuvre de Gertrude Stein. Haweis avait été fasciné par ce qu'il avait lu du manuscrit de *The Making of Americans*. Pourtant il fit un plaidoyer en faveur des virgules. Gertrude Stein répondit que les virgules étaient inutiles, le sens doit être intrinsèque, et ne doit pas dépendre des virgules ; en somme les virgules sont des signes qui permettent de se reposer et de respirer, mais on doit savoir soi-même quand on veut s'arrêter et respirer. Pourtant comme elle aimait Haweis profondément, et comme il lui avait donné un délicieux tableau sur un éventail, elle lui donna deux virgules. Il faut ajouter pourtant qu'en relisant son manuscrit elle fit sauter les virgules.

Mina Loy, que l'œuvre de Gertrude Stein n'intéressait pas moins, était, elle, capable de la comprendre même sans les virgules. Elle a toujours été capable de tout comprendre.

Gertrude Stein écrivit le *Portrait de Mabel Dodge*, et Mabel Dodge tout de suite voulut qu'il fût publié. Elle en fit imprimer trois cents exemplaires que l'on relia en papiers florentins. Constance Fletcher corrigea les épreuves et tout le monde fut ravi. Mabel Dodge immédiatement conçut l'idée que Gertrude Stein devrait être invitée tour à tour dans toutes les maisons de campagne pour faire des portraits ; puis plus tard elle pourrait finir par faire les portraits de millionnaires américains, ce qui serait une carrière très passionnante et très lucrative. Gertrude Stein se mit à rire. Peu après nous rentrâmes à Paris.

Ce fut durant cet hiver que Gertrude Stein se mit à écrire des « pièces ». Elle commença par celle qu'elle appelait : *Il arriva, un jeu*. Elle l'avait écrite à propos d'un dîner donné par Harry et Bridget Gibb. Puis elle écrivit *Voix de femmes*. Elle n'a jamais cessé d'aimer écrire des pièces. Elle prétend qu'un paysage se prête si naturellement à une bataille rangée ou à une pièce qu'il n'y a pas moyen de ne pas écrire de pièces.

Florence Bradley, l'amie de Mabel Dodge, passait l'hiver à Paris. Elle avait quelque expérience du théâtre et elle avait pris plaisir à rêver d'un petit théâtre. Elle voulait ardemment mettre ces pièces de Gertrude Stein sur la scène. Demuth était aussi à Paris en ce temps. Il s'intéressait alors plus à l'écriture qu'à la peinture, et ces pièces l'intéressaient particulièrement.

Gertrude Stein n'a jamais revu Demuth depuis cette date. Quand elle apprit qu'il s'était mis à la peinture, elle y prêta grand intérêt. Ils ne se sont jamais écrit l'un à l'autre, mais souvent ils s'envoient des messages d'amitié par le canal d'amis voyageurs. Demuth fait toujours dire que quelque jour, quand il aura fait une toile qui lui plaise entièrement, il l'enverra à Gertrude Stein. Et, en effet, après tant d'années, il y a deux ans on déposa rue de Fleurus durant notre absence une petite toile avec un billet, c'était le tableau de Demuth, qui, enfin, était en état de l'offrir à Gertrude Stein. C'est un petit paysage très intéressant avec des toits et des fenêtres si subtils qu'ils sont aussi mystérieux et aussi vivants que les toits et les fenêtres de Hawthorne et de Henry James.

Peu après, Mabel Dodge se rendit en Amérique, c'était l'hiver de l'Exposition de la Caserne, la première fois que le grand public eut l'occasion de voir ce genre de tableaux. C'est là que la toile de Duchamp, *Nu descendant un escalier,* fut exposée.

A cette époque aussi Picabia et Gertrude Stein se rencontrèrent. Je me rappelle un dîner chez les Picabia, qui fut très agréable. Gabrielle Picabia était pleine de vie et de gaieté, Picabia était sombre et animé, et Marcel Duchamp ressemblait à un jeune croisé normand.

Il m'a toujours été facile de bien comprendre l'enthousiasme soulevé à New York par Marcel Duchamp, quand il y alla durant les premières années de la guerre. Un de ses frères venait de mourir de ses blessures, l'autre était encore au front et lui-même était inapte au service militaire. Il était très déprimé, et il se rendit en Amérique. Tout le monde l'aima. Tellement que ce devint une rengaine à Paris : quand un Américain arrivait à Paris, la première chose qu'il disait était : « Comment va Marcel ? » Une fois Gertrude Stein alla voir Braque juste après la guerre, et comme elle entrait dans l'atelier, où se trouvaient trois jeunes Américains, elle demanda à Braque : « Comment va Marcelle ? » Les trois jeunes Américains se précipitèrent vers elle et demandèrent : « Avez-vous vu Marcel ? » Elle éclata de rire, et, comme elle connaissait bien cette croyance universelle et fatale des Américains qu'il n'y avait sur terre qu'un seul Marcel, elle expliqua aux jeunes gens que la femme de Braque s'appelait Marcelle et que c'était d'elle qu'elle demandait des nouvelles à son mari.

A cette époque Picabia et Gertrude Stein ne se lièrent point d'amitié. Il l'agaçait à cause de sa volubilité et de ce qu'elle appelait la vulgarité de son adolescence tardive. Mais par un curieux retour, l'année dernière ils sont devenus de très bons amis. Elle s'intéresse beaucoup à ses dessins et à ses toiles. Cela commença avec son exposition de 1931. Maintenant elle est convaincue que Picabia, malgré un certain manque de dons picturaux, a découvert des idées qui seront d'une valeur considérable et permanente. Elle l'appelle le Léonard de Vinci de ce mouvement ; et il est bien vrai qu'il comprend tout et invente tout le temps.

Dès que l'hiver de l'Exposition de la Caserne fut fini, Mabel Dodge revint en Europe et elle ramena avec elle ce que Jacques-Emile Blanche appelait sa collection de jeunes gens assortis. Parmi eux se trouvaient Carl Van Vechten[1], Robert Jones et John Reed. Carl Van Vechten ne vint pas rue de Fleurus avec elle. Je me rappelle le soir où ils vinrent tous. Picasso était là aussi. Il examina John Reed d'un œil critique et il dit : « Le genre de Braque, mais beaucoup plus rigolo. » Je me rappelle aussi que Reed me parla de son voyage en

1. Carl Van Vechten est un romancier américain d'un très grand talent et fort connu.

Espagne. Il me dit qu'il y avait vu d'étranges spectacles, des sorcières poursuivies à travers les rues de Salamanque. Comme je venais de passer des mois en Espagne et que lui n'y était resté que quelques semaines, ses histoires ne me parurent ni amusantes ni vraies.

Robert Jones était très impressionné par la personnalité physique de Gertrude Stein ; il voulait la draper dans un drap d'or et la peindre séance tenante. Mais cela ne l'intéressa pas.

Parmi les gens que nous avions vus chez John Lane à Londres se trouvait Gordon Caine et son mari. Gordon Caine avait été à Vassar, et elle jouait de la harpe ; elle voyageait avec sa harpe et quand elle arrivait dans un hôtel, fût-ce pour une nuit, elle déplaçait tous les meubles. Elle était grande, avait des cheveux aux teintes roses, et paraissait très belle. Son mari était un écrivain humoristique anglais très connu, et l'un des auteurs de John Lane. Ils nous avaient reçues très agréablement à Londres et nous leur demandâmes de dîner avec nous le premier soir qu'ils étaient à Paris. Je ne sais pas ce qui arriva, mais Hélène fit un très mauvais dîner. Deux fois seulement au cours des longs et loyaux services d'Hélène il lui arriva de nous décevoir : cette fois-là et deux semaines plus tard quand Carl Van Vechten vint dîner chez nous. Cette fois-là aussi, elle fit d'étranges choses ; son dîner ne fut qu'une succession de hors-d'œuvre. Mais j'en parlerai plus loin.

Pendant le dîner madame Caine dit qu'elle avait pris la liberté de demander à sa très chère amie et compagne d'université, madame Van Vechten, de venir chez nous après le dîner, car elle souhaitait très vivement de voir Gertrude Stein, qui pourrait sans doute exercer une heureuse influence sur sa vie à ce moment où elle se trouvait tout à fait découragée et malheureuse. Gertrude Stein dit qu'elle se rappelait vaguement le nom de Van Vechten, mais sans pouvoir se rappeler pourquoi elle le connaissait. Elle a une mauvaise mémoire pour les noms. Madame Van Vechten vint. Elle aussi était une femme très grande (il semblerait que beaucoup de grandes femmes vont à Vassar), et elle aussi était très belle ; madame Van Vechten nous raconta la tragédie de sa vie conjugale, mais cela n'intéressa pas beaucoup Gertrude Stein.

Ce fut environ une semaine plus tard que Florence Bradley nous invita à venir avec elle à la seconde représentation du

Sacre du Printemps. Les ballets russes venaient d'en donner la première représentation et cela avait soulevé une tempête. Tout Paris était excité à ce sujet. Florence Bradley s'était procuré trois places dans une loge de quatre, et elle nous invitait à y venir avec elle. En même temps nous recevions une lettre de Mabel Dodge qui nous présentait Carl Van Vechten, un jeune journaliste de New York. Gertrude Stein l'invita à dîner pour le samedi suivant.

Nous allâmes de bonne heure au ballet russe ; c'étaient les grands jours du début des ballets russes avec Nijinski comme danseur étoile. Et certes c'était bien un grand danseur. La danse m'excita beaucoup et je m'y connais bien en fait de danse. J'ai connu trois grands danseurs. Mes génies semblent aller par trois, mais ce n'est pas ma faute, il se trouve que c'est un fait. Les trois grands danseurs que j'ai vus sont la Argentina, Isadora Duncan, et Nijinski. Comme les trois génies que j'ai connus, ils étaient chacun d'eux d'une nationalité différente.

Nijinski ne dansait pas *Le Sacre du Printemps,* mais il créa la danse de ceux qui le dansèrent.

Nous arrivâmes dans la loge et nous nous assîmes sur les trois chaises de devant, laissant une chaise libre derrière. Juste devant nous, dans les fauteuils d'orchestre, se trouvait Guillaume Apollinaire, en vêtements de soirée et très occupé à baiser les mains de diverses dames d'aspect important. Il était le premier de ce groupe qui se mit à fréquenter le grand monde en tenue de soirée et à baiser la main des dames. Cela nous amusa beaucoup et nous réjouit beaucoup. C'était la première fois que nous le voyions faire cela. Après la guerre ils firent tous de même, mais ce fut la seule fois que je vis un artiste agir ainsi avant la guerre.

Juste avant le début de la représentation, la quatrième chaise de notre loge fut occupée. Nous nous retournâmes et nous vîmes un grand jeune homme bien fait qui aurait pu passer pour un Hollandais, un Scandinave ou un Américain ; il portait une chemise molle à petits plis. Il nous parut avoir grand air, et nous n'avions pas la moindre idée que l'on portât des chemises de soirée comme ça. Ce soir-là, en rentrant, Gertrude Stein fit un portrait de l'inconnu qu'elle intitula : *Portrait d'un homme.*

La représentation commença ; à peine avait-elle débuté que l'agitation commença. La scène, aujourd'hui si connue, avec son fond brillamment coloré, qui maintenant ne semble point du tout extraordinaire, mettait alors en rage le public parisien. A peine la musique avait-elle préludé, et la danse débuté, que l'on commença à siffler. Les partisans du *Sacre* se mirent à applaudir. Nous ne pouvions rien entendre, et, en fait, je n'ai jamais entendu une note de la musique du *Sacre du Printemps*, car ce fut la seule fois que je vis *Le Sacre du Printemps*, et ce soir-là on ne pouvait littéralement point entendre une note de la musique durant toute la représentation. La danse était fort belle, et nous pouvions la voir, bien que notre attention fût constamment distraite par un homme dans la loge voisine qui faisait tournoyer sa canne ; il finit par avoir une altercation avec un enthousiaste du *Sacre* qui se trouvait à côté. Sa canne s'abattit alors et défonça le chapeau de soirée que l'autre venait de mettre sur sa tête en guise de défi. Tout cela d'une incroyable violence.

Le samedi suivant Carl Van Vechten devait venir dîner chez nous. Il vint ; c'était le jeune homme à la chemise de soirée souple à petits plis, et il portait la même chemise. C'était aussi, bien entendu, le héros — ou le traître — de la tragédie de madame Van Vechten.

Comme je l'ai raconté, Hélène fit ce soir-là, pour la seconde fois de sa vie, un dîner extraordinairement mauvais. Pour des raisons qu'elle seule doit connaître elle nous donna, en guise de plats, une succession de hors-d'œuvre, se terminant par une omelette sucrée. Gertrude Stein se mit à taquiner Carl Van Vechten en laissant tomber de temps à autre une allusion discrète à sa vie la plus intime et à son passé. Il en fut naturellement ahuri. Ce fut une soirée curieuse.

Gertrude Stein et lui devinrent de grands amis.

Il révéla son œuvre à Allan et Louise Norton et il les persuada de publier des pièces d'elle dans la petite revue qu'ils fondèrent et qui s'appelait *The Rogue,* ce fut la première chose que Gertrude Stein ait jamais publiée dans une petite revue ; c'était intitulé *Les Galeries Lafayette*. Dans un autre numéro de cette revue qui maintenant est devenu rare ils publièrent un essai sur l'œuvre de Gertrude Stein. C'est lui qui, dans un de ses premiers livres, employa comme épigraphe la devise qui se trouvait sur le papier à lettre de Gertrude Stein : « Une rose est une rose est une rose est une rose. » Tout récemment elle a fait faire par le potier de village qui vit au pied de notre colline à Belley, des assiettes en terre jaune du pays, avec, sur le bord : « Une rose est une rose est une rose », et au centre : « Pour Carl. »

En toute saison et hors de saison il obligea le public à s'occuper d'elle et de son œuvre. Quand il eut acquis une grosse réputation et qu'on lui demanda quel était selon lui le livre le plus important de l'année, il répondit *Three Lives*, de Gertrude Stein. Sa fidélité et son zèle amical ne se sont jamais relâchés. Il chercha à faire publier par Knopf *The Making of Americans*, et il y réussit presque, mais, naturellement, il manqua de courage.

A propos de la devise : « Une rose est une rose est une rose », je dirai que ce fut moi qui la découvris dans un des manuscrits de Gertrude Stein et qui insistai pour que nous la placions en tête du papier à lettres, sur le linge de table et partout où c'était possible pour moi de la mettre. Je suis très contente de l'avoir fait.

Carl Van Vechten avait, durant ces années, l'habitude charmante de donner des lettres de présentation pour nous à tous ceux qui, pensait-il, pourraient amuser Gertrude Stein. Et il y mettait tant de jugement qu'elle les apprécia tous.

Le premier et peut-être celui qu'elle a aimé le mieux fut Avery Hopwood. Leur amitié dura jusqu'à la mort d'Avery, il y a peu d'années. Chaque fois qu'Avery venait à Paris il invitait Gertrude Stein et moi-même à dîner avec lui. Il prit cette habitude dès le début de nos relations. Gertrude Stein n'est point une enthousiaste des dîners en ville, mais elle n'a jamais refusé ceux d'Avery. Il avait toujours une table décorée de fleurs charmantes et un menu choisi avec grand soin. Il nous envoyait toute une collection de petits bleus, de télégrammes, pour préparer cette soirée, qui était toujours amusante. Dans ce vieux temps, la tête un peu de côté, les cheveux très clairs, il avait l'air d'un agneau. Parfois plus tard, comme Gertrude Stein le lui dit, l'agneau devint loup. Gertrude Stein lui disait alors, je me le rappelle : « Cher Avery. » Ils s'aimaient beaucoup l'un l'autre. Peu avant sa mort il entra chez nous un jour et dit : « Je voudrais bien pouvoir vous donner quelque chose d'autre qu'un dîner ; peut-être pourrais-je vous donner un tableau ? » Gertrude Stein se mit à rire et répondit : « Ça va bien, Avery, si seulement vous consentez à venir ici et à prendre une tasse de thé. » Aussi, par la suite, outre le petit bleu dans lequel il nous invitait à dîner il nous en envoyait un autre pour dire qu'il viendrait un après-midi prendre seulement une tasse de thé. Une fois il vint et amena avec lui Gertrude Atherton. Il dit si gentiment : « Je veux que les deux Gertrude que j'aime tant se connaissent l'une l'autre. » Ce fut un après-midi vraiment charmant. Tout le monde était ravi et enchanté et, comme pour moi Californienne Gertrude Atherton avait été l'idole de ma jeunesse, j'étais très contente.

La dernière fois que nous vîmes Avery fut lors de son dernier séjour à Paris. Il nous envoya son message ordinaire pour nous inviter à dîner puis, quand il vint nous prendre, il dit à Gertrude Stein qu'il avait invité aussi quelques-uns de ses amis parce qu'il allait nous demander de faire quelque chose pour lui. « Vous voyez, dit-il, vous n'êtes jamais allées à Montmartre avec moi, et j'ai un vif désir de vous y emmener ce soir. Je sais bien que c'était votre Montmartre longtemps avant d'être le mien, mais, tout de même, venez. » Elle rit et répondit : « Bien entendu, Avery. »

Après le dîner nous allâmes avec lui à Montmartre. Nous allâmes dans mille endroits bizarres, et il était fier et ravi de nous montrer tout cela. Nous prenions toujours un fiacre pour aller d'un endroit à un autre ; Avery Hopwood et Gertrude Stein allaient ensemble et ils avaient de longues conversations ; Avery doit avoir eu quelque pressentiment que c'était la dernière fois parce qu'il parla plus franchement et intimement qu'il n'avait jamais fait. Enfin nous le laissâmes, et il nous mit en voiture ; il dit à Gertrude Stein que ç'avait été une des meilleures soirées de sa vie. Il partit le lendemain pour le Midi et nous pour la campagne. Peu après Gertrude Stein reçut une carte postale de lui qui lui redisait combien il avait été heureux de la voir, et le même matin le *New York Herald* publiait la nouvelle de sa mort.

C'est en 1912, je crois, qu'Alvin Coburn fit son apparition à Paris. C'était un Américain étrange, qui amenait avec lui une étrange Anglaise, sa mère adoptive. Alvin Langdon

Coburn venait de finir une série de photos qu'il avait faites pour Henry James. Il avait publié un livre de photographies de gens éminents, et il voulait faire un second volume consacré aux femmes éminentes. J'imagine que Roger Fry lui avait parlé de Gertrude Stein. En tout cas, il fut le premier photographe à venir la photographier comme une célébrité, ce qui lui fit un délicat plaisir. Il fit de très bonnes photographies d'elle et les lui donna, puis il disparut et, bien que Gertrude Stein ait souvent demandé de ses nouvelles, personne ne semble avoir entendu parler de lui depuis ce temps.

Ceci nous amène au printemps de 1914. Pendant cet hiver se trouvaient parmi les gens qui fréquentaient la rue de Fleurus la plus jeune belle-fille de Bernard Berenson. Elle amenait avec elle une jeune amie, Hope Mirlees, et Hope nous disait qu'en été, quand nous irions en Angleterre, il faudrait nous arrêter à Cambridge et demeurer chez ses parents. Nous promîmes de le faire.

Durant l'hiver, le frère de Gertrude Stein décida qu'il irait à Florence et s'y installerait. Ils se partagèrent les tableaux qu'ils avaient achetés en commun. Gertrude Stein garda les Cézanne et les Picasso, et son frère les Matisse et les Renoir, à l'exception de *La Femme au chapeau*.

Nous décidâmes de faire construire un petit passage entre l'atelier et le pavillon et, comme il fallait pour cela ouvrir une porte et repeindre le mur, nous résolûmes aussi de faire repeindre l'atelier, de mettre du papier neuf dans toute la maison et d'installer l'électricité. Nous nous mîmes à faire tout cela. On était déjà à la fin de juin et les travaux n'étaient point encore finis, la maison était encore sens dessus dessous quand Gertrude Stein reçut une lettre de John Lane qui lui annonçait son arrivée à Paris pour le lendemain et qui la prévenait de sa visite.

Nous travaillâmes très dur, c'est-à-dire moi, le concierge et Hélène, et nous réussîmes à mettre l'atelier en état de le recevoir.

Il apportait le premier exemplaire de *Beast* par Wyndham Lewis et il le donna à Gertrude Stein en la priant de lui dire ce qu'elle en pensait et en lui demandant si elle ne voudrait pas y envoyer quelque chose. Elle répondit qu'elle n'en savait rien.

John Lane ensuite lui demanda si elle voulait venir à Londres en juillet, car il était presque décidé à republier *Three Lives*, et il lui demandait d'apporter un autre manuscrit. Elle promit de le faire et elle lui proposa de publier en volume une collection de tous les portraits qu'elle avait écrits. On ne parla pas de *The Making of Americans*, parce que c'était trop long. Et, tout ceci étant décidé, John Lane partit.

A cette époque Picasso, après avoir mené une vie assez triste rue Schoelcher, allait habiter un peu plus loin, à Montrouge. Ce n'était pas pour lui une époque malheureuse, mais, après qu'il eut quitté Montmartre, on n'entendit plus jamais son rire espagnol, aigu et guttural. Un grand nombre de ses amis l'avaient suivi à Montparnasse, mais ce n'était plus la même chose. L'intimité avec Braque était en train de disparaître, et de ses anciens amis les seuls qu'il vît souvent étaient Guillaume Apollinaire et Gertrude Stein. C'est cette année-là qu'il commença à se servir de couleurs de ripolin au lieu des couleurs dont se servent d'ordinaire les peintres. L'autre jour encore il nous parla longuement des couleurs au ripolin. « Elles sont, nous disait-il gravement, la santé des couleurs. » A cette époque-là il peignait ses tableaux et tout ce qu'il faisait avec des couleurs au ripolin ; il le fait encore maintenant, et beaucoup de ses disciples, jeunes et vieux, font de même.

A cette époque aussi il faisait des « constructions » en papier, en fer-blanc, en toutes sortes de matières diverses, ce qui lui rendit possible par la suite de construire les fameux décors et costumes de *Parade*.

Au même moment Mildred Aldrich se préparait à se retirer sur les hauteurs de la Marne. Elle non plus n'était pas malheureuse, mais elle était triste. Elle nous demandait souvent, par ces soirs de printemps, de prendre un fiacre avec elle et de faire ce qu'elle appelait notre dernière promenade ensemble. Plus souvent encore qu'autrefois elle laissait tomber la clef de sa porte du haut de l'escalier jusqu'en bas en nous disant bonsoir, quand elle remontait chez elle, rue Boissonade. Enfin elle s'installa à la campagne. Nous y fûmes et passâmes la journée avec elle. Mildred n'était pas malheureuse, mais elle était très triste. « Tous mes rideaux sont posés, tous mes livres bien rangés, tout est propre ; maintenant que vais-je faire ? » demandait Mildred. Je lui racontai que dans mon enfance ma mère disait que je demandais toujours : « Maintenant qu'est-ce que je dois faire ? » sauf quand je demandais : « Qu'est-ce que je vais faire ? » Mildred ajouta que le pire était que nous partions pour Londres et que l'on ne nous verrait plus de tout l'été. Nous lui assurâmes que nous ne serions pas absentes plus d'un mois ; en fait, nous avions des billets d'aller et retour, ce qui nous obligeait à revenir avant la fin du mois, et nous promîmes, dès que nous serions revenues, d'aller la voir. Enfin elle était heureuse à l'idée que Gertrude Stein allait avoir un éditeur qui publierait ses livres. « Mais prenez garde à John Lane, c'est un rusé renard », nous disait-elle en nous embrassant avant notre départ.

Hélène quittait la rue de Fleurus, parce que son mari venait d'être nommé contremaître à son usine et ne voulait plus qu'elle travaillât hors de chez elle ; elle devait rester à la maison.

En somme, au cours de ce printemps et du début de cet été 1914, la vieille vie venait de finir.

CHAPITRE VI

La guerre

Les Américains qui vivaient en Europe avant la guerre ne croyaient jamais en réalité qu'il y aurait une guerre. Gertrude Stein aime à raconter l'histoire du fils de son concierge, qui, tous les deux ans régulièrement, tandis qu'il jouait dans la cour, lui affirmait que son papa allait partir pour la guerre. Une fois, certaines de ses cousines américaines qui vivaient à Paris avaient pris une bonne de la campagne. C'était à l'époque de la guerre russo-japonaise, et pendant le dîner l'on parlait des dernières nouvelles. Epouvantée, la bonne laissa tomber le plat en s'écriant : « Alors, les Allemands sont aux portes de Paris ? »

Le père de William Cook était de l'Iowa et, à l'âge de soixante-dix ans, il faisait son premier voyage d'Europe cet été 1914. Quand la guerre commença il refusa d'y croire et il expliqua qu'il pouvait comprendre que dans une famille on se battît, ou qu'il y eût une guerre civile, mais non pas une vraie guerre avec ses voisins.

En 1913 et 1914 Gertrude Stein avait lu les journaux avec beaucoup d'intérêt. Elle lit rarement les journaux, elle ne lit jamais rien en français et elle lit toujours le *New York Herald*. Cet hiver-là elle y ajouta le *Daily Mail*. Elle aimait à lire les histoires des suffragettes et les comptes rendus de la campagne de Lord Roberts pour le service militaire obligatoire en Angleterre. Lord Roberts avait été l'un de ses héros préférés dans sa jeunesse. Ses *Forty One Years in India* étaient un livre qu'elle lut souvent, et elle avait vu Lord Roberts quand elle et son frère, pendant un de leurs voyages de vacances, avaient assisté au couronnement d'Edouard VII. Elle se mit à lire le *Daily Mail*, bien que, disait-elle, elle ne fût pas intéressée par les affaires d'Irlande.

Nous passâmes en Angleterre le 5 juillet et, fidèles à notre programme, nous allâmes voir John Lane chez lui le dimanche après-midi.

Il y avait beaucoup de gens chez lui et ils parlaient de toutes sortes de choses, mais certains parlaient de la guerre. L'un d'eux, on me dit qu'il écrivait des articles de fond dans un des grands journaux de Londres, se lamentait à l'idée qu'il ne pourrait pas manger des figues en Provence cette année comme il en avait l'habitude. « Pourquoi pas ? lui demanda quelqu'un. — A cause de la guerre », répondit-il. Quelqu'un d'autre, Walpole ou son frère, je pense, dit qu'il n'y avait aucun espoir de battre l'Allemagne parce qu'elle avait un système si parfait, tous ses wagons de marchandises étaient numérotés en relation avec les locomotives et les embranchements. « Mais, dit le mangeur de figues, tout cela c'est très joli, tant que les wagons restent en Allemagne sur leurs lignes et leurs embranchements, mais dans une guerre offensive ils auront à franchir les frontières allemandes, et alors, je vous l'assure, il y aura un beau gâchis numéroté. »

C'est tout ce que je me rappelle clairement de ce dimanche de juillet.

Comme nous nous en allions, John Lane dit à Gertrude Stein qu'il s'absentait pour une semaine et il prit avec elle un rendez-vous à son bureau pour la fin de juillet afin de signer le contrat de *Three Lives*. « Je pense, dit-il, que dans les circonstances présentes, je préférerais commencer par cela plutôt que par quelque chose de plus entièrement nouveau. J'ai confiance dans ce livre. Mrs. Lane en est enthousiaste, et nos lecteurs aussi. »

Puisque nous avions dix jours libres nous décidâmes d'accepter l'invitation de Mrs. Mirlees, la mère de Hope, et de passer quelques jours à Cambridge. Nous y allâmes donc et nous nous y amusâmes beaucoup.

C'était une maison où il était très agréable de se trouver en visite. Gertrude Stein s'y plaisait, elle pouvait rester dans sa chambre ou dans le jardin autant qu'elle voulait sans entendre trop de conversations. La nourriture était excellente, c'était de la cuisine écossaise, délicieuse et fraîche, et c'était très amusant de rencontrer tous les dignitaires de l'Université de Cambridge. On nous emmenait dans tous les jardins, on nous invitait dans d'innombrables maisons. Il faisait un temps charmant, il y avait partout des roses, les étudiants dansaient de vieilles danses champêtres et tout était délicieux. On nous invita à déjeuner à Newnham. Miss Jane Harrison [1], la grande admiration de Hope Mirlees, se réjouissait fort à l'idée de rencontrer Gertrude Stein. On nous fit asseoir sous un dais avec la Faculté et c'était très impressionnant. Pourtant la conversation n'avait rien de particulièrement amusant. Miss Harrison et Gertrude Stein n'eurent pas grand-chose à se dire l'une à l'autre.

On nous avait beaucoup parlé du docteur et de madame Whitehead. Ils ne vivaient plus alors à Cambridge. L'année précédente le docteur Whitehead avait quitté Cambridge pour l'Université de Londres. Mais ils devaient venir faire un court séjour à Cambridge et dîner chez les Mirlees. Ils vinrent et c'est ainsi que je rencontrai le troisième de mes génies.

Ce fut un dîner fort agréable. J'étais assise à côté de Housman, le poète de Cambridge, et nous parlâmes de poissons et de David Starr Jordan [2], mais durant tout ce temps, je ne faisais guère attention qu'au docteur Whitehead. Plus tard nous sortîmes dans le jardin et il y vint aussi ; il s'assit auprès de moi, nous parlâmes du ciel à Cambridge. Gertrude Stein, le docteur Whitehead et madame Whitehead se prirent de sympathie les uns pour les autres. Madame Whitehead nous demanda de venir dîner chez elle à Londres et de passer une fin de semaine, la dernière de juillet, avec eux dans leur maison de campagne de Lockridge, près de Salisbury Plain. Nous acceptâmes avec plaisir.

Nous rentrâmes à Londres et nous nous y amusâmes beaucoup. Nous choisîmes et commandâmes des chaises confortables et un canapé confortable couvert en chintz pour remplacer une partie du mobilier italien que le frère de Gertrude Stein avait emporté. Cela nous prenait beaucoup de temps.

---

1. Auteur anglais, célèbre à cette époque.
2. Professeur, président d'université et auteur scientifique bien connu aux Etats-Unis. Il vivait en Californie. Mort en 1931.

Il nous fallait nous asseoir sur les chaises pour les essayer et il nous fallait choisir des chintz qui allassent avec les tableaux. Mais enfin nous réussîmes pleinement. Ces chaises et ces canapés sont très confortables, et ils arrivèrent devant notre porte, en dépit de la guerre, un jour de janvier 1915 ; nous les reçûmes avec une vraie joie. On avait besoin alors de réconfort et de confortable. Nous dînâmes chez les Whitehead, et nous les aimâmes mieux que jamais et eux eurent la gentillesse de dire de nous la même chose.

Gertrude Stein se rendit à l'heure convenue chez John Lane, à la « Tête de Bodley ». Ils eurent une très longue conversation, si longue cette fois que j'avais épuisé toutes les devantures de ce quartier sur une distance énorme. Mais enfin Gertrude Stein sortit avec le contrat. C'était un dénouement agréable.

Puis nous prîmes le train pour Lockridge, où nous devions passer la fin de la semaine chez les Whitehead. Nous avions emporté une malle de fin de semaine, et nous étions très fières de notre « malle de fin de semaine », que nous venions d'utiliser pour notre première villégiature de fin de semaine et que nous utilisions maintenant couramment. Comme me le disait par la suite une de mes amies : « Ils vous ont invitées pour un dimanche, et vous y êtes restées six semaines. » Ce fut bien cela.

La maison était fort pleine quand nous arrivâmes ; il y avait des gens de Cambridge, des jeunes gens, le plus jeune fils des Whitehead, Eric, qui avait alors quinze ans mais était très grand, comme une fleur, et leur fille Jessie, qui revenait tout juste de Newnham. On ne devait guère alors penser sérieusement à la guerre, parce que tous parlaient du voyage que Jessie Whitehead allait faire en Finlande. Jessie avait lié des amitiés avec des étrangers de toutes sortes d'endroits bizarres. Elle avait une passion pour la géographie et une passion pour la gloire de l'Empire Britannique. Elle avait une amie, une Finnoise, qui lui avait demandé de passer l'été dans sa famille en Finlande et avait promis à Jessie l'attraction d'une révolte possible contre la Russie. Madame Whitehead hésitait encore mais elle avait déjà consenti en fait. Il y avait un fils aîné, North, qui, à ce moment-là, était absent.

Puis, soudain, je me rappelle, il y eut la conférence pour

éviter la guerre, entre Lord Grey et le ministre des Affaires étrangères de Russie. Puis, avant que rien autre ait pu se passer, l'ultimatum à la France. Gertrude Stein et moi nous étions entièrement démontées, Evelyn Whitehead aussi ; elle avait du sang français, elle avait été élevée en France, et ses sympathies étaient toutes françaises. Puis vinrent les journées de l'invasion de la Belgique, et j'entends encore la voix douce du docteur Whitehead, tandis qu'il lisait les journaux à haute voix, et leurs propos à tous quand ils commentaient la destruction de Louvain et disaient qu'il fallait aider les braves petits Belges. Gertrude Stein était profondément malheureuse, elle me demandait : « Où est Louvain ? — Ne le savez-vous pas ? lui répondais-je. — Non, disait-elle, et ça m'est égal. Mais où est-ce ? »

Notre fin de semaine était finie et nous dîmes à madame Whitehead que nous étions obligées de partir. « Mais vous ne pouvez pas rentrer à Paris maintenant, nous dit-elle. — Non, répondîmes-nous, mais nous pouvons rester à Londres. — Oh non ! reprit-elle, il faut que vous restiez avec nous, tant que vous ne pourrez pas rentrer à Paris. » Elle était très gentille et nous étions très malheureuses ; nous l'aimions fort, et elle nous aimait beaucoup ; nous promîmes de rester. Puis, soulagement infini pour nous, l'Angleterre entra en guerre avec l'Allemagne.

Il nous fallait aller à Londres pour prendre nos malles, pour câbler à nos parents en Amérique et pour toucher des chèques ; madame Whitehead voulait elle aussi y aller et voir si elle et sa fille pouvaient trouver moyen de faire quelque chose pour aider les Belges. Je me rappelle si bien ce voyage. Il semblait que partout il y eût une foule mouvante, pas une foule agitée, mais une foule assemblée. A l'embranchement où nous devions changer de train nous rencontrâmes lady Astley, une amie de Myra Edgerley, que nous avions vue à Paris : « Oh, comment allez-vous, nous dit-elle gaiement ; je vais à Londres dire adieu à mon fils. — Il s'en va ? dis-je par politesse. — Oui, dit-elle, il est dans les gardes, vous savez, et il part pour la France cette nuit. »

A Londres tout était compliqué. Gertrude Stein avait une lettre de crédit sur une banque française ; mais moi j'en avais une, heureusement fort petite, sur une banque californienne.

Je dis : « Heureusement fort petite » parce que les banques ne vous délivraient point alors de grosses sommes, mais ma lettre de crédit était si petite et il me restait si peu à toucher sur elle, qu'on me remit sans hésitation tout ce qui m'était dû.

Gertrude Stein câbla à son cousin de Baltimore de lui envoyer de l'argent et nous prîmes nos malles ; puis nous retrouvâmes Evelyn Whitehead au train et nous repartîmes pour Lockridge. C'était un soulagement que de rentrer à la campagne. Nous appréciions beaucoup la bonté de madame Whitehead parce que le séjour à l'hôtel à Londres, à ce moment-là, aurait été horrible.

Puis les jours se suivirent monotones, sans que l'on puisse se rappeler au juste ce qui arriva. North Whitehead était au loin et madame Whitehead était horriblement inquiète qu'il ne s'engageât en un coup de tête. Elle voulait le voir à toute force. Ils lui télégraphièrent donc de venir tout de suite. Il vint. Elle ne s'était pas trompée. Il était allé immédiatement au premier bureau de recrutement pour s'engager, mais, par bonheur, il y avait tant de gens devant lui, que le bureau fut fermé avant qu'il y pût entrer. Elle se rendit tout de suite à Londres pour voir Kitchener. Le frère du docteur Whitehead était évêque dans les Indes et, dans sa jeunesse, il avait connu Kitchener très intimement. Madame Whitehead, avec cette introduction, réussit à obtenir pour North un poste d'officier. Elle revint fort soulagée. North devait rejoindre son dépôt dans trois jours, mais entre-temps il lui fallait apprendre à conduire une auto. Les trois jours passèrent très vite, et North partit. Il fut aussitôt expédié en France, sans avoir reçu un équipement bien complet. Puis il n'y eut plus qu'à attendre.

Evelyn Whitehead était très prise par toutes ses organisations de Croix-Rouge et par tous les gens qu'elle aidait, et moi, autant que possible, je travaillais avec elle. Gertrude Stein et le docteur Whitehead faisaient ensemble des promenades sans fin dans la campagne. Ils parlaient de philosophie et d'histoire ; ce fut à ce moment-là que Gertrude Stein constata à quel point les idées originales de leur grand livre [1] étaient la

---

1. *Principio Mathematica* by *A.N. Whitehead and B. Russell*, Cambridge, 1910.

contribution de Whitehead et non de Russell. Le docteur Whitehead était l'être le plus doux et le plus modestement généreux du monde, il ne cherchait jamais à rien exploiter pour sa gloire, et il admirait énormément quiconque était brillant ; or, Bertrand Russell, sans aucun doute, était brillant.

Gertrude Stein, au retour de ces promenades, venait me parler des chemins et du pays qui n'avait point changé depuis Chaucer, avec ses sentiers verts du temps des premiers Bretons, dont on voyait encore les longues bandes par la campagne, et les triples arcs-en-ciel si fréquents durant cet étrange été. Le docteur Whitehead et Gertrude Stein avaient de longues conversations avec les gardes et les trappeurs de taupes. Un trappeur de taupes avait dit : « Mais, monsieur, l'Angleterre n'est jamais entrée dans une guerre sans la gagner. » Le docteur Whitehead se tourna vers Gertrude Stein avec un gentil sourire et lui dit : « Il me semble qu'on peut le dire. » Le garde-chasse, quand le docteur Whitehead paraissait découragé, lui disait : « Mais, docteur, l'Angleterre est la nation principale, n'est-ce pas ? — Je l'espère ; oui, j'espère qu'il en est bien ainsi », répondait gentiment le docteur.

Les Allemands se rapprochaient de plus en plus de Paris. Un jour, le docteur Whitehead dit à Gertrude Stein, alors qu'ils traversaient un petit bois sauvage et qu'il l'aidait à marcher : « Avez-vous des copies de vos manuscrits ici ou sont-ils tous à Paris ? — Tout est à Paris, dit-elle. — Ça m'ennuyait de vous le demander, reprit le docteur Whitehead, mais cela me préoccupait. »

De plus en plus les Allemands se rapprochaient de Paris, et le dernier jour Gertrude Stein ne pouvait pas se décider à quitter sa chambre ; elle y restait assise, accablée. Elle aimait Paris, elle ne pensait ni à ses manuscrits ni à ses tableaux, mais elle pensait à Paris, et elle était navrée. Je montai dans sa chambre, je l'appelai : « Ça va, Paris est sauvé, les Allemands battent en retraite. » Elle se détourna et dit : « Ne me dites pas ça. — Mais si, c'est vrai, repris-je, c'est vrai. » Et nous nous mîmes à pleurer toutes les deux.

La première description de la bataille de la Marne que l'on reçut en Angleterre parmi tous les gens que nous connaissions, arriva dans une lettre de Mildred Aldrich à Gertrude Stein. C'était pratiquement la première lettre de son livre, *The Hill-*

top on the Marne (La Colline sur la Marne). Nous fûmes ravies de la recevoir, de savoir que Mildred était saine et sauve, et d'avoir tous les détails. Elle circula et tout le monde dans notre voisinage la lut.

Plus tard, quand nous fûmes rentrées à Paris, nous eûmes deux autres descriptions de la bataille de la Marne. J'avais une ancienne compagne de cours de Californie, Nellie Jacott, qui vivait à Boulogne-sur-Seine, et je me préoccupais beaucoup de savoir s'il ne lui était rien arrivé. Je lui télégraphiai et elle me répondit par un télégramme caractéristique : « Nullement en danger, ne t'inquiète pas. » C'est Nellie qui appelait Picasso, autrefois, un « beau costaud » ; et qui disait de Fernande : « Elle est très bien, mais pourquoi vous occupez-vous d'elle ? » C'est aussi Nellie qui faisait rougir Matisse en l'interrogeant sur les différentes façons qu'il avait de considérer madame Matisse, soit qu'il la regardât comme sa femme, soit qu'il vît en elle un modèle, et comment il pouvait passer d'une vision à l'autre.

C'est encore Nellie qui racontait l'histoire que Gertrude Stein aimait à citer : un jeune homme lui dit un jour : « Je vous aime, Nellie. — C'est bien Nellie, n'est-ce pas, que vous vous appelez ? » Enfin, c'est Nellie qui nous dit, à notre retour d'Angleterre, quand nous expliquions que nous avions reçu de tous en Angleterre le plus aimable traitement : « Oh, oui, je connais ce traitement. »

Nellie nous fit une description de la bataille de la Marne. « Vous savez, nous dit-elle, que je viens à Paris une fois par semaine pour faire mes emplettes, et que j'emmène toujours avec moi la bonne. Nous venons en tramway, parce qu'il est difficile de trouver un taxi à Boulogne, et nous rentrons en taxi. Donc, nous vînmes comme toujours et sans remarquer rien d'extraordinaire, puis, quand nous eûmes fini nos courses, et eûmes pris notre thé, nous nous mîmes à un carrefour et voulûmes prendre un taxi. Nous en arrêtâmes plusieurs, mais, quand ils entendirent le nom de l'endroit où nous voulions aller, ils nous laissèrent en plan. Je sais que quelquefois les chauffeurs de taxis n'aiment pas aller à Boulogne et je dis à Marie : " Dites-leur que nous leur donnerons un gros pourboire s'ils nous conduisent à Boulogne. " Elle fit donc arrêter un autre taxi, que conduisait un vieux chauffeur, et je lui dis :

" Je vous donnerai un gros pourboire, si vous nous conduisez à Boulogne. — Oh, répondit-il, en portant son doigt à son nez, je suis désolé, madame, mais c'est impossible, aucun taxi ne peut sortir de Paris aujourd'hui. — Pourquoi ? " lui demandai-je. Il fit un clignement d'œil en guise de réponse et s'en alla. Nous dûmes prendre le tramway pour rentrer à Boulogne. Bien entendu, nous comprîmes plus tard, quand on nous dit que Gallieni avait mobilisé les taxis », dit Nellie, et elle ajouta : « Et ce fut ça la bataille de la Marne. »

Nous entendîmes une autre description de la bataille de la Marne, à notre retour à Paris, faite par Alfy Maurer. « J'étais assis, dit Alfy, à la terrasse d'un café et Paris était pâle, si vous comprenez ce que je veux dire, pâle comme une absinthe pâle. Enfin j'étais là à la terrasse d'un café, tout à coup je remarquai une masse de chevaux qui tiraient une masse de grandes voitures tout doucement, et qu'accompagnaient des soldats ; sur les caisses que portaient les voitures il y avait écrit : " Banque de France. " C'était l'or de la Banque de France, qui quittait Paris, juste avant la bataille de la Marne », dit Alfy Maurer.

Dans ces sombres jours d'attente en Angleterre, naturellement, il arriva bien des choses. Beaucoup de gens vinrent chez les Whitehead, et on y discuta ferme. D'abord il y eut Lytton Strachey, qui vivait dans une petite maison pas loin de Lockridge.

Il vint un soir voir madame Whitehead. C'était un homme blême et mince, avec une barbe soyeuse et une voix très haute et très fluette. Nous l'avions rencontré l'année précédente quand nous avions été invitées à rencontrer George Moore chez Miss Ethel Sands. Gertrude Stein et George Moore, qui ressemblait à un Bébé Cadum, n'avaient point eu grand-chose à se dire. Lytton Strachey et moi parlâmes ensemble de Picasso et des ballets russes.

Il vint nous voir ce soir-là ; lui et madame Whitehead discutèrent de la possibilité et des moyens de rapatrier la sœur de Lytton Strachey, qui était alors perdue en Allemagne. Elle lui suggéra de s'adresser à un certain personnage qui pouvait l'aider. « Mais, dit Lytton Strachey faiblement, je ne l'ai jamais rencontré. — Oui, reprit madame Whitehead, mais vous pouvez lui écrire et lui demander de le rencontrer. —

Non, répondit Lytton Strachey faiblement, puisque je ne l'ai jamais rencontré. »

Un autre écrivain que l'on vit cette semaine-là fut Bertrand Russell. Il arriva à Lockridge le jour où North Whitehead partit pour le front. Il était pacifiste et disputeur ; malgré la vieille amitié que lui portaient le docteur et madame Whitehead, ils ne pensaient pas pouvoir supporter l'exposé de ses vues philosophiques à un tel moment. Il vint et Gertrude Stein, pour détourner les esprits de la question brûlante de la guerre ou de la paix, lança une discussion sur l'éducation. Russell fut pris, il expliqua toutes les faiblesses du système d'éducation américain, et il les attribua à leur ignorance du grec. Gertrude Stein répliqua que sans aucun doute l'Angleterre, qui était une île, avec une culture insulaire, ne pouvait se passer du grec qui était ou aurait pu être une culture insulaire. En tout cas le grec était essentiellement une culture insulaire. Au contraire, l'Amérique exigeait une culture continentale, ce qui signifiait que le latin y était indispensable. Cette argumentation piqua Russell au vif. Il répliqua avec beaucoup d'éloquence. Gertrude Stein, alors, s'échauffant, commença un long discours sur la valeur et l'utilité du grec pour les Anglais, en dehors même du fait que l'Angleterre fût une île, et le manque de valeur de la culture grecque pour les Américains, à cause de la psychologie des Américains, opposée à celle des Anglais. Elle parla avec beaucoup d'éloquence du caractère désincarné de la psychologie américaine et elle cita des exemples en commençant par les automobiles et en finissant par Emerson, afin de prouver que les Etats-Unis n'avaient point besoin du grec, en sorte que Russell en fut de plus en plus agité, et que cela remplit la soirée jusqu'au moment où tout le monde alla se coucher.

On discutait beaucoup à cette époque. Le frère du docteur Whitehead, qui était évêque, et toute sa famille vinrent déjeuner. Ils parlaient constamment du beau geste qu'avait fait l'Angleterre en entrant dans la guerre pour sauver la Belgique. A la fin mes nerfs ne purent plus le supporter et j'éclatai : « Pourquoi racontez-vous cela ? Pourquoi ne dites-vous pas que vous vous battez pour l'Angleterre ? Je ne considère point comme une honte de se battre pour son pays. »

Madame l'Evêque, la femme de l'Evêque, était très drôle

ce jour-là. Elle dit à Gertrude Stein avec beaucoup de solennité : « Miss Stein, vous êtes, m'affirme-t-on, un personnage important à Paris. Or, je pense que ce serait un geste tout à fait opportun et très heureux si un neutre comme vous suggérait au Gouvernement français de céder Pondichéry à l'Angleterre. » Gertrude Stein répondit très poliment qu'à son grand regret l'importance qu'elle avait acquise ne se faisait sentir que parmi des peintres ou des écrivains mais non dans les cercles politiques. « Mais, reprit madame l'Evêque, qu'est-ce que ça peut faire ? Vous devriez, je pense, soumettre au Gouvernement français l'idée de nous abandonner Pondichéry. » Après le déjeuner Gertrude Stein me chuchota : « Mais que diable est-ce, Pondichéry ? »

Gertrude Stein se mettait dans de grandes colères quand les Anglais parlaient de l'organisation allemande. Elle affirmait que les Allemands n'avaient point d'organisation, mais des méthodes. « Ne saisissez-vous pas la différence, disait-elle indignée, deux Américains quelconques, vingt Américains quelconques, des millions d'Américains peuvent s'organiser ensemble afin de produire quelque chose, mais les Allemands ne peuvent pas s'organiser pour faire quoi que ce soit. Ils peuvent formuler une méthode, qui, elle, sera imposée au pays, mais ça n'est pas de l'organisation. Les Allemands, disait-elle avec insistance, ne sont pas modernes ; ils sont un peuple retardataire, qui ont voulu faire des méthodes de ce que nous concevons comme organisation, comprenez-vous ? Il leur est donc tout à fait impossible de gagner cette guerre, parce qu'ils ne sont pas modernes. »

Cela nous agaçait aussi terriblement d'entendre les Anglais répéter que les Allemands en Amérique réussiraient à entraîner l'Amérique dans la guerre contre les Alliés. « Ne soyez pas stupides, leur disait Gertrude Stein chaque fois ; si vous ne comprenez pas que les sympathies profondes de l'Amérique vont à la France et à l'Angleterre, et ne peuvent en aucun cas aller à un pays médiéval comme l'Allemagne, vous ne comprenez rien à l'Amérique. Nous sommes républicains, disait-elle avec énergie, nous sommes en république d'une façon profonde, intense et parfaite, et une république ne peut qu'avoir toutes sortes de points communs avec la France, et un bon nombre de points communs avec l'Angleterre, mais, quelle que

soit sa forme de gouvernement, rien avec l'Allemagne ! »
Que de fois je l'ai entendue alors et depuis expliquer que les
Américains sont des républicains qui vivent en république et
dans une république si républicaine qu'elle ne saurait jamais
être rien autre.

Le long été passa lentement. Il faisait un temps magnifique
et la campagne était magnifique ; le docteur Whitehead et
Gertrude Stein ne se lassaient jamais de se promener dans la
campagne et de discuter de toutes choses.

De temps en temps nous allions à Londres. Nous nous ren-
dions régulièrement chez Cook pour savoir quand nous pour-
rions rentrer à Paris, et on nous répondait toujours : « Pas
encore. » Gertrude Stein alla voir John Lane ; elle le trouva
bouleversé. Il était patriote avec passion. Il dit que, bien
entendu, il ne publiait pour l'instant que des livres sur la
guerre, mais que bientôt, dans très peu de temps, ce serait
différent, et peut-être même la guerre serait-elle finie.

Le cousin de Gertrude Stein et mon père nous envoyèrent
de l'argent par le croiseur américain *Tennessee*. Nous allâmes
le toucher. On nous mit sur une balance pour nous peser, on
nous mesura, et enfin on nous donna notre argent. « Comment,
nous demandions-nous l'une à l'autre, comment se pourrait-il
qu'un cousin qui ne vous a pas vue depuis dix ans et un père
qui ne m'a pas vue depuis six ans connussent notre taille et
notre poids ? » Cela resta pour nous un mystère.

Quatre années après, le cousin de Gertrude Stein vint à
Paris, et la première chose qu'elle lui dit fut : « Julien, comment connaissiez-vous mon poids et ma taille quand vous avez
envoyé de l'argent par le *Tennessee* ? — Les connaissais-je ?
demanda-t-il à son tour. — Voyons, dit-elle, ils avaient un
document qui affirmait que vous les connaissiez. — Je ne m'en
souviens pas, bien entendu, reprit-il, mais si on me demandait
votre taille et votre poids, mon premier mouvement serait
d'écrire à Washington pour avoir une copie de votre passeport,
et c'est sans doute ce que j'ai fait alors. » Ainsi fut éclairci le
mystère.

Il nous fallut aussi aller à l'Ambassade américaine faire
établir des passeports pour rentrer à Paris. Nous n'avions
pas de papiers, personne n'avait de papiers à cette époque-là.
Gertrude Stein, cependant, avait ce que l'on nommait à Paris

un « certificat d'immatriculation » qui déclarait qu'elle était une Américaine résidant en France.

L'Ambassade était pleine de citoyens américains qui n'avaient point l'air très américains, et qui attendaient leur tour. Enfin, on nous fit entrer dans le bureau d'un jeune Américain qui semblait très fatigué. Gertrude Stein lui fit une remarque sur cette masse de citoyens américains à l'aspect point du tout américain qui attendaient devant sa porte. Le jeune Américain soupira. « Ce sont les cas les plus faciles, dit-il, parce qu'ils ont des papiers, tandis que les citoyens nés en Amérique n'ont jamais de papiers. — Alors, qu'est-ce qu'on en fait ? demanda Gertrude Stein. — Nous procédons à la jugeotte, reprit-il, et nous espérons que notre jugeotte ne nous trompe pas. — Voudriez-vous prêter serment maintenant ? — Ah, ajouta-t-il, mon Dieu, ce serment, je l'ai répété si souvent, que maintenant je l'ai oublié ! »

Vers le 15 octobre, Cook nous dit que nous pouvions rentrer à Paris. Madame Whitehead devait venir avec nous. Son fils North était parti sans manteau, et elle s'en était procuré un, mais elle craignait que si elle l'envoyait par la voie ordinaire il ne le reçût qu'après d'interminables délais. Elle s'arrangea pour aller à Paris, afin de le lui remettre en personne ou tout au moins de trouver quelqu'un qui le lui remettrait en main propre. Elle avait des papiers du ministère de la Guerre anglais et de Kitchener. Ainsi nous partîmes.

Je ne me rappelle guère notre départ de Londres. Je ne puis pas même me rappeler si c'était de jour ou de nuit, mais ce devait être de jour parce que notre traversée de la Manche se fit de jour. Le navire était encombré, il y avait des masses de soldats belges, échappés d'Anvers, tous avec le regard las. C'était la première fois que nous voyions le regard las et observateur des soldats. Enfin, nous trouvâmes un siège pour madame Whitehead qui avait été malade, et nous ne tardâmes pas à arriver en France. Les papiers de madame Whitehead étaient si imposants qu'on ne nous fit point du tout attendre et bientôt nous nous trouvâmes dans le train ; vers dix heures du soir nous arrivions à Paris. Nous prîmes un taxi et traversâmes Paris intact et beau, pour nous rendre rue de Fleurus. De nouveau nous étions chez nous.

Tous nos amis, qui nous avaient paru si lointains quelques

jours auparavant, vinrent aussitôt nous voir. Alfy Maurer vint et nous décrivit son été sur la Marne, où il allait toujours pêcher dans un village, qui lui était cher, mais cette fois il y vit la mobilisation, les locomotives, et l'approche des Allemands, en fin de compte il prit peur, et il chercha un moyen quelconque de rentrer à Paris ; après des efforts terribles il y réussit. Comme il s'en allait, Gertrude Stein le reconduisit jusqu'à la porte de la cour, et rentra en souriant. Madame Whitehead dit avec quelque gêne : « Gertrude, vous m'avez toujours parlé si chaleureusement d'Alfy Maurer, mais comment pouvez-vous aimer un homme qui se montre un lâche et un égoïste à une époque comme celle-ci ? Il ne pensait qu'à se mettre à l'abri, et, après tout, il était un neutre ! » Gertrude Stein éclata de rire. « Que vous êtes sotte, dit-elle, n'avez-vous pas compris ? Bien entendu, Alfy était avec sa bonne amie et il mourait de peur qu'elle ne tombât entre les mains des Allemands. »

Il n'y avait pas grand monde à Paris cet automne-là et cela nous allait fort bien. Nous nous promenions dans Paris et nous jouissions d'être là, nous en jouissions beaucoup. Bientôt, madame Whitehead trouva un moyen d'expédier le manteau à son fils, et elle repartit pour l'Angleterre. Nous nous installâmes pour l'hiver.

Gertrude Stein envoya des copies de ses manuscrits à des amis de New York, pour qu'on les lui gardât. Nous espérions qu'il n'y avait plus de danger, mais il semblait plus sage de prendre cette précaution ; les zeppelins allaient venir. Londres, avant même notre départ, était déjà tout noir la nuit. Paris continua à garder son éclairage ordinaire jusqu'en janvier 1915.

Je ne me rappelle pas comment cela se fit, mais je me rappelle que Carl Van Vechten était mêlé à cette affaire ainsi que les Norton, en tout cas il arriva une lettre de Donald Evans qui proposait de réunir en un livre et de publier trois manuscrits de Gertrude Stein et qui la priait de suggérer un titre pour ce recueil. De ces trois manuscrits, deux avaient été écrits pendant notre premier voyage d'Espagne, et les autres, *Nourriture, Chambres,* etc., immédiatement après notre retour. C'était le début de ces écrits, où, selon le mot de Gertrude Stein, elle mêlait l'intérieur avec l'extérieur. Jusqu'alors elle s'était préoccupée de choses sérieuses et des problèmes de la vie intérieure, dans ces pages elle commençait à décrire l'intérieur vu du dehors. Elle fut ravie à l'idée que ces trois manuscrits seraient publiés, et elle y consentit tout de suite ; elle suggéra le titre *Tender Buttons*. Donald Evans avait nommé sa firme « La Claire Marie », et il offrit un contrat qui ressemblait à tous les autres contrats. Nous ne doutâmes point qu'il y eut une Claire Marie ; par malheur il n'y en avait pas. On imprima sept cent cinquante ou un millier d'exemplaires de cette édition, je ne me rappelle plus, et cela faisait un très joli petit livre ; Gertrude Stein était tout à fait ravie ; comme chacun le sait, ce livre eut une influence énorme sur tous les jeunes écrivains et il mit aussi en branle toute la tribu des courriéristes littéraires qui commencèrent alors dans tous les journaux des Etats-Unis leur longue campagne de moquerie contre Gertrude Stein. Je dois dire que, quand ils sont vraiment drôles, et ils le sont assez souvent, Gertrude Stein pouffe de rire et me lit tout haut ce qu'ils ont écrit.

Entre-temps le triste hiver de 14-15 allait son train. Une nuit, je venais de me coucher, de bonne heure, comme c'était et comme c'est mon habitude, et Gertrude Stein était restée à travailler dans l'atelier comme c'était son habitude ; soudain je l'entendis qui m'appelait doucement. « Qu'est-ce que c'est ? dis-je. — Oh, rien, répondit-elle, mais peut-être, si ça ne vous fait rien, il vaudrait mieux vous couvrir et descendre ; je crois que, si ça ne vous fait rien, ça vaudrait mieux. — Qu'est-ce que c'est ? demandai-je encore. Est-ce une révolution ? » A Paris les concierges et les femmes de concierges ne cessaient de parler de révolutions. Les Français sont si habitués aux révolutions, ils en ont eu en si grand nombre, que, dès qu'il arrive quelque chose d'anormal, tout le monde pense et dit : « C'est une révolution ! » Aussi, un jour, Gertrude Stein, un peu agacée, dit à des soldats français, qui parlaient de révolution : « Vous êtes stupides, vous avez eu une révolution très réussie, et plusieurs autres, qui ne l'étaient point autant ; pour un peuple intelligent il me semble sot de recommencer toujours la même chose et de se répéter. » Ils prirent un air penaud et dirent : « Bien sûr, mademoiselle. »

Enfin, moi aussi, quand elle me réveilla, je demandai : « Est-ce une révolution et y a-t-il des soldats ? — Non, dit-elle, ce n'est pas tout à fait ça. — Alors qu'est-ce que c'est ? demandai-je avec impatience. — Je ne sais pas au juste, répondit-elle, mais il y a une alerte. Vous feriez mieux de descendre. » Je commençai par allumer l'électricité. « Non, dit-elle, il vaudrait mieux pas. Donnez-moi votre main, je vous aiderai à descendre et vous pourrez dormir en bas sur le canapé. » Je descendis. Il faisait très sombre. Je m'étendis sur le canapé et je lui dis alors : « Je suis sûre que je ne sais pas ce qui m'arrive, mais mes genoux s'entrechoquent. » Gertrude Stein éclata de rire : « Attendez une minute, dit-elle, je vais vous donner une couverture. — Non, ne me laissez pas seule », repris-je. Elle finit par trouver quelque chose pour me couvrir, puis nous entendîmes une explosion bruyante, suivie de plusieurs autres. Il y eut d'abord une sorte de bruit mou, puis ce fut la clameur des trompes dans les rues, et alors nous sûmes que l'alerte était terminée. Nous rallumâmes l'électricité et allâmes nous coucher.

Je dois dire que je n'aurais pas cru possible que les genoux s'entrechoquent, comme les poètes et les romanciers le décrivent, si cela ne m'était pas arrivé.

Au second raid de zeppelins, qui survint très peu de temps après, Picasso et Eve dînaient chez nous. Nous savions alors que l'atelier avec son toit vitré n'était point une meilleure protection que le toit de notre petit pavillon sous lequel nous couchions, et le concierge avait suggéré que nous allions nous réfugier dans sa chambre où du moins nous aurions six étages au-dessus de nous pour nous protéger. Eve n'était pas en très bonne santé à ce moment-là et elle avait peur, aussi allâmes-nous tous dans la loge du concierge. Même Jeanne Poule, la bonne bretonne qui avait remplacé Hélène, vint avec nous. Mais Jeanne, bien vite, trouva ces précautions si ennuyeuses que, malgré nos objurgations, elle regagna sa cuisine, alluma la lumière au mépris de toutes les instructions officielles et se mit à faire sa vaisselle. Nous aussi nous en eûmes vite assez de la loge du concierge et nous regagnâmes l'atelier. Nous mîmes une bougie sous la table afin de ne pas répandre trop de clarté, Eve et moi cherchâmes à dormir, et Picasso et Gertrude Stein parlèrent jusqu'à deux heures du matin, quand sonna la breloque qui annonçait la fin de l'alerte ; alors ils rentrèrent chez eux.

A cette époque, Eve et Picasso vivaient rue Schoelcher, dans un atelier-appartement plutôt somptueux qui donnait sur le cimetière. Ce n'était pas très gai. Ils n'avaient point d'autre distraction que les lettres de Guillaume Apollinaire qui tombait de cheval en s'efforçant de devenir un artilleur. Ils n'avaient point d'autre ami intime à cette époque qu'un Russe ; ils le surnommaient G. Apostrophe, et sa sœur « la baronne ». Ces deux Russes avaient acheté tous les tableaux qui étaient dans l'atelier de Rousseau quand il mourut. Ils avaient un appartement boulevard Raspail au-dessus de l'arbre de Victor Hugo, et ils étaient assez distrayants. Picasso apprit avec eux l'alphabet russe et commença à mettre des lettres russes dans certains de ses tableaux.

Ce ne fut pas un hiver gai. Les gens allaient et venaient, on voyait d'anciens visages, on en voyait de nouveaux. Ellen Lamotte fit une apparition, elle était très héroïque, mais elle n'aimait pas le son du canon. Elle voulait aller en Serbie, et Emily Chadbourne voulait l'y accompagner, mais elles ne le firent pas. Gertrude Stein écrivit un petit roman sur cet incident.

Ellen Lamotte réunissait une collection de souvenirs de la guerre pour son cousin Dupont de Nemours. La façon dont elle s'arrangeait pour se les procurer est assez drôle. Tout le monde vous apportait des souvenirs à ce moment-là, des flèches d'acier pour percer les têtes des chevaux, des éclats d'obus, des encriers faits de culasses d'obus, des casques de tranchée, quelqu'un même nous offrit un morceau de zeppelin ou d'aéroplane, je ne me rappelle plus au juste, mais nous refusâmes. C'était un hiver étrange, où rien et tout arrivait. Si je me rappelle bien, c'est à ce moment-là que quelqu'un, je crois Apollinaire, durant une permission, donna un concert et lut des poèmes de Blaise Cendrars. C'est alors que j'entendis mentionner et que j'écoutai pour la première fois la musique d'Erik Satie. Je me rappelle que cela se passa dans un atelier, où l'on était empilé. C'est aussi l'époque où commença l'amitié entre Gertrude Stein et Juan Gris. Il vivait rue Ravignan, dans l'atelier où Salmon avait été enfermé, quand il dévora ma fantaisie jaune.

Nous allions souvent le voir là. Juan passait par de durs moments. Personne n'achetait de tableaux, mais les artistes français n'étaient point dans la détresse parce qu'ils étaient au front et que leurs femmes ou maîtresses, selon le cas, s'ils avaient été ensemble quelques années, recevaient une allocation. Il y avait pourtant une triste exception, Herbin, un gentil petit homme, si petit que l'armée ne voulut pas de lui. Il disait avec amertume que le sac qu'il eût dû porter sur ses épaules, pesait autant que lui, il n'y avait rien à faire, il ne pouvait pas s'en tirer. Il fut renvoyé comme inapte au service et rentra chez lui presque mourant de faim. Je ne me rappelle pas qui nous parla de lui ; il était l'un des cubistes des temps héroïques, simples et enthousiastes. Roger Fry le prit lui et ses tableaux et les emmena en Angleterre où il acquit et, je l'imagine, conserve une réputation considérable.

Le cas de Juan Gris était plus délicat. Juan était alors une nature torturée et point particulièrement sympathique. Il était très mélancolique et très expansif, et, comme toujours, il était très clairvoyant et très intellectuel. Il peignait à cette époque presque entièrement en blanc et noir et ses tableaux étaient très sombres. Kahnweiler qui, jadis, s'était occupé de lui, était maintenant exilé en Suisse. La sœur de Juan, d'Espagne, ne pouvait l'aider que fort peu. Sa situation était désespérée.

C'est à cette époque que le marchand de tableaux, qui, plus tard, comme expert à la vente Kahnweiler, déclara qu'il allait tuer le cubisme, entreprit de sauver le cubisme et signa des contrats avec tous les cubistes qui étaient encore libres de peindre. Parmi eux était Juan Gris, et, pour le moment, il fut sauvé.

Dès notre retour à Paris nous allâmes voir Mildred Aldrich. Sa maison était dans la zone des armées, et nous nous figurions donc que, pour pouvoir nous y rendre et y séjourner, il nous faudrait un permis spécial. Nous allâmes au commissariat de police de notre quartier et nous nous enquîmes de ce que nous devions faire. On nous demanda quels papiers nous avions. « Nous avons des passeports américains, des papiers d'immatriculation français », dit Gertrude Stein, en tirant une grosse liasse de papiers. L'employé les regarda tous, et dit : « Qu'est-ce que c'est que celui-là ? » en désignant un autre papier jaune. « Ça, dit Gertrude Stein, c'est un reçu de ma banque pour des fonds que je viens d'y déposer. — Je pense, dit-il solennellement, que je prendrais cela aussi si j'étais vous. » Et il ajouta : « Avec tout cela vous ne devriez point rencontrer de difficultés. »

En fait nous n'eûmes point à montrer un seul de nos papiers. Nous restâmes chez Mildred plusieurs jours.

Elle était de beaucoup la personne la plus gaie que nous ayons vue cet hiver-là. Elle avait vécu la bataille de la Marne, elle avait vu des uhlans dans les bois au-dessous d'elle, elle avait contemplé le combat qui se déroulait à ses pieds et elle était devenue, elle-même, une partie du paysage. Nous la taquinâmes et nous lui dîmes qu'elle allait prendre l'aspect d'une paysanne française, et d'une drôle de façon c'est bien ce qui lui arriva — à elle, née et élevée en Nouvelle-Angleterre ! C'était toujours étonnant de voir cette petite maison de paysan français, avec ses meubles français, ses couleurs françaises, sa bonne française, et même un caniche français, demeurer entièrement américaine de ton. Nous la vîmes plusieurs fois cet hiver.

A la fin, le printemps finit par arriver. Et nous nous préparâmes à nous absenter pour quelque temps. Notre ami William Cook, après avoir travaillé à l'Hôpital Américain pour les blessés français, était reparti pour Palma de Majorque. Cook, qui avait toujours gagné sa vie en peignant, commençait à trouver difficile de subsister et il s'était retiré à Palma, où, à cette époque-là, quand le change espagnol était très bas, on vivait fort bien pour quelques francs par jour.

Nous décidâmes d'aller nous aussi à Palma et d'oublier un peu la guerre. Nous n'avions que des passeports temporaires qui nous avaient été donnés à Londres, nous nous rendîmes donc à l'Ambassade pour en obtenir de permanents qui nous permissent d'aller en Espagne. Nous eûmes d'abord une entrevue avec un aimable vieillard, qui, évidemment, n'était point un diplomate professionnel. « Impossible, dit-il, regardez-moi, j'ai vécu quarante ans à Paris, je descends d'une longue lignée d'Américains, et je n'ai pas de passeport. Non, reprit-il, vous pouvez avoir un passeport pour aller en Amérique ou vous pouvez rester en France sans passeport. » Gertrude Stein insista pour voir un des secrétaires de l'Ambassade. En fin de compte nous en vîmes un, il était roux et rougissant. Il nous dit exactement ce que le vieillard nous avait dit. Gertrude Stein écouta patiemment. Puis elle dit : « Mais Un tel est exactement dans ma position, un Américain, né en Amérique ; il a vécu autant de temps que moi en Europe, il est écrivain, il n'a nulle intention de retourner maintenant en Amérique, et il vient de recevoir de vous un passeport en règle. — Je pense, reprit le jeune homme en rougissant un peu plus encore, qu'il doit y avoir là une erreur. — C'est bien facile à vérifier, dit Gertrude Stein, en regardant dans vos archives. » Il sortit et, au bout d'un court instant, revint et dit : « Oui, oui, vous avez raison, mais, voyez-vous, c'était un cas très spécial. — Il ne peut y avoir, dit Gertrude Stein avec sévérité, de privilège octroyé à un citoyen américain qui ne soit pas accordé à tout autre Américain, si les circonstances sont analogues. » Une fois de plus, il sortit et revint en disant : « Oui, oui, maintenant je peux commencer les formalités préliminaires. » Puis il nous expliqua qu'ils avaient reçu l'ordre de délivrer aussi peu de passeports que possible, mais, si quelqu'un réellement en voulait un, bien entendu, il n'y avait rien à faire qu'à le lui donner. Nous reçûmes les nôtres avec une promptitude extraordinaire.

Puis nous partîmes pour Palma où nous comptions passer quelques semaines et où nous passâmes l'hiver. D'abord nous allâmes à Barcelone. C'était extraordinaire de voir tant d'hommes dans la rue. Je ne m'imaginais pas qu'il pût encore y avoir tant d'hommes dans le monde. Le regard s'était si bien habitué à des rues sans hommes (les quelques hommes que l'on voyait à Paris portaient un uniforme, et n'étaient point des hommes mais des soldats) que le spectacle de masses d'hommes, allant et venant sur la Rambla, était ahurissant. Nous nous asseyions à la fenêtre de l'hôtel et nous regardions. Je me couchais tôt et je me levais tôt, Gertrude Stein se couchait tard et se levait tard, ainsi nous faisions un guet continuel mais nous pouvions voir à toute heure du jour et de la nuit des masses d'hommes allant et venant sur la Rambla.

Nous arrivâmes pour la seconde fois à Palma et Cook vint au-devant de nous ; il avait tout arrangé pour nous. On pouvait toujours s'en remettre à lui. A ce moment-là il était pauvre mais plus tard, quand il eut fait un héritage et fut à son aise, il donna à Gertrude Stein un chèque en blanc pour Mildred Aldrich qui, elle, traversait des jours très durs, et que nous ne pouvions plus soutenir ; et il lui dit : « Prenez à la banque autant d'argent qu'il vous faudra pour Mildred, vous savez que ma mère aimait beaucoup ses livres. »

Souvent William Cook disparaissait et l'on n'entendait plus du tout parler de lui, puis, quand vous aviez besoin de lui, pour une raison ou une autre, il était là. Par la suite il s'engagea dans l'armée américaine au moment même où Gertrude Stein et moi travaillions pour le « Fonds Américain pour les Blessés Français », il me fallait alors la réveiller de grand matin. Elle et Cook s'écrivaient les lettres les plus lugubres sur le désagrément d'avoir à se trouver brusquement en face d'un lever de soleil. « Les levers de soleil, prétendait-elle, sont très bien, si on les approche doucement à travers la nuit déclinante, mais, si on est obligé de leur faire face soudainement, au milieu du matin qui monte, ils sont épouvantables. » Ce fut aussi William Cook qui, plus tard, enseigna à Gertrude Stein à conduire une auto, en se servant pour cela de l'un des vieux taxis de la Marne. Cook, qui avait absolument besoin d'argent, était devenu conducteur de taxi à Paris, cela se passait en 1916, et Gertrude Stein allait avoir à conduire une auto pour le « Fonds Américain pour les Blessés Français ». Ainsi, par les nuits noires, ils sortaient en dehors des fortifications, tous deux solennellement assis sur le devant de l'un de ces taxis Renault à deux cylindres de l'avant-guerre. William Cook enseignait à Gertrude Stein l'art de conduire. C'est William Cook qui a inspiré à Gertrude Stein le seul scénario de cinéma qu'elle ait écrit en anglais. Je viens de le publier dans *Operas and Plays* dans la « Plain Edition ». Le seul autre scénario qu'elle ait jamais écrit, publié aussi dans *Operas and Plays*, fut rédigé beaucoup plus tard et en français ; il lui fut inspiré par son caniche blanc nommé « Basket ».

Mais revenons à Palma de Majorque. Nous y avions passé deux étés précédemment, et nous nous y étions plu, nous nous y plûmes encore. Beaucoup d'Américains semblent s'y plaire maintenant, mais, à cette époque, Cook et nous étions les seuls Américains à habiter l'île. Il y avait quelques Anglais, environ trois familles ; il y avait le descendant d'un des capitaines de la flotte de Nelson, une Mrs. Penfold, une vieille dame à la langue pointue et son mari. C'est elle qui dit au jeune Mark Gilbert, un jeune Anglais de seize ans à tendances pacifistes qui, à un thé chez elle, avait refusé de prendre du gâteau : « Mark, ou bien vous êtes assez vieux pour vous battre pour votre pays, ou bien vous êtes assez jeune pour manger du gâteau. » Mark mangea du gâteau.

Il y avait plusieurs familles françaises à Palma, en particulier celle du consul de France, M. Marchand, qui avait une charmante femme, une Italienne : nous finîmes par le connaître intimement. C'est lui que nos histoires marocaines amusèrent tant. Il avait été attaché à la résidence française à Tanger au moment où la France avait obtenu de Moulay Hafid, alors sultan du Maroc, qu'il abdiquât. Nous étions à Tanger à cette époque et nous y étions restées dix jours. Cela se passait au cours de notre premier voyage d'Espagne où arrivèrent aussi tant d'autres choses importantes pour Gertrude Stein.

Nous avions pris un guide nommé Mohammed, et nous plaisions à notre guide Mohammed. Il devint pour nous plutôt un compagnon agréable qu'un guide, et nous nous promenions ensemble, il nous emmenait voir ses cousins, dans des maisons arabes merveilleusement propres où nous prenions le thé. Cela nous amusait beaucoup. Il nous parlait aussi de politique. Il avait été élevé dans le palais de Moulay Hafid, et il savait tout ce qui s'y passait. Il nous dit exactement quelle somme il faudrait donner à Moulay Hafid pour le faire abdiquer, et la date où il serait prêt à abdiquer. Ces histoires nous amusaient et toutes les histoires de Mohammed nous amusaient, elles se terminaient toujours par ces mots : « Quand vous reviendrez, il y aura des tramways et nous n'aurons pas à marcher et cela sera bien agréable. » Plus tard, en Espagne, nous lûmes dans les journaux que tout s'était passé exactement comme Mohammed nous l'avait prédit et nous n'y pensâmes plus. Mais, en parlant de notre visite au Maroc avec M. Marchand, nous lui racontâmes cette histoire. Il dit : « Oui, c'est cela, la diplomatie, vous étiez les seules gens au monde, sans doute, en dehors des Arabes, qui saviez ce que le gouvernement français désirait tellement savoir ; vous le saviez par hasard, et ça n'avait aucune importance pour vous. »

La vie à Palma était agréable ; aussi, au lieu de voyager davantage cet été, nous décidâmes de nous installer à Palma, et nous fîmes venir notre bonne française, Jeanne Poule. Grâce au facteur, nous trouvâmes une petite maison sur la rue de

Dos de Mayo à Torreno, juste à la sortie de Palma, et nous nous y installâmes. Nous étions très contentes. Au lieu de partir à la fin de l'été nous y séjournâmes jusqu'au printemps suivant.

Nous avions été quelque temps abonnées à la Bibliothèque circulante Mudie, de Londres, et, partout où nous allions, les livres de Mudie nous suivaient. C'est à cette époque que Gertrude Stein me lut à haute voix les lettres de la reine Victoria, et qu'elle-même commença à s'intéresser aux autobiographies et aux vies des Missionnaires. La Bibliothèque Mudie en possédait un grand nombre et Gertrude Stein les lut toutes.

C'est durant ce séjour à Palma de Majorque que la plupart des pièces publiées plus tard dans *Geography and Plays* furent écrites. Elle dit toujours qu'un certain genre de paysage porte à écrire des pièces, et le paysage de Terreno est assurément de ceux-là.

Nous avions un chien, un chien majorcain, de ceux qui sont un peu fous, qui dansent la nuit et qui sont rayés, non unicolores comme ceux d'Espagne. Nous appelions ce chien Polybe, car nous aimions fort les articles du *Figaro* signés Polybe. Polybe était, selon l'expression de M. Marchand, comme les Arabes, « bon accueil à tout le monde, et fidèle à personne ». Il avait une passion incurable pour manger des excréments et il n'y avait pas moyen de l'en empêcher. Nous lui mettions une muselière pour voir si cela l'en empêcherait, mais le domestique russe du consul d'Angleterre en était si indigné que nous dûmes y renoncer. Puis Polybe se mit à pourchasser les moutons. Et il nous valut même une querelle avec Cook. Cook avait un fox-terrier nommé Marie-Rose, et nous étions persuadées que Marie-Rose était le mauvais ange de Polybe ; elle l'entraînait à faire mille sottises puis elle-même disparaissait vertueusement, lui laissant l'honneur de recevoir les coups. Cook était persuadé que nous ne donnions pas à Polybe une bonne éducation. Polybe avait une gentille habitude. Il s'asseyait sur une chaise et paisiblement il respirait le parfum des gros bouquets de tubéreuses que je plaçais toujours dans un vase au mileu de la chambre. Il ne cherchait jamais à les manger ; il respirait doucement leur parfum. Lors d'une absence nous confiâmes Polybe à l'un des gardes de la vieille forteresse de Belver. Quand nous le revîmes, huit jours plus tard, il ne nous connaissait plus et il avait oublié son nom. On retrouve Polybe dans beaucoup des pièces que Gertrude Stein écrivit à cette époque.

L'opinion publique était alors fort divisée dans l'île de Majorque au sujet de la guerre. Ce qui impressionnait le plus les Majorcains était la quantité d'argent que cela devait coûter. Ils passaient des heures à en discuter, à évaluer ce que chaque année, chaque mois, chaque semaine, chaque jour, chaque heure, chaque minute de guerre coûtait. Nous les entendions les soirs d'été : « Cinq millions de pesetas, un million de pesetas, deux millions de pesetas, bonsoir, bonsoir », et nous savions qu'ils en étaient à leurs calculs sans fin sur le coût de la guerre. Comme tous les hommes, même ceux de la haute bourgeoisie, avaient peine à lire, à écrire et à compter, comme aucune des femmes n'en était capable, on peut imaginer à quel point la discussion sur le coût de la guerre devait être un sujet fascinant et éternel.

Un de nos voisins avait une gouvernante allemande. Dès qu'on annonçait une victoire allemande elle déployait un drapeau allemand. Nous répondions de notre mieux, mais, hélas, à cette époque, il n'y avait guère de victoires alliées. Les petites gens étaient tout à fait favorables aux alliés. Le garçon de l'hôtel parlait toujours de l'entrée de l'Espagne dans la guerre aux côtés des alliés. Il était sûr que l'armée espagnole serait un appoint important pour les alliés, car elle pouvait marcher plus longtemps avec moins de nourriture que nulle autre armée du monde. La bonne de l'hôtel s'intéressait beaucoup à tous mes tricots pour les soldats. Elle me dit : « Naturellement, Madame tricote très lentement, toutes les dames tricotent lentement. — Mais, répondis-je avec optimisme, si je tricote durant beaucoup d'années de suite, ne puis-je pas réussir à tricoter vite, même si ce n'est pas aussi vite que vous ? — Non, dit-elle avec beaucoup de fermeté, aucune dame ne tricote vite. » En fait, je parvins à tricoter très vite, et je réussis même à lire et à tricoter vite en même temps.

Nous menions une vie très agréable, nous nous promenions beaucoup, nous mangions très bien, et notre bonne bretonne nous amusait beaucoup.

C'était une bonne patriote, elle portait toujours un ruban tricolore à son chapeau. Elle revint une fois à la maison tout agitée. Elle venait de voir une autre bonne française, et elle me dit : « Que Mademoiselle se figure, Marie vient de recevoir la nouvelle que son frère s'est noyé et qu'il a eu des funérailles civiles. — Comment cela a-t-il pu arriver ? » demandai-je tout excitée moi aussi. « Ah, dit Jeanne, il n'était pas encore parti pour l'armée. » C'était un grand honneur d'avoir un frère auquel on faisait des funérailles civiles pendant la guerre. En tout cas c'était très rare. Jeanne se contentait des journaux espagnols, elle n'éprouvait aucune difficulté à les lire, « parce que, disait-elle, tous les mots importants sont en français ».

Jeanne racontait sans fin des histoires sur la vie de village en France et Gertrude Stein se plut à les écouter pendant de longues semaines, mais à la fin elle en eut assez.

La vie à Majorque fut agréable jusqu'à l'attaque de Verdun. Alors nous commençâmes à être très malheureuses. Nous essayions de nous réconforter l'une l'autre, mais c'était difficile. Un des Français, un graveur, qui était paralysé, et qui cherchait de temps en temps à se faire accepter dans l'armée française sans que jamais le consul voulût de lui, nous disait : « Il ne faut pas vous en faire, si Verdun est pris ; ce n'est pas la porte de la France, ce ne sera qu'un succès moral pour les Allemands. » Mais nous étions profondément malheureuses. J'avais eu si grande confiance ; maintenant il me semblait que j'étais débordée par la guerre, et j'étais horriblement malheureuse.

Il y avait, dans le port de Palma, un navire allemand, nommé le *Fangturm*, qui, avant la guerre, vendait des épingles et des aiguilles à toute la Méditerranée, et au-delà sans doute parce que c'était un beau gros navire. Il avait été surpris à Palma quand la guerre éclata et il n'avait jamais été capable de sortir du port. La plupart des officiers et des marins étaient partis pour Barcelone, mais le navire restait dans le port. Il paraissait tout rouillé et abandonné, et il était placé juste sous nos fenêtres. Soudain, au moment même où commençait l'attaque de Verdun, on commença à repeindre le *Fangturm*. Que l'on imagine nos sentiments. Nous étions déjà tous bien malheureux, ceci nous désespéra. Nous en parlâmes au consul de France et il nous en parla ; c'était horrible.

De jour en jour les nouvelles devenaient de plus en plus mauvaises, et déjà tout un côté du *Fangturm* était repeint, quand ils s'arrêtèrent de peindre. Ils surent ce qui arrivait avant nous. Verdun ne serait pas pris. Verdun était sauvé. Les Allemands avaient abandonné l'espoir de le prendre.

Quand tout cela fut fini, aucun de nous ne voulut plus rester à Majorque ; tous, nous voulions rentrer chez nous. C'est à cette époque que Cook et Gertrude Stein passaient leur temps à parler d'automobiles. Ni lui ni elle n'avaient jamais conduit, mais ça commençait à les intéresser. Cook aussi commençait à se demander comment il gagnerait sa vie une fois rentré à Paris. Son maigre revenu lui suffisait à Majorque, mais ne lui donnerait point de quoi manger pour longtemps à Paris. Il songea à se faire cocher-livreur chez Félix Potin, puisque, disait-il, après tout il préférait les chevaux aux autos. Enfin il rentra à Paris, et une fois qu'il y fut, nous nous y rendîmes aussi par un chemin détourné, par Madrid. Quand nous arrivâmes à Paris, il conduisait un taxi. Plus tard il fut chargé des essais de voitures chez Renault, et je me rappelle quelles descriptions passionnantes il nous faisait de ces essais et du vent qui lui écorchait les joues quand il faisait du quatre vingts à l'heure. Plus tard encore il s'engagea dans l'armée américaine.

Nous repassâmes par Madrid. Là il nous arriva une aventure curieuse. Nous nous rendîmes chez le consul des Etats-Unis pour le visa de nos passeports. C'était un homme grand et graisseux, qui avait un Philippin comme secrétaire. Il examina nos passeports, les mesura, les soupesa, les regarda en tous sens, et enfin nous déclara qu'il supposait qu'ils étaient en règle, mais qu'il ne pouvait pas nous l'affirmer. Puis il demanda son avis au Philippin. Le Philippin parut juger aussi que le consul ne pouvait rien garantir. « Je vais vous dire ce qu'il faut faire, dit-il avec suavité, allez chez le consul de France, puisque vous vous rendez en France et que vous vivez à Paris, et, si le consul de France vous dit que ça marche, eh bien, le consul des Etats-Unis signera votre visa. » Le consul hocha la tête pour approuver.

Nous étions furieuses ; c'était une position ridicule qu'un consul de France et non un consul des Etats-Unis eût à décider de la valeur d'un passeport américain. Mais il n'y avait rien autre à faire. Nous allâmes donc chez le consul de France.

Quand arriva notre tour, l'homme de service prit nos passeports, les examina avec soin et demanda à Gertrude Stein : « Quand êtes-vous venues en Espagne pour la dernière fois ? » Elle se mit à réfléchir, car elle ne peut jamais se rappeler rien quand on le lui demande soudain, elle répondit qu'elle ne se le rappelait plus mais qu'elle pensait que c'était à telle ou telle date. Il répondit : « Non », et mentionna une autre année. Elle répondit que probablement c'était bien cela. Puis il continua à lui donner toutes les dates de toutes ses visites en Espagne et il ajouta même une visite qu'elle avait faite en Espagne alors qu'elle était encore à l'université et qu'elle visitait l'Espagne avec son frère juste après la guerre hispano-américaine. C'était terrifiant pour moi qui écoutais tout cela, mais Gertrude Stein et le vice-consul semblaient trouver un intérêt passionné à élucider ces dates. Finalement il dit : « Voyez-vous, j'ai passé des années au département des Lettres de Crédit du Crédit Lyonnais à Madrid, et j'ai une très bonne mémoire ; je me souviens de tout ; ainsi, bien entendu, je me souviens de vous. » Cela nous ravit tous les trois. Il signa nos passeports et nous dit de retourner chez notre consul et de lui dire de faire de même.

Pendant tout ce temps nous étions furieuses contre notre consul, mais maintenant je me demande s'il n'y avait pas un arrangement entre les deux consulats, et s'il n'était pas convenu que le consul des Etats-Unis donnerait son visa aux seules personnes que le consul de France aurait examinées et n'auraient point trouvées suspectes.

Nous revînmes dans un Paris entièrement changé. Paris n'était plus lugubre. Paris n'était plus vide. Cette fois nous ne nous réinstallâmes plus chez nous, nous décidâmes de partir pour la guerre. Un jour, comme nous descendions la rue des Pyramides, nous vîmes une Ford, conduite par une jeune Américaine, qui faisait marche arrière, et sur la voiture était écrit : « Fonds Américain pour les Blessés Français. » « Voilà, dis-je à Gertrude Stein, voilà ce que nous allons faire. Du moins, vous, vous conduirez la voiture, et moi je ferai le reste. » Nous allâmes causer avec la jeune Américaine, et rendre visite à madame Lathrop, qui présidait à cette organisation. Elle se montra enthousiaste, elle était toujours enthousiaste ; et elle nous dit : « Procurez-vous une voiture ! — Où ? lui demandâmes-nous. — En Amérique, répondit-elle.

— Mais comment ? demandâmes-nous encore. — Demandez à quelqu'un », répondit-elle. C'est ce que fit Gertrude Stein, elle demanda une auto à son cousin, et quelques mois plus tard une Ford arriva. Entre-temps Cook lui avait appris à conduire son taxi.

Comme je l'ai dit, Paris était transformé. Tout était changé, tout le monde était gai.

Pendant notre absence Eve était morte et Picasso vivait maintenant dans une petite installation à Montrouge. Nous allâmes l'y voir. Il avait un merveilleux dessus de lit de soie rose. « D'où ça vient-il, Pablo ? » demanda Gertrude Stein. « Ah, ça, dit Picasso avec beaucoup de satisfaction, c'est une dame. » C'était une dame chilienne bien connue qui le lui avait donné. C'était une merveille. Il était très gai. Il venait tout le temps à la maison. Il y amenait Pâquerette, une très gentille jeune fille, ou Irène, une très belle femme qui venait des montagnes et recherchait la liberté. Il nous amena Erik Satie, la princesse de Polignac et Blaise Cendrars.

C'était un grand plaisir de connaître Erik Satie. Il venait de Normandie et il l'aimait beaucoup. Marie Laurencin vient aussi de Normandie, et Braque également. Une fois, après la guerre, comme Erik Satie et Marie Laurencin étaient chez nous ils furent pris d'un grand enthousiasme l'un pour l'autre, parce qu'ils étaient tous les deux des Normands. Erik Satie aimait bien boire et bien manger et il était fort érudit sur ce chapitre. Nous avions alors une très bonne eau-de-vie que le mari de la bonne de Mildred Aldrich nous avait donnée, et Erik Satie, tout en buvant à petits coups en connaisseur, racontait des histoires de son pays et de sa jeunesse.

Nous vîmes Erik Satie six ou sept fois, mais une fois seulement il nous parla musique. Il dit qu'il avait toujours pensé, et qu'il était heureux de voir accepté maintenant, que la musique moderne française ne devait rien à l'Allemagne moderne. Que Debussy avait montré le chemin aux musiciens français, et que les uns l'avaient suivi ; tandis que les autres avaient trouvé d'autres routes, également françaises.

Il racontait d'excellentes histoires, généralement sur la Normandie ; il avait de l'esprit et de la gaieté, mais il savait être mordant. C'était un convive charmant. C'est bien plus tard seulement que Virgil Thompson, quand nous allions le voir dans sa petite chambre près de la gare Saint-Lazare, nous joua le *Socrate* en entier. C'est alors que Gertrude Stein devint une fervente de Satie.

Ellen Lamotte et Emily Chadbourne, qui n'avaient point été en Serbie, se trouvaient encore à Paris. Ellen Lamotte, qui avait été infirmière à Johns Hopkins, souhaitait de partir pour une ambulance près du front. Elle n'aimait toujours pas le son du canon, mais elle voulait servir dans une ambulance du front ; et elle rencontra Mary Borden Turner, qui avait une ambulance au front ; Ellen Lamotte put ainsi, durant quelques mois, être infirmière au front. Ensuite elle et Emily Chadbourne allèrent en Chine, et enfin elles se mirent à la tête de la campagne contre l'opium.

Mary Borden Turner avait été et voulait être un écrivain. Elle admirait vivement l'œuvre de Gertrude Stein, et dans ses voyages au front, elle emportait ses livres ainsi que des volumes de Flaubert. Elle avait pris une maison près du Bois de Boulogne et elle était bien chauffée ; aussi, durant cet hiver où aucun d'entre nous n'avait de charbon, il était très agréable d'aller dîner et se chauffer chez elle. Nous aimions Turner. Il était capitaine dans l'armée anglaise, et il faisait du contre-espionnage avec beaucoup de succès. Bien qu'il eût épousé Mary Borden, il n'avait rien de bon à dire sur les millionnaires. Il s'obstinait à célébrer la fête de Noël à sa façon avec les femmes et les enfants du village dans lequel il était cantonné et il disait toujours qu'après la guerre il s'établirait comme douanier anglais à Dusseldorf, ou irait vivre simplement au Canada. « Après tout, disait-il toujours à sa femme, vous n'êtes pas une millionnaire, du moins pas une vraie millionnaire. » Il avait le point de vue anglais, seuls les millionnaires en livres sterling lui paraissaient sérieux à l'exclusion de ceux qui n'avaient que des millions de dollars. Mary Borden était très Chicago. Gertrude Stein dit toujours que les Chicagoens dépensent tant d'énergie à se libérer de Chicago, qu'il est souvent difficile de savoir ce qu'ils sont. Il leur faut pour cela perdre leur voix de Chicago et beaucoup d'autres caractéristiques aussi, ils ont recours à toutes sortes de moyens. Les uns abaissent leur voix, d'autres la haussent, d'autres acquièrent un accent anglais, d'autres un accent allemand, certains prennent un accent traînant, d'autres un ton haut et tendu. Certains se font chinois ou espagnols et parlent sans remuer les lèvres. Mary Borden était très Chicago, et elle et Chicago intéressaient profondément Gertrude Stein.

Nous passions alors notre temps à attendre notre Ford, qui était en route, puis nous attendîmes la carrosserie que l'on construisait. Nous attendîmes très longtemps. C'est alors que Gertrude Stein écrivit beaucoup de ses poèmes de guerre, dont quelques-uns furent ensuite réunis dans le volume *Useful Knowledge* qui ne contient que les poèmes relatifs aux Etats-Unis.

Stimulés par la publication de *Tender Buttons*, beaucoup de journaux américains, pour amuser leurs lecteurs, avaient repris le petit jeu des imitations de Gertrude Stein et des plaisanteries sur ses écrits. *Life* commença une série d'articles intitulés : *D'après Gertrude Stein*.

Soudain, un beau jour, Gertrude Stein écrivit une lettre à Mason, qui était alors l'éditeur de *Life*, et lui dit que la vraie Gertrude Stein, comme l'avait affirmé Henry MacBride, était beaucoup plus drôle à tous points de vue que ses imitations, et aussi bien plus intéressante, elle lui demandait pourquoi ils ne publieraient point quelque chose qui fût vraiment d'elle ? A sa grande surprise elle reçut une très aimable réponse de Mason, disant qu'il se ferait un plaisir de publier quelque chose d'elle. Et il le fit. Il publia deux poèmes qu'elle lui envoya, un sur Wilson, et un plus long sur la Croix-Rouge en France. Mr. Mason eut plus de courage que ses collègues.

L'hiver à Paris fut glacial et on n'avait pas de charbon. Nous fermâmes l'atelier et vécûmes dans une petite chambre, mais même ainsi, à la fin, nous finîmes par n'avoir plus du tout de charbon. Le Gouvernement faisait des distributions de charbon aux pauvres gens, mais nous ne trouvions pas convenable d'envoyer notre bonne faire la queue pour en recevoir. Un après-midi, comme il faisait un temps glacial, nous sortîmes ; au coin de la rue il y avait un sergent de ville, avec, près de lui, un officier de police. Gertrude Stein alla droit à eux. « Dites donc, leur dit-elle, que devons-nous faire ? Je vis dans un petit pavillon rue de Fleurus, et j'y ai vécu depuis longtemps. — Oh, oui, Madame, dirent-ils en hochant la tête, on vous connaît bien. — Alors, dit-elle, moi je n'ai même pas assez de charbon pour chauffer une petite chambre, je ne veux pas envoyer la bonne en chercher à la distribution gratuite, je ne trouve pas que ça serait bien. Dites-moi donc, conclut-elle, ce qu'il faut que je fasse. » Le sergent regarda l'officier, et l'officier fit un petit clin d'œil. « Ça va », dirent-ils.

Nous rentrâmes. Le soir même, le sergent de ville, en civil, se présenta portant deux sacs de charbon. Nous les acceptâmes avec gratitude sans poser de questions. Le sergent de ville, un solide Breton nommé Loquet, devint notre providence. Il se chargea de toutes nos commissions. Il nettoya la maison, ramona les cheminées, nous servit de guide et de conducteur pour sortir et pour rentrer dans les nuits noires où l'alerte des zeppelins sonnait, et ça faisait du bien de sentir qu'il était là au coin de la rue.

Il y avait des alertes de zeppelins de temps en temps, mais, comme il en va pour toutes choses, nous avions fini par nous y habituer. Quand elles commençaient à l'heure du dîner nous continuions notre dîner et quand elles commençaient au milieu de la nuit, Gertrude Stein ne me réveillait pas ; elle prétendait qu'il valait autant rester là où j'étais si je dormais, puisque une fois endormie je ne me réveillais même pas au bruit de la sirène qui donnait l'alarme.

Notre petite Ford était presque prête. Plus tard nous devions l'appeler « Petite Tante », en souvenir d'une tante de Gertrude Stein, la tante Pauline, qui, dans toutes les circonstances critiques, s'était conduite magnifiquement, et qui se conduisait toujours assez bien en toutes circonstances, si on savait la flatter un peu.

Un jour Picasso entra, amenant avec lui un jeune homme élégant et mince qui s'appuyait sur son épaule. « C'est Jean, annonça Pablo, Jean Cocteau ; lui et moi partons pour l'Italie. »

Picasso avait été fort excité par l'idée de faire la mise en scène pour un ballet russe dont la musique serait écrite par Erik Satie, et le scénario par Cocteau. Tout le monde était à la guerre, la vie à Montparnasse n'était pas très gaie, Montrouge, même avec une bonne servante, était assez morne, et il avait besoin de changement. L'idée d'aller à Rome le remplissait d'animation. Nous nous dîmes au revoir, et chacun s'en alla de son côté.

Enfin la petite Ford était prête. Gertrude Stein avait appris à conduire une voiture française et tout le monde lui avait dit que c'était la même chose. Je n'ai jamais conduit de voiture, mais il me semble que ce n'est point du tout la même chose. Nous sortîmes hors de Paris pour aller chercher la Ford quand elle fut prête et Gertrude Stein la ramena en ville elle-même. Bien entendu, la première chose que fit la Ford fut de s'arrêter net au milieu de la route sur une voie de tramways entre deux tramways. Tous les voyageurs descendirent et nous poussèrent hors des rails. Le lendemain, quand nous partîmes en expédition pour voir comment ça marchait, nous roulâmes jusqu'aux Champs-Elysées, et là encore la voiture s'arrêta net. Un rassemblement se forma qui poussa la voiture contre le trottoir et chercha à découvrir ce qui était arrivé. Gertrude Stein tournait la manivelle, tout le monde tournait la manivelle, mais on n'aboutissait à rien. Enfin un vieux chauffeur dit : « Vous n'avez pas d'essence. » Nous répondîmes fièrement : « Mais si, nous en avons au moins cinq litres », mais il insista, il voulut regarder, et, en effet, il n'y avait plus d'essence dans le réservoir. Alors la foule arrêta tout un convoi de camions militaires qui passaient sur l'avenue des Champs-Elysées. Ils s'arrêtèrent tous et deux des chauffeurs nous apportèrent un immense baril d'essence, grâce auquel ils tâchèrent de remplir le réservoir de la petite Ford. Bien entendu ça n'aboutit à rien. Enfin, je pris un taxi et j'allai dans une boutique de notre quartier où on vendait des balais et de l'essence et où on me connaissait ; je revins avec un bidon d'essence et, en fin de compte, nous arrivâmes à l'Alcazar d'Eté, qui était alors le quartier général du « Fonds Américain pour les Blessés Français ».

Madame Lathrop attendait une voiture qui devait la conduire à Montmartre. Immédiatement je lui offris nos services, et, ressortant, je dis à Gertrude Stein ce que j'avais fait. Elle me cita Edwin Dodge. Une fois le petit garçon de Mabel Dodge lui dit : « Je voudrais voler de la terrasse dans le jardin du bas. — Vas-y », répondit Mabel Dodge. « C'est bien facile, commentait Edwin Dodge, d'être une mère spartiate. »

Pourtant madame Lathrop sortit et prit la voiture, et la voiture démarra. Je dois avouer que je fus terriblement nerveuse durant toute leur absence et jusqu'à leur retour, mais elles finirent par revenir saines et sauves.

Nous eûmes une consultation avec madame Lathrop qui nous expédia à Perpignan, dans une région où il y avait beaucoup d'hôpitaux que nulle organisation américaine n'avait jamais secourus. Nous partîmes. Nous n'avions jamais été plus loin de Paris que Fontainebleau dans l'auto, et nous étions tout excitées.

Nous eûmes quelques aventures, nous fûmes prises dans une bourrasque de neige et je me persuadai que nous nous étions trompées de chemin, je voulais que nous fassions demi-tour. « Que ce soit la bonne ou la mauvaise route, déclara Gertrude Stein, nous irons de l'avant. » Elle n'était point très habile à faire reculer la voiture, et je puis dire que, même aujourd'hui, alors qu'elle peut conduire n'importe quelle voiture n'importe où, elle n'est point devenue habile dans l'art de les faire reculer. En avant elle est merveilleuse, à reculons elle ne vaut rien. Les seules discussions violentes que nous ayons eues à propos de la conduite des automobiles ont toujours eu pour sujet ce problème de la machine arrière.

Durant ce voyage vers le Midi nous récoltâmes notre premier filleul de guerre. Nous prîmes alors l'habitude, que nous gardâmes durant toute la guerre, de faire monter avec nous tous les soldats que nous rencontrions sur la route. Nous avons circulé de jour et nous avons circulé de nuit, et nous avons roulé dans des régions très solitaires, mais nous nous sommes toujours arrêtées pour faire monter dans la voiture tout soldat rencontré sur la route, et jamais nous n'avons eu le moindre ennui avec ces soldats. Pourtant, certains, nous le découvrîmes plus tard, n'étaient point des gens de tout repos. Gertrude Stein un jour causait avec un soldat qui lui rendait un petit service. (Ils lui rendaient toujours quelque petit service, qu'ils fussent soldats, ou chauffeurs ou n'importe qui ; elle ne faisait jamais rien par elle-même, elle ne remettait point de pneu, elle ne tournait pas la manivelle, elle ne réparait pas nos pannes ; tout cela était fait par les autres.) Gertrude Stein dit donc à ce soldat : « Mais vous êtes tellement gentil. — Madame, répondit-il très simplement, tous les soldats sont gentils. »

Cette faculté, que possédait Gertrude Stein, de faire faire

par tout le monde tout ce qu'elle voulait, surprenait les autres conductrices d'auto de notre organisation. Madame Lathrop, qui conduisait sa voiture, disait que jamais personne ne se dérangeait pour elle. Avec Gertrude Stein, ce n'étaient point les soldats seulement, mais même des chauffeurs de maître, place Vendôme, qui quittaient leurs sièges et venaient tourner la manivelle de la vieille Ford pour Gertrude Stein. Gertrude Stein disait que les autres femmes semblaient si au courant et à leur affaire que bien entendu personne ne songeait à venir à leur aide. Comme elle, au contraire, n'était ni au courant ni à son affaire, mais qu'elle était de bonne humeur, et sans prétention, traitant un homme aussi bien qu'un autre, et qu'elle savait exactement ce qu'elle désirait de chacun, elle l'obtenait. « Si vous êtes comme ça, dit-elle, les gens se mettront en quatre pour vous. La chose importante, répète-t-elle, c'est que vous devez avoir en vous-même profondément le sentiment de l'égalité. Alors les gens se mettront en quatre pour vous. »

C'est auprès de Saulieu que nous dénichâmes notre premier filleul de guerre. Il était boucher dans un petit village pas loin de Saulieu. La façon dont nous vînmes à le faire monter avec nous est un bon exemple de l'esprit démocratique qui régnait dans l'armée française. Nous vîmes trois soldats qui marchaient côte à côte sur la route. Nous nous arrêtâmes et nous dîmes que nous pouvions en faire monter un avec nous sur le marchepied. Tous les trois, ils allaient chez eux en permission et ils se rendaient à pied de la grande ville où le train les avait conduits jusqu'à chez eux dans la campagne. L'un était un lieutenant, l'autre un sergent, le troisième un simple soldat. Ils nous remercièrent, puis le lieutenant demanda aux deux autres : « Jusqu'où allez-vous ? » Chacun d'eux expliqua donc l'endroit où il allait, puis ils lui demandèrent à leur tour : « Et vous, mon lieutenant, jusqu'où allez-vous ? » Il le leur dit, et tous trois ils tombèrent d'accord que le soldat ayant le plus long chemin à faire, avait le droit de profiter de notre invitation. Il salua le sergent et l'officier et il monta avec nous.

Comme je l'ai dit, il fut notre premier filleul de guerre. Nous en eûmes un bon nombre par la suite, et ce n'était pas une petite affaire que de les contenter tous. Le devoir d'une marraine de guerre était d'envoyer une lettre aussi souvent qu'elle en recevait une et d'expédier un colis d'objets utiles et de friandises tous les dix jours environ. Les envois leur faisaient plaisir, mais les lettres leur faisaient encore un plus grand plaisir. Et ils répondaient si vite. Il me semblait que sitôt la lettre écrite la réponse arrivait. Il fallait aussi se rappeler toutes leurs histoires de famille, et une fois je fis une chose horrible, j'embrouillai mes lettres et je priai un soldat qui m'avait beaucoup parlé de sa femme et qui avait perdu sa mère, de présenter mes souvenirs à sa mère, et un autre qui avait toujours sa mère, de transmettre mes amitiés à sa femme. Leurs réponses furent très maussades. L'un et l'autre m'expliquaient que j'avais fait erreur, et je pouvais voir que mon erreur les avait blessés profondément.

Le plus charmant filleul de guerre que nous eûmes jamais fut un Nîmois. Un jour que nous étions en ville, je perdis ma bourse. Je ne m'en aperçus qu'après mon retour à l'hôtel, et j'en fus fort ennuyée, parce qu'il y avait pas mal d'argent dans ma bourse ce jour-là. Pendant que nous dînions, le garçon vint nous dire qu'on nous demandait. Nous sortîmes de la salle à manger et trouvâmes un homme qui tenait ma bourse à la main. Il me dit qu'il l'avait trouvée dans la rue, et que sitôt son travail fini il était venu à l'hôtel pour me la rendre. Il y avait ma carte dans la bourse et il ne douta pas qu'une étrangère n'habitât l'hôtel ; et puis nous étions alors bien connues à Nîmes. Naturellement je lui offris une récompense importante, que je puisai dans la bourse, mais il refusa. Il dit pourtant qu'il avait un service à me demander. C'étaient des réfugiés de la Marne, et son fils Abel, âgé de dix-sept ans, venait de s'engager, il était à ce moment en garnison à Nîmes ; accepterais-je d'être sa marraine de guerre ? Je répondis que j'acceptais, et je le priai de dire à son fils de venir me voir dès qu'il aurait une soirée libre. Le lendemain soir, le plus jeune, le plus gentil et le plus petit soldat imaginable entra chez nous. C'était Abel.

Nous nous attachâmes beaucoup à Abel. Je me rappelle toujours sa première lettre du front. Il commençait en disant qu'il n'était en somme pas très surpris par ce qu'il voyait au front, c'était tout juste comme on lui avait dit que ce serait et comme il l'avait imaginé, sauf qu'il n'y avait pas de tables et que l'on était obligé d'écrire sur ses genoux.

Quand nous revîmes Abel il portait la fourragère rouge, son régiment avait reçu la Légion d'honneur et nous étions très fières de notre filleul. Plus tard encore, quand nous allâmes en Alsace à la suite de l'armée française, après l'armistice, Abel vint séjourner chez nous quelques jours, et vraiment il était très fier de grimper jusqu'au haut de la flèche de la Cathédrale de Strasbourg.

Quand nous rentrâmes à Paris pour de bon, Abel vint passer une semaine chez nous. Nous l'emmenâmes voir tout et il nous dit avec solennité à la fin du premier jour : « Je pense que ça valait la peine de se battre pour tout cela. » Pourtant Paris le soir l'effrayait et nous avions toujours à le faire reconduire par quelqu'un. Le front ne lui avait pas paru effrayant, mais Paris la nuit l'effrayait.

Quelque temps après il nous écrivit pour nous dire que sa famille allait s'installer dans un autre département et il me donna sa nouvelle adresse. Mais il y eut une erreur quelconque, les lettres envoyées à cette adresse ne le rejoignirent pas, et nous le perdîmes de vue.

Enfin nous arrivâmes à Perpignan et commençâmes à visiter les hôpitaux, à distribuer nos provisions et à prévenir notre quartier général si nous jugions que certains hôpitaux requéraient plus que nous ne pouvions leur donner. D'abord il y eut quelques petites difficultés, mais vite nous réussîmes à faire très bien tout ce que nous avions à faire. On nous avait aussi donné une masse de colis-cadeaux et c'était délicieux de les distribuer tout le temps, on aurait dit un Noël perpétuel. Nous avions l'autorisation de tous les directeurs d'hôpitaux de remettre ces paquets personnellement aux soldats eux-mêmes, ce qui était à la fois un grand plaisir, et nous permettait ainsi de faire immédiatement écrire par les soldats des cartes postales de remerciements aux donateurs. Nous envoyions ces cartes postales par sacs à madame Lathrop qui les réexpédiait en Amérique aux gens qui avaient offert les colis-cadeaux. Ainsi tout le monde était content.

Puis il y eut la question de l'essence. Le « Fonds Américain pour les Blessés Français » avait un papier du Gouvernement français lui donnant le privilège d'acheter de l'essence. Mais il n'y avait pas d'essence à vendre. L'armée française avait de grandes réserves d'essence, et était disposée à nous en donner, mais ils ne pouvaient pas nous la vendre et nous avions l'autorisation de l'acheter, non de la recevoir gratis. Il nous fallut entrer en relation avec l'officier qui dirigeait le service du ravitaillement.

Gertrude Stein était toujours prête à conduire la voiture n'importe où, à tourner la manivelle, toutes les fois que personne autre ne se trouvait là pour le faire, et même à réparer la voiture ; je dois reconnaître qu'elle le faisait très bien, même si elle n'était point prête à la démonter et à la remonter pour se faire la main, comme je souhaitais au début qu'elle le fît, elle s'était même résignée à se lever de bonne heure le matin, mais elle se refusait absolument à pénétrer dans un bureau et à causer avec un officiel. J'étais officiellement la déléguée de l'Œuvre, et elle était officiellement le chauffeur, c'était donc moi qui avais à aller causer avec le major.

C'était un charmant major. L'affaire traîna beaucoup, il m'envoya ici et il m'envoya là, mais, en fin de compte, tout s'arrangea. Durant ce temps, bien entendu, ils m'appelaient mademoiselle Stein, parce que le nom de Gertrude Stein figurait sur tous les papiers que je leur présentais, puisque c'était elle qui conduisait la voiture. « Maintenant donc, mademoiselle Stein, me dit-il, ma femme désire très vivement faire votre connaissance, et elle m'a prié de vous inviter à dîner chez nous. » J'étais bien embarrassée, j'hésitai. « Mais je ne suis pas mademoiselle Stein », dis-je enfin. Il bondit presque hors de sa chaise. « Alors, qui êtes-vous ? » Il faut se souvenir que nous étions en guerre et que Perpignan se trouvait très près de la frontière espagnole. « Eh bien, dis-je, venez voir mademoiselle Stein. — Où est mademoiselle Stein ? dit-il. — Elle est en bas, répondis-je faiblement, dans l'automobile. — Mais qu'est-ce que cela veut dire ? reprit-il. — Eh bien, voyez-vous, dis-je, mademoiselle Stein est le chauffeur, et moi la déléguée de l'Œuvre. Mademoiselle Stein n'est pas patiente, elle se refuse à entrer dans les bureaux, à attendre, à causer avec les gens et à expliquer ; je fais donc tout cela pour elle, pendant qu'elle est dans l'auto. — Mais qu'auriez-vous fait, dit-il sévèrement, si je vous avais demandé de signer une pièce ? — Je vous aurais dit ce que je vous dis maintenant. — Allons, dit-il, descendons et voyons mademoiselle Stein. »

Nous descendîmes ; Gertrude Stein se tenait sur le siège du

chauffeur de la petite Ford, il alla à elle. Ils devinrent amis immédiatement, il lui renouvela son invitation, et nous allâmes dîner chez lui. Nous nous y amusâmes beaucoup. Madame Dubois venait de Bordeaux, la ville de la bonne chère et du bon vin. Et quelle chère ! Mais surtout quelle soupe ! Pour moi elle reste l'étalon qui me sert à juger toutes les autres soupes du monde. Parfois quelque autre soupe en approche, très rarement une soupe ou deux arrivent à l'égaler, mais aucune jamais ne l'a dépassée.

Perpignan n'est pas loin de Rivesaltes, et Rivesaltes est la patrie de Joffre. Il y avait là un petit hôpital pour lequel nous obtînmes des distributions supplémentaires en l'honneur du papa Joffre. Nous avions aussi une belle croix et un A. F. F. F. W.[1] rouge sur notre petite Ford. Nous fîmes photographier tout cela et nous-mêmes devant la maison de la petite rue où Joffre était né ; puis nous fîmes imprimer ces cartes postales et nous les envoyâmes à madame Lathrop. Les cartes postales furent expédiées en Amérique et vendues au bénéfice du Fonds. Entre-temps les Etats-Unis étaient intervenus dans la guerre, et nous nous étions fait envoyer un lot de rubans aux couleurs américaines avec les étoiles américaines, nous les découpâmes en petits morceaux que nous distribuâmes aux soldats, ils en furent ravis.

Ceci me rappelle le mot d'un paysan français, plus tard à Nîmes ; nous avions avec nous dans la voiture un infirmier américain, et nous étions en pleine campagne. Le jeune Américain avait voulu aller voir une cascade, et moi j'allais rendre visite à un hôpital ; Gertrude Stein, elle, était restée dans la voiture. Quand je revins elle me dit qu'un vieux paysan était venu lui demander quel uniforme portait ce jeune homme. Elle répondit avec fierté : « Cet uniforme est l'uniforme de l'armée américaine, notre nouvelle alliée. — Oh », dit le vieux paysan ; puis d'un air méditatif, il déclara : « Je me demande ce que nous ferons ensemble ? »

Une fois terminé notre travail à Perpignan nous repartîmes pour Paris. Sur la route, tous les malheurs imaginables arrivèrent à la voiture. Peut-être avait-il fait trop chaud, même

1. Initiales du nom américain du « Fonds Américain pour les Blessés Français ».

pour une Ford, à Perpignan. Perpignan est au-dessous du niveau de la mer, la ville est située près de la mer Méditerranée et c'est un endroit très chaud. Gertrude Stein, qui réclamait toujours de la chaleur et davantage de chaleur, n'a jamais pu s'enthousiasmer vraiment sur la chaleur depuis cette aventure. Elle déclarait qu'elle avait été cuite au four comme une gaufre, tandis que sous un ciel torride, sur un sol torride, elle tournait la manivelle de sa Ford. Je ne sais combien de fois elle a juré et déclaré : « Je vais l'envoyer au diable, voilà tout, je vais l'envoyer au diable. » Je lui prodiguais des encouragements et des remontrances jusqu'au moment où enfin la voiture repartait.

Cet incident est l'origine d'une plaisanterie que madame Lathrop fit à Gertrude Stein. A la fin de la guerre nous fûmes toutes deux décorées par le Gouvernement français et reçûmes la Médaille de la Reconnaissance Française. En vous donnant une décoration, en France, on vous donne une citation qui explique pourquoi vous avez reçu la décoration. Le récit de nos exploits était identique, sauf que dans mon cas on disait que mon dévouement était « sans relâche », tandis que pour Gertrude Stein on avait omis les mots « sans relâche ».

Sur notre route de retour nous eûmes, comme je l'ai dit, tous les ennuis possibles avec notre voiture ; mais Gertrude Stein, avec l'aide d'un vieux chemineau rencontré sur la route qui poussait et tirait la voiture aux moments critiques, parvint à atteindre Nevers où nous rencontrâmes les premiers éléments de l'armée américaine. C'étaient des soldats du train des équipages et des fusiliers marins, le premier contingent débarqué en France. C'est là que nous entendîmes pour la première fois ce que Gertrude Stein appelle « la triste complainte des fusiliers marins », qui raconte comment tous les autres corps de l'armée américaine à un moment quelconque se sont mutinés, mais les fusiliers marins, jamais.

En entrant dans Nevers nous vîmes Tarn Mc Grew, un Californien de Paris, que nous avions connu un tout petit peu seulement, mais, comme il était en uniforme, tout de suite nous l'appelâmes à la rescousse. Il arriva. Nous lui dîmes nos malheurs. Il répondit : « Ça va, mettez la voiture dans le garage de l'hôtel et demain des soldats vous la répareront. » C'est ce que nous fîmes.

Nous passâmes la soirée, à la demande de Mr. Mc Grew, au Foyer du Soldat (Y. M. C. A.), et vîmes pour la première fois depuis bien des années des Américains, des Américains nature, le genre d'Américains qui ne vient jamais en Europe. C'était vraiment passionnant. Gertrude Stein, bien entendu, se mit tout de suite à causer avec eux tous, et voulut savoir d'où ils venaient, de quel Etat, de quelle ville, ce qu'ils faisaient, quel âge ils avaient, et comment ça leur allait ? Elle parla aussi aux jeunes filles françaises qui accompagnaient les soldats américains et elles lui racontèrent tout ce qu'elles pensaient des Américains pendant que les Américains lui racontaient tout ce qu'ils pensaient des jeunes Françaises.

Elle passa le lendemain avec Californie et Iowa au garage, car elle appelait ainsi les deux soldats qui furent chargés de réparer la voiture. Ils l'amusaient beaucoup ; toutes les fois qu'ils entendaient un très grand bruit quelconque, ils se disaient solennellement l'un à l'autre : « C'est le chauffeur français qui change de vitesse. » Gertrude Stein, Iowa et Californie passèrent ensemble une journée très agréable, mais j'ai le regret de dire que la voiture ne se conduisit point très bien après notre départ de Nevers, pourtant nous parvînmes à atteindre Paris.

C'est alors que Gertrude Stein conçut l'idée d'écrire une *Histoire des Etats-Unis,* faite de chapitres pour expliquer en quoi l'Iowa diffère du Kansas, le Kansas du Nébraska, etc. Elle en rédigea des fragments qui furent publiés dans le livre *Useful Knowledge.*

Nous ne restâmes pas très longtemps à Paris. Dès que la voiture fut réparée, nous partîmes pour Nîmes, nous devions couvrir les trois départements du Gard, Bouches-du-Rhône et Vaucluse.

Nous arrivâmes à Nîmes et nous nous y installâmes très confortablement. Nous allâmes voir le médecin-chef de la ville, le docteur Fabre, et, grâce à son extrême amabilité et à celle de sa femme, nous nous trouvâmes vite chez nous à Nîmes, mais, avant même que nous ayons commencé notre travail, le docteur Fabre nous demanda un service. Il n'y avait plus d'ambulances automobiles à Nîmes. A l'hôpital militaire se trouvait alors un pharmacien, capitaine dans l'armée, qui était très malade, et perdu, mais il voulait mourir chez lui. Sa femme était là, et, durant le transport, se tiendrait auprès de lui, en sorte que nous n'aurions nulle autre responsabilité que de le conduire chez lui. Bien entendu, nous dîmes que nous étions prêtes à le faire, et nous le fîmes.

Nous avions eu une longue course par les montagnes et la nuit était tombée longtemps avant que nous ayons pu arriver à Nîmes. Nous étions encore assez loin de la ville, quand soudain, sur la route, nous vîmes quelques silhouettes. Les phares de la vieille Ford n'éclairaient guère la route, et ne laissaient rien voir sur les bas-côtés, et nous ne distinguions pas bien ce que c'était. Pourtant nous nous arrêtâmes, comme nous faisions toujours quand quelqu'un nous demandait la permission de monter dans notre auto. Un homme, évidemment un officier, dit : « Mon automobile est cassée et il faut que je rentre à Nîmes. — Bien, répondîmes-nous, montez tous les deux par-derrière, vous y trouverez des matelas et tout ce qu'il faut, installez-vous. » Nous rentrâmes à Nîmes. Comme nous entrions dans la ville, je leur demandai par la petite fenêtre : « Où voulez-vous descendre ? — Où allez-vous ? » répondit une voix. « A l'hôtel Luxembourg », dis-je à mon tour. « Ça ira », reprit la voix. Nous arrivâmes devant l'hôtel Luxembourg et nous arrêtâmes. Il y avait là beaucoup de lumière. Nous entendîmes un remue-ménage par-derrière, puis un petit homme, d'aspect furibond, avec le képi et les feuilles de chêne des généraux de division, et la croix de la Légion d'honneur à son cou, apparut devant nous. Il dit : « Je veux vous remercier, mais d'abord, avant de le faire, je dois vous demander qui vous êtes ? — Nous sommes les déléguées du Fonds Américain pour les Blessés Français, répondîmes-nous gaiement, et nous sommes pour l'instant stationnées à Nîmes. — Et moi, répliqua-t-il, je suis le général qui commande ici et, comme je vois à votre voiture un numéro militaire français, vous auriez dû vous présenter à moi immédiatement. — Vraiment, dis-je, je n'en savais rien, je suis tout à fait désolée. — Ça va, reprit-il sur un ton agressif, si jamais vous avez besoin ou désir de quelque aide, faites-le-moi savoir. »

Nous le lui fîmes savoir sous peu, parce que, bien entendu, l'éternel problème de l'essence se présenta à nouveau, et il se montra la gentillesse même, il arrangea tout pour nous.

Le petit général et sa femme venaient du Nord de la France ;

ils avaient perdu leur maison et ils parlaient d'eux-mêmes comme de réfugiés. Plus tard, quand la grosse Bertha commença à bombarder Paris et qu'un obus tomba sur les jardins du Luxembourg, je me mis à pleurer et je déclarai que je ne voulais pas être une misérable réfugiée. Nous avions porté secours à beaucoup d'entre eux. Gertrude Stein dit : « Le général Frottier et sa famille sont des réfugiés et ils ne sont pas misérables. — Ils sont plus misérables que je ne voudrais être », dis-je amèrement.

Bientôt l'armée américaine arriva à Nîmes. Un jour, madame Fabre, dans la rue, nous dit que sa cuisinière avait rencontré des soldats américains. « Elle a dû prendre des soldats anglais pour des américains », fut notre réponse. « Pas du tout, reprit-elle, elle est très patriote. » En tout cas les soldats américains arrivèrent, un régiment du Service de l'Intendance ; comme je me rappelle bien l'accent qu'ils mettaient sur le « de ».

Vite nous les connûmes tous bien, et nous connûmes certains intimement. Il y avait un garçon du Sud, Duncan, avec un accent méridional si fort, que je m'y perdais quand il racontait une histoire. Gertrude Stein, dont la famille vient de Baltimore, n'éprouvait aucune difficulté à le suivre, et tous deux éclataient de rire ensemble tandis que je n'y comprenais rien, sauf « qu'on l'avait tué comme on tue un poulet ». Les gens de Nîmes s'y perdaient autant que moi. Beaucoup parmi les dames de Nîmes parlaient fort bien anglais. On avait toujours eu des gouvernantes anglaises à Nîmes, et elles, les Nîmoises, s'étaient toujours enorgueillies de leur connaissance de l'anglais, mais, comme elles le disaient, elles ne pouvaient ni comprendre ces Américains, ni même s'en faire comprendre quand elles parlaient anglais. Je devais reconnaître qu'il en allait à peu près de même pour moi.

Tous les soldats venaient du Kentucky, de la Caroline du Sud, etc., et ils n'étaient pas faciles à comprendre.

Duncan était une perle ; il était sergent et chargé du ravitaillement ; quand nous commençâmes à trouver des soldats américains dispersés çà et là dans des hôpitaux français, nous emmenâmes Duncan avec nous pour qu'il procurât aux soldats américains des pièces de leur uniforme qu'ils avaient égarées, et du pain blanc. Le pauvre Duncan était très déprimé, parce qu'il n'était pas au front. Il s'était engagé dès l'époque de l'expédition du Mexique et il se trouvait encore à l'arrière sans espoir d'en sortir parce qu'il était un des rares soldats qui comprenait le système compliqué de la comptabilité administrative militaire et ses officiers n'accepteraient jamais de proposer son nom pour le front. « Je partirai, disait-il amèrement, ils peuvent me boucler s'ils le veulent, je partirai. » Mais, comme nous le lui dîmes, il y avait beaucoup de déserteurs, le Midi en était plein, nous ne cessions d'en rencontrer et toujours ils nous demandaient : « Dites, y a des policiers militaires par ici ? » Duncan n'était pas fait pour cette vie-là. Le pauvre Duncan. Deux jours avant l'armistice il vint nous voir, il était ivre et amer. D'ordinaire, il était sobre, mais l'idée de rentrer dans sa famille sans avoir jamais été au front lui paraissait trop horrible. Il était avec nous dans le petit salon de l'hôtel, et dans le salon de devant se trouvaient quelques-uns de ses officiers ; ils n'auraient point admis de le voir en cet état. Quand arriva pour lui l'heure de rentrer au camp, il était à moitié endormi, et avait posé sa tête sur la table. « Duncan, dit Gertrude Stein brusquement. — Oui », dit-il. Elle lui dit : « Ecoutez, Duncan, Miss Toklas va se lever, levez-vous aussi, et plantez votre regard juste sur le derrière de sa tête, vous comprenez ? — Oui, dit-il. — Bien, alors elle va marcher et vous allez la suivre, et surtout que vos yeux ne quittent pas un instant le derrière de sa tête, jusqu'à ce que vous soyez dans mon auto. — Oui », dit-il. Et il le fit, et Gertrude Stein le conduisit au camp.

Le pauvre Duncan ! Un jour l'annonce que les Américains avaient pris quarante villages autour de Saint-Mihiel l'avait enthousiasmé. Ce jour-là il devait aller dans l'après-midi avec nous à Avignon pour y porter diverses caisses. Il se tenait très droit sur le marchepied de la voiture, et soudain son regard fut attiré par des maisons dans la campagne. « Qu'est-ce que c'est ? demanda-t-il. — Simplement un village », répondit Gertrude Stein. Quelques instants plus tard on vit d'autres maisons. « Et ces maisons, qu'est-ce que c'est ? demanda-t-il. — Simplement un village. » Il tomba dans un profond silence et il regarda le paysage comme il ne l'avait jamais regardé auparavant. Soudain, avec un profond soupir, il s'écria : « Quarante villages, c'est pas grand-chose ! »

Nous aimions la compagnie de ces soldats, et j'aurais plaisir à raconter leurs histoires indéfiniment. Ils s'entendaient tous étonnamment bien avec les Français. Ils travaillaient ensemble dans les baraques installées pour les réparations du chemin de fer. La seule chose qui déplaisait aux Américains était la longueur des heures de travail. Ils travaillaient trop intensément pour pouvoir travailler si longtemps de suite. Enfin on trouva une combinaison : les Américains travailleraient à leurs heures ordinaires et les Français aux leurs. Entre eux régnait une vive émulation pleine de cordialité. Les Américains trouvaient inutile de fignoler si soigneusement des objets qui allaient être bombardés quelques jours plus tard, tandis que les Français disaient qu'ils ne pouvaient finir un travail sans le fignoler. Mais les deux groupes s'aimaient fort l'un l'autre.

Gertrude Stein dit toujours que la guerre valait beaucoup mieux qu'un voyage en Amérique. Là, vous vous trouviez en contact avec l'Amérique d'une façon qu'un voyage en Amérique ne vous aurait jamais fournie. De temps en temps un des soldats américains était transporté à l'hôpital de Nîmes et le docteur Fabre, qui savait que Gertrude Stein avait reçu une éducation médicale, souhaitait toujours qu'elle fût à côté du malade lors de sa visite. Un d'entre eux tomba du train. Il ne pouvait pas croire que les trains français allassent vite, mais ils allaient assez vite pour le tuer.

Ce fut une très grande cérémonie. Gertrude Stein, en compagnie de la femme du préfet, le plus haut fonctionnaire du département, et de la femme du général, conduisait le deuil du côté des femmes. Duncan et deux autres soldats sonnaient du clairon, et tout le monde fit des discours. Le pasteur protestant se renseigna auprès de Gertrude Stein sur les vertus du défunt, et elle s'enquit auprès de ses camarades. Ce ne fut pas facile de lui trouver des vertus. Apparemment ce n'était pas un homme très recommandable. « Mais ne pouvez-vous me dire aucun bien de lui ? » demandait-elle en désespoir de cause. Enfin, Taylor, un des amis du mort, leva la tête avec solennité et dit : « Je vais vous dire, il avait le cœur aussi grand qu'une baignoire. »

Je me demande et me suis demandé souvent si ces soldats qui connaissaient si bien Gertrude Stein à cette époque ont jamais rapproché son nom de celui de la Gertrude Stein dont parlaient les journaux.

Nous menions une vie très pleine. Il fallait s'occuper des Américains, il fallait les visiter dans tous les petits hôpitaux aussi bien qu'au régiment à Nîmes, il fallait les repérer tous et être gentilles avec tous, il y avait aussi les Français dans les hôpitaux, que nous devions visiter, car c'était là notre vraie mission. Puis, par la suite, survint la grippe espagnole et Gertrude Stein et un des médecins militaires de Nîmes visitèrent ensemble les villages autour de Nîmes sur une très grande distance pour ramener en ville les soldats et officiers qui étaient tombés malades chez eux pendant leur permission.

Ce fut durant ces longues courses qu'elle recommença à écrire beaucoup. Ce paysage, cette vie étrange la stimulaient. C'est alors qu'elle commença à aimer la vallée du Rhône, dont le paysage la touche plus que tout autre paysage sur terre. A Bilignin, où nous vivons, nous sommes encore dans la vallée du Rhône.

Elle écrivit alors le poème *Le Déserteur,* publié presque immédiatement dans *Vanity Fair*[1]. Henry MacBride avait réussi à intéresser Crowninshield, le directeur de cette revue.

Un jour que nous étions à Avignon, nous rencontrâmes Braque. Braque avait été grièvement blessé à la tête et était venu à Sorgues près d'Avignon pour se remettre. C'est là qu'il se trouvait quand l'ordre de mobilisation le rejoignit. Ce fut un grand plaisir de revoir les Braque. Picasso venait d'écrire à Gertrude Stein pour lui annoncer son mariage avec une jeune fille, une vraie jeune fille, et il avait envoyé à Gertrude Stein comme cadeau de mariage une charmante petite toile et la photographie d'un portrait de sa femme.

Il copia pour moi, bien des années plus tard, cette charmante petite toile sur un canevas de tapisserie et je me mis à la broder. Ce fut le début de mes travaux de tapisserie. Je ne jugeais pas possible de lui demander de me dessiner un modèle, mais, quand j'en parlai à Gertrude Stein, elle me dit : « Ça va, je m'en charge. » Ainsi, un jour qu'il était chez nous, elle dit : « Pablo, Alice veut faire une tapisserie de ce petit

---

[1]. Fameuse revue mondaine, artistique et littéraire publiée aux Etats-Unis.

tableau et je lui ai dit que je préparerais le canevas pour elle. » Il la dévisagea avec un affectueux mépris. « Si c'est fait par quelqu'un, dit-il, ça sera fait par moi. — Alors, dit Gertrude Stein, en lui présentant un morceau de toile, allez-y » ; et il le fit. Depuis lors, je n'ai cessé de faire en tapisserie de ces dessins, ils viennent très bien en tapisserie et ils s'harmonisent merveilleusement avec les vieilles chaises. J'ai fait deux petits fauteuils Louis XV de cette façon. Il est assez bon pour me tracer les dessins sur la toile à tapisser et même pour les colorier.

Braque nous dit aussi qu'Apollinaire avait épousé une vraie jeune fille du monde. Nous bavardâmes beaucoup ensemble. Mais, après tout, il y avait peu de nouvelles à raconter.

Le temps passait, nous étions très occupées, et enfin arriva l'armistice. Nous fûmes les premières à apporter la nouvelle dans de nombreux petits villages. Les soldats français, dans les hôpitaux, le prirent avec un sentiment de soulagement plutôt que de joie. Ils ne semblaient pas penser que ce serait une paix très durable. Je me rappelle le mot de l'un d'eux en réponse à Gertrude Stein qui avait dit : « Enfin, c'est la paix ! — Au moins pour vingt ans », répondit-il.

Le lendemain matin nous reçûmes un télégramme de madame Lathrop. « Venez immédiatement, veux vous envoyer en Alsace avec les armées françaises. » Nous ne nous arrêtâmes nulle part, et en un jour nous étions à Paris. Presque immédiatement nous partîmes pour l'Alsace.

Nous partîmes pour l'Alsace et en route nous eûmes notre premier et unique accident. Les routes étaient épouvantables, boueuses, défoncées, enneigées, fangeuses et encombrées de l'armée française qui se rendait en Alsace. Comme nous dépassions un convoi, deux chevaux qui tiraient une cuisine roulante, par une brusque ruade, sortirent de la file des voitures et heurtèrent notre auto, arrachant le garde-boue, la boîte à outils et, ce qui est bien plus grave, tordant le triangle de direction. Nous reprîmes notre route, la voiture zigzaguant sur la route boueuse, dans les montées, dans les descentes, et Gertrude Stein se cramponnant à la direction. Enfin, après quarante kilomètres environ, nous vîmes sur la route quelques conducteurs d'une section d'ambulances américaines. Ils n'avaient pas de garde-boue de rechange, mais ils nous donnèrent un nouveau triangle. Je racontai mes malheurs à un sergent ; il grommela et dit quelques mots à voix basse à un mécanicien. Puis, se tournant vers nous, il nous dit avec brusquerie : « Faites-la entrer. » Ensuite le mécanicien ôta sa veste et la jeta sur le radiateur. Comme le dit Gertrude Stein : « A partir du moment où un Américain faisait ce geste, la voiture désormais était sienne. »

Nous n'avions jamais compris auparavant à quoi servaient les garde-boue, mais quand nous arrivâmes à Nancy nous le savions à jamais. L'atelier de réparations de l'armée française nous mit un garde-boue et une boîte à outils neufs et nous continuâmes notre chemin.

Bientôt nous arrivâmes sur le champ de bataille et au milieu des tranchées des deux armées. Quiconque ne l'a pas vu comme c'était alors ne saurait se l'imaginer. Ce n'était point tant terrifiant qu'étrange. Nous avions vu bien des maisons en décombres et même des villes ruinées, mais ceci était différent, c'était un paysage déchiqueté. Et ce n'était d'aucun pays.

Je me rappelle avoir entendu une infirmière française dire une fois du front ces mots, ces seuls mots : « C'est un paysage passionnant. » Et c'était bien cela que nous vîmes. C'était étrange. Les camouflages, les cahutes, tout était là. C'était humide et sombre et il y avait quelques êtres vivants çà et là, mais on ne pouvait discerner s'ils étaient des Chinois ou des Européens. Notre ventilateur se détraqua, une voiture d'état-major s'arrêta et le répara avec une épingle à cheveux, car alors nous portions encore des épingles à cheveux.

Une autre chose qui nous intéressait énormément était la différence entre le camouflage français, le camouflage allemand, et enfin le camouflage américain, quand nous le vîmes, et qu'il nous apparut si soigné. L'idée était partout la même, mais comme, après tout, c'étaient des nationalités différentes qui l'appliquaient, la différence était fatale. La gamme des couleurs était différente, les contours étaient différents, et leur disposition était différente dans chacun des trois secteurs, cela illustrait clairement toute la théorie de l'art et de sa fatalité.

Enfin nous arrivâmes à Strasbourg, et de là nous allâmes à Mulhouse. Nous y restâmes jusqu'au milieu de mai.

En Alsace, nous ne nous occupions pas des hôpitaux, mais

des réfugiés : les habitants rentraient dans leurs maisons détruites sur toute l'étendue de la région dévastée, et le « Fonds Américain pour les Blessés Français » s'était choisi pour but de distribuer à chaque famille une paire de couvertures, des vêtements de dessous, des bas de laine pour les enfants et les bébés, et des chaussons pour les nouveau-nés. Il courait une légende que la masse de chaussons pour nouveau-nés qu'on nous avait envoyés provenaient de cadeaux envoyés à madame Wilson qui, disait-on alors, était sur le point de donner le jour à un petit Wilson. Nous avions une masse de chaussons de nouveau-nés, mais nous n'en avions pas trop pour l'Alsace.

Nous avions comme quartier général la salle du conseil de l'une des grandes écoles de Mulhouse. Les maîtres d'école allemands avaient disparu, et les maîtres d'école français, qui se trouvaient dans les troupes françaises, avaient été temporairement chargés de donner l'instruction. Le directeur de notre école était au désespoir, non au sujet de la docilité des écoliers ou de leur désir d'apprendre le français, mais à cause de leurs vêtements. Les enfants français sont toujours proprement vêtus. On ne voit pas en France d'enfants en guenilles, même les orphelins qui sont élevés par charité dans la campagne sont proprement vêtus, comme le sont aussi les pauvres et les vieux. Ils peuvent ne point être toujours propres, mais ils sont toujours proprement vêtus. A ce point de vue les guenilles bigarrées que portaient même ceux qui semblaient relativement prospères parmi les enfants alsaciens étaient déplorables et désolaient le maître d'école français. Nous fîmes de notre mieux pour lui venir en aide en donnant aux enfants des tabliers noirs, mais cela n'allait pas loin, et nous devions les réserver pour les réfugiés.

Nous finîmes par bien connaître l'Alsace et les Alsaciens ; nous en connûmes de toutes sortes. Ils étaient étonnés de la simplicité des habitudes de l'armée française et des soldats français. L'armée allemande ne les y avait pas habitués. Par ailleurs, les soldats français se défiaient un peu des Alsaciens qui se hâtaient trop de devenir français, alors qu'ils ne l'étaient pas. « Ils ne sont pas francs », disaient les soldats français. Et cela est fort vrai. Les Français, quels que puissent être leurs défauts, sont francs. Ils sont très polis, ils sont très habiles.

mais, tôt ou tard, ils finissent toujours par vous dire la vérité. Les Alsaciens ne sont pas habiles, ils ne sont pas polis, et ils ne finissent pas inévitablement par vous dire la vérité. Peut-être la fréquentation des Français leur apprendra-t-elle à le faire ?

Nous faisions des distributions. Nous visitions des villages dévastés. D'ordinaire nous demandions au curé de nous aider pour les distributions. Une fois un prêtre nous renseigna fort bien et devint tout à fait notre ami, il ne lui restait plus de sa maison qu'une grande pièce. Sans murs ni cloisons il avait réussi à s'en faire trois chambres, le premier tiers contenait ses meubles de salon, le second ses meubles de salle à manger, le troisième ses meubles de chambre à coucher. Quand nous déjeunions chez lui (et nous y déjeunions fort bien, ses vins d'Alsace étaient fort bons), il nous recevait dans son salon, puis il nous priait de l'excuser un instant et il se retirait dans sa chambre à coucher pour se laver les mains, puis, très poliment, il nous invitait à passer dans la salle à manger ; c'était comme un décor de théâtre d'autrefois.

Nous faisions des distributions, nous roulions dans la neige, nous parlions à tout le monde et tout le monde nous parlait, et à la fin de mai tout était terminé, et nous décidâmes de nous en aller.

Nous rentrâmes par Metz, Verdun et Mildred Aldrich.

Une fois de plus nous rentrions dans un nouveau Paris. Nous étions agitées. Gertrude Stein se mit à travailler très dur, c'est alors qu'elle écrivit ses *Accents in Alsace* et d'autres « pièces » sur la politique, les dernières « pièces » qu'elle ait publiées dans *Geography and Plays*. Nous vivions encore dans l'obsession des œuvres de guerre et nous continuions à nous en occuper, nous visitions les hôpitaux et les soldats qui s'y trouvaient encore, et que tout le monde désormais oubliait. Nous avions dépensé pas mal d'argent durant la guerre et nous faisions des économies, il était difficile sinon impossible de trouver des domestiques, la vie était chère. Nous nous réinstallâmes pour le moment avec une femme de ménage qui venait chez nous quelques heures chaque jour. Je disais que Gertrude Stein était le chauffeur et moi la cuisinière. Nous allions tôt le matin aux halles pour y faire nos provisions. C'était un monde en désordre.

Jessie Whitehead était venue en France avec la Délégation anglaise à la Conférence de la Paix. Elle y était employée comme secrétaire, et, bien entendu, nous étions très curieuses de savoir tout ce qui concernait la paix. C'est alors que Gertrude Stein décrivait un de ces jeunes membres d'une des délégations à la Conférence de la Paix qui se poussait fort en avant, comme « un homme qui connaissait à fond la guerre, puisqu'il y avait été depuis la paix ». Les cousins de Gertrude Stein vinrent en Europe, tout le monde vint, tout le monde était mécontent, tout le monde était agité. L'univers entier semblait agité, l'univers entier semblait mécontent.

Gertrude Stein et Picasso se prirent de querelle. Ni lui ni elle ne surent jamais au juste de quoi il s'agissait. Pourtant ils ne se virent point durant un an, et enfin ils se rencontrèrent par accident à une soirée chez Adrienne Monnier. Picasso dit à Gertrude : « Comment ça va ? » et il dit qu'elle devrait venir le voir. « Non, je n'irai pas », répondit-elle tristement. Picasso vint vers moi et me dit : « Gertrude dit qu'elle ne viendra pas me voir, est-elle sérieuse ? — Si elle vous a répondu cela, je crains qu'elle ne le soit. » Ils passèrent une autre année sans se voir, et entre-temps Picasso eut un petit garçon, et Max Jacob se plaignit qu'on ne l'eût pas pris pour parrain du petit. Très peu de temps après cela nous étions dans une galerie de tableaux, et Picasso vint vers nous, il mit sa main sur l'épaule de Gertrude Stein et lui dit : « Zut, plus de querelle. — Entendu », dit Gertrude Stein, et ils s'embrassèrent. « Quand puis-je aller vous voir ? » demanda Picasso. « Voyons, dit Gertrude Stein, j'ai peur que nous ne soyons très prises, mais venez dîner à la fin de la semaine. — Quelle sottise, répondit Picasso. Nous viendrons dîner demain. » Et ils vinrent.

C'était un nouveau Paris. Guillaume Apollinaire était mort. Nous vîmes un nombre énorme de gens, mais personne, si je me rappelle bien, que nous ayons connu avant la guerre. Paris était encombré. Comme Clive Bell le disait : « Ils prétendent que la guerre a tué une masse de gens, mais il me semble qu'il y a un nombre énorme de messieurs et de dames mûres qu'elle a fait naître subitement. »

Comme je l'ai dit, nous étions agitées et nous faisions des économies, et jour et nuit nous voyions des gens ; et enfin il y eut le grand défilé de la Victoire, la parade des Alliés sous l'Arc de Triomphe.

Les membres du « Fonds Américain pour les Blessés Français » devaient avoir des bancs réservés sur les Champs-Elysées, mais, à très juste titre, les Parisiens protestèrent contre ces bancs qui les auraient empêchés de voir, eux, le défilé, et Clemenceau, sans hésiter, les fit enlever. Par bonheur pour nous, Jessie Whitehead avait une chambre dans un hôtel qui dominait l'Arc de Triomphe et elle nous invita à voir le défilé. Nous acceptâmes de grand cœur. Ce fut une journée magnifique.

Nous nous levâmes avant l'aube, car il eût été impossible plus tard de traverser Paris en voiture. Ce fut l'un des derniers voyages de la « Petite Tante ». On lui avait déjà retiré la croix rouge, jadis peinte sur ses côtés, mais elle était encore un camion. Peu après, elle eut une digne fin, et fut remplacée par Godiva, un runabout à deux places, elle aussi une petite Ford. Elle s'appelait Godiva parce qu'elle naquit toute nue et que chacun de nos amis nous donna quelque chose pour la parer.

La « Petite Tante » fit ce jour-là son dernier voyage, ou peu s'en faut. Nous la laissâmes près de la Seine et allâmes à pied à l'hôtel. Tout le monde était dans les rues, hommes, femmes, enfants, soldats, prêtres, religieuses, nous vîmes deux religieuses que l'on aidait à grimper au haut d'un arbre où elles voulaient s'installer pour mieux voir. Nous-mêmes nous étions admirablement placées et nous vîmes tout admirablement.

Nous vîmes tout, nous vîmes d'abord la délégation des blessés des Invalides dans leurs chaises roulantes qu'ils faisaient marcher eux-mêmes. C'est une vieille habitude française de toujours faire précéder un défilé militaire par les anciens soldats des Invalides. Ils passèrent sous l'Arc de Triomphe. Gertrude Stein se rappelait que, petite fille, elle se balançait sur les chaînes qui étaient tendues autour de l'Arc de Triomphe et que sa gouvernante lui avait expliqué que personne ne devait passer sous l'Arc depuis que les armées allemandes y avaient défilé en 1872. Maintenant tout le monde, sauf les Allemands, défilait sous l'Arc de Triomphe.

Chaque nation avait sa façon particulière de défiler, les uns doucement, les autres vite, les Français ont la façon la plus belle de porter leurs drapeaux. Pershing et l'officier qui portait le drapeau derrière lui formaient peut-être le groupe le plus parfaitement distribué. C'est cette scène que Gertrude Stein a décrite dans le scénario de cinéma qu'elle a écrit à cette époque et que j'ai publié dans *Operas and Plays* de la « Plain Edition ».

Pourtant c'était la fin de tout cela. Nous marchâmes de long en large dans les Champs-Elysées ; la guerre était finie ; on enlevait les piles de canons pris à l'ennemi qui avaient formé les deux pyramides triomphales, et nous avions la paix.

CHAPITRE VII

L'après-guerre

Il me semble, quand j'y repense, que nous étions à ce moment-là toujours en train de voir des gens.

Ces premières années de l'après-guerre ne m'ont laissé que des souvenirs confus et j'ai peine à me rappeler ce qui arriva avant ou après tel autre événement. Picasso disait une fois, comme je l'ai déjà raconté, un jour que Gertrude Stein et lui étaient en train de discuter de dates : « Vous oubliez que dans notre jeunesse il arrivait une masse de choses chaque année. » Durant les années qui suivirent immédiatement la guerre, quand je cherche à me souvenir pour préciser la bibliographie de Gertrude Stein, je suis étonnée de retrouver tout ce qui arrivait chaque année. Peut-être n'étions-nous plus si jeunes alors, mais il y avait toujours beaucoup de gens jeunes ici-bas, et peut-être cela revient-il au même.

Les vieux amis avaient disparu. Matisse s'était fixé pour de bon à Nice ; et, en tout cas, bien que lui et Gertrude Stein fussent restés de très bons amis quand ils se voyaient, ils ne se voyaient pratiquement plus. C'était aussi l'époque où Gertrude Stein et Picasso ne se voyaient plus. Ils parlaient toujours l'un de l'autre de la façon la plus amicale et la plus tendre à tous leurs amis communs, mais ils ne se voyaient plus. Guillaume Apollinaire était mort. Nous voyions Braque et sa femme de temps en temps, lui et Picasso alors avaient tout à fait cessé de s'entendre. Je me rappelle un soir où Man Ray apporta une photographie qu'il venait de faire de Picasso. Braque se trouvait là aussi. On se passait la photo, et, quand elle arriva à Braque, il la regarda avec soin et dit : « Je dois connaître ce monsieur. » C'est cette époque, qui du reste se prolongea fort longtemps, dont Gertrude Stein parlait toujours comme du « temps où pendant bien des mois nous avons cessé d'être amis ».

Juan Gris était malade et découragé. Il avait été très malade et il ne se remit jamais complètement. Les privations et le découragement avaient fait leur œuvre. Kahnveiler revint à Paris assez vite après la guerre, mais tous ses anciens peintres, à l'exception de Juan Gris, étaient trop bien lancés pour avoir besoin de lui. Mildred Aldrich avait eu un immense succès avec *The Hilltop on the Marne*, et à sa façon coutumière elle avait dépensé royalement ce qu'elle avait gagné royalement et elle continuait à dépenser gaiement, bien qu'elle commençât à s'inquiéter un peu. Nous allions la voir une fois par mois, et jusqu'à la fin de sa vie nous nous arrangeâmes pour la voir régulièrement. Même aux jours les plus brillants de sa gloire, elle appréciait beaucoup les visites de Gertrude Stein, et les préférait à toute autre. En fait, ce fut principalement pour complaire à Mildred Aldrich que Gertrude Stein essaya de faire paraître quelque chose à l'*Atlantic Monthly*[1]. Mildred pensait et disait toujours que ce serait un coup de maître si l'*Atlantic* acceptait une œuvre de Gertrude Stein. Mais, bien entendu, l'*Atlantic Monthly* n'en voulut rien savoir. Mildred était aussi très ennuyée d'autre chose. Le nom de Gertrude Stein n'était jamais dans le *Who is Who in America*[2]. Du reste il se trouva dans des bibliographies d'auteurs anglais longtemps avant de se trouver dans celles des auteurs américains. Cela agaçait beaucoup Mildred. « Je ne veux plus regarder le *Who is Who in America* quand je vois les noms de toutes ces nullités et que je n'y trouve pas celui de Gertrude. » Puis elle ajoutait : « Je sais que ça n'a pas d'importance, mais tout de même je voudrais bien que Gertrude ne soit pas ainsi ostracisée. » Pauvre Mildred ! Maintenant, cette année, pour des raisons qui doivent être connues de lui seul, le *Who is Who in America* a ajouté le nom de Gertrude Stein à sa liste. Bien entendu l'*Atlantic Monthly* ne l'a point fait.

1. La revue littéraire la plus traditionaliste et la plus fameuse des Etats-Unis.
2. Dictionnaire des notabilités contemporaines des Etats-Unis, publié annuellement.

L'histoire de l'*Atlantic Monthly* est assez comique.

Comme je l'ai dit, Gertrude Stein envoya à l'*Atlantic Monthly* quelques-uns de ses manuscrits, sans grand espoir de les lui voir accepter, mais avec l'idée que si on en prenait un par miracle, ça lui ferait plaisir et Mildred serait ravie. Elle reçut une réponse de la direction, assez longue et assez querelleuse. Gertrude Stein, pensant que quelque dame bostonienne attachée à la direction avait rédigé l'épître, répondit en détail à tous les points de la lettre et expédia sa lettre à Miss Ellen Sedgwick. Elle reçut presque immédiatement une réponse qui répliquait à tous ses arguments et qui ajoutait du reste que la question ne manquait pas d'intérêt, bien que naturellement l'*Atlantic Monthly* ne pût pas faire à ses lecteurs l'injure de leur offrir ces manuscrits dans le corps de la revue. Mais elle suggérait qu'il serait possible de les faire paraître dans cette partie spéciale de la revue qu'on nommait « Le Coin des Auteurs ». La lettre se terminait par une note signalant que son auteur se nommait non Ellen, mais Ellery Sedgwick.

Gertrude Stein, bien entendu, fut ravie de savoir que c'était Ellery et non Ellen, et elle accepta d'être imprimée dans « Le Coin des Auteurs », mais bien entendu encore, aucun de ses manuscrits ne fut publié dans « Le Coin des Auteurs ».

Nous commençâmes alors à faire toutes sortes de connaissances nouvelles.

Quelqu'un, je ne me rappelle plus qui, nous dit qu'une Américaine avait ouvert une bibliothèque circulante de livres anglais dans notre quartier. Nous avions alors, dans ces jours d'économies, abandonné Mudie, mais la Bibliothèque Américaine nous alimentait un peu, pourtant Gertrude Stein avait besoin d'une pâture plus abondante. Nous nous enquîmes et nous découvrîmes Sylvia Beach. Sylvia Beach était très enthousiaste de Gertrude Stein et elles devinrent amies. Elle fut la première abonnée à l'année du cabinet de lecture de Sylvia Beach qui en conçut une fierté et une gratitude proportionnées à l'importance du fait. Sa petite boutique se trouvait dans une petite rue près de l'Ecole de Médecine. Elle n'était pas alors très fréquentée des Américains. On n'y voyait guère que l'auteur de *Beebie le Bebeist* et la nièce de Marcel Schwob, avec quelques vagues poètes irlandais. Nous fréquentâmes beaucoup Sylvia à cette époque, elle venait souvent chez nous, et nous allions ensemble à la campagne dans notre vieille voiture. Nous rencontrâmes Adrienne Monnier et elle amena chez nous Valery Larbaud ; tous ils s'intéressèrent fort à *Three Lives* et Valery Larbaud, nous sembla-t-il d'après ses propos, avait l'intention de le traduire. C'est alors que Tristan Tzara fit sa première apparition à Paris. Adrienne Monnier était fort excitée par cette révélation. Picabia l'avait déniché en Suisse pendant la guerre, et ensemble ils avaient créé le dadaïsme, et du dadaïsme, après maintes batailles et maintes querelles, naquit le surréalisme.

Tzara vint chez nous. J'imagine que Picabia l'amena, mais je n'en suis pas sûre. J'ai toujours trouvé très difficile de croire à toutes les histoires que l'on racontait sur sa violence et sa rosserie, ou du moins à ce moment-là cela me semblait très difficile à comprendre, car Tzara, quand il venait chez nous, s'asseyait auprès de moi à la table à thé, et me parlait d'une façon gentille, mais pas très amusante, comme un cousin de province en visite.

Adrienne Monnier voulait que Sylvia vînt s'installer rue de l'Odéon, et Sylvia hésitait, mais, en fin de compte, elle céda et, par la suite, nous cessâmes presque de la voir. Elles donnèrent une réception juste après l'installation de Sylvia, nous y allâmes et c'est là que Gertrude Stein découvrit qu'elle avait un groupe de jeunes disciples à Oxford. Il y avait ce soir-là, chez Adrienne Monnier, plusieurs étudiants d'Oxford ; ils semblèrent ravis de la rencontre et ils la prièrent de leur donner quelques manuscrits ; et, en effet, ils les publièrent cette année 1920 dans l'*Oxford Magazine*.

Sylvia Beach, de temps en temps, nous amenait des groupes de gens, de jeunes écrivains, et des dames plus âgées avec eux. C'est alors qu'Ezra Pound vint rue de Fleurus, mais non, cela se passa différemment. Plus tard elle cessa de venir chez nous, mais elle nous fit savoir que Sherwood Anderson[1] était à Paris et voulait voir Gertrude Stein ; elle demandait si ça pouvait s'arranger. Gertrude Stein fit répondre qu'elle en serait ravie, et il vint avec sa femme et Rosenfeld, le critique musical.

---

1. L'un des plus grands et des plus fameux écrivains d'avant-garde aux Etats-Unis.

Pour une raison quelconque, je ne me trouvais pas rue de Fleurus à cette entrevue, probablement à cause de quelque complication domestique ; quoi qu'il en soit, quand je rentrai, Gertrude Stein était émue et ravie comme je l'ai rarement vue. Gertrude Stein éprouvait alors un peu d'amertume à cause de tous ses manuscrits inédits qu'il n'y avait nul espoir de publier, et que personne ne savait apprécier. Sherwood Anderson vint et tout simplement et directement, comme il fait toujours, il lui dit ce qu'il pensait de son œuvre et le rôle qu'elle avait joué dans son développement. Il le lui dit alors à elle, et, ce qui était plus rare encore, il le dit par écrit tout de suite et le publia. Gertrude Stein et Sherwood Anderson ont toujours été les meilleurs des amis, mais je ne crois pas que même lui se rende compte de tout ce que sa visite a été pour elle. C'est lui qui, là-dessus, rédigea l'introduction de *Geography and Plays*.

A cette époque vous rencontriez n'importe qui n'importe où. Les Jewett étaient un couple d'Américains qui possédaient un château du Xe siècle dans la région de Perpignan. Nous les avions vus durant la guerre dans le Midi, et, quand ils vinrent à Paris, nous fûmes les voir. C'est là que nous rencontrâmes Man Ray et plus tard Robert Coates, sans que je puisse savoir comment Man Ray et Coates pouvaient se trouver là.

Il y avait une masse de gens dans la chambre quand nous entrâmes et, vite, je remarquai que Gertrude Stein était en train de causer avec un petit homme qui était assis dans un coin. En s'en allant elle prit avec lui un rendez-vous. Elle me dit que c'était un photographe et qu'il paraissait intéressant ; elle me rappela aussi que Jeanne Cook, la femme de William Cook, voulait faire prendre son portrait pour l'envoyer à la famille de Cook en Amérique. Toutes les trois nous allâmes à l'hôtel où logeait Man Ray. C'était un de ces tout petits hôtels de la rue Delambre, et Man Ray avait une des plus petites chambres, mais je n'ai jamais vu nulle part un si petit espace, pas même à bord d'un bateau, où tant de choses puissent tenir et où elles se trouvent si bien en ordre. Il avait un lit, et trois grands appareils photographiques, il avait différents appareils d'éclairage, il avait un grand paravent, et, dans un petit coin noir, il développait lui-même toutes ses photos. Il nous montra des portraits de Marcel

Duchamp et de beaucoup d'autres gens, et il demanda la permission de venir chez nous et de prendre des photographies de l'atelier et de Gertrude Stein. Il le fit, et il en prit aussi quelques-unes de moi, et nous fûmes très satisfaites des photographies. Il a pris plusieurs fois des photos de Gertrude Stein et elle est toujours fascinée par sa façon de se servir de la lumière. Elle rentre toujours ravie. Une fois elle lui dit qu'elle préférait les photos d'elle qu'il avait faites à toutes les autres que l'on avait jamais prises d'elle excepté un petit instantané que je venais de prendre d'elle. Cela parut rendre Man Ray soucieux. Peu après il la pria de venir poser, et elle y alla. Il lui dit : « Remuez tout ce que vous voulez, vos yeux, votre tête ; ça sera une pose mais ça doit avoir toutes les qualités d'un instantané. » Les séances furent très longues, elle, selon son désir, ne cessa de bouger, et les résultats, les dernières photographies que l'on ait faites d'elle, sont extraordinairement intéressants.

Robert Coates fut aussi l'un de ceux que nous rencontrâmes chez les Jewett dans ces jours qui suivirent immédiatement la guerre. Je me rappelle très exactement cette journée. C'était un après-midi froid et sombre, à l'étage supérieur d'un hôtel. Il y avait là plusieurs jeunes gens, et soudain Gertrude Stein dit qu'elle avait oublié d'allumer les lanternes de l'auto, et qu'elle voudrait bien éviter une nouvelle contravention, nous venions d'en avoir une parce que j'avais fait marcher le klaxon pour tâcher de faire reculer un agent de police qui se trouvait ɯur notre chemin, et elle venait d'en avoir une parce qu'elle avait tourné du mauvais côté autour d'un refuge. « Bien, dit un jeune homme roux », et tout de suite il sortit puis revint. « Vos lanternes sont allumées », annonça-t-il. « Mais comment avez-vous pu savoir laquelle était notre auto ? demanda Gertrude Stein. — Oh, je le savais », répondit Coates. Nous avons toujours beaucoup aimé Coates. C'est étonnant combien peu de gens vous avez l'impression de rencontrer au cours de vos expéditions dans Paris, mais il nous arriva souvent de rencontrer Coates, sans chapeau, et roux, dans les coins les plus extraordinaires.

C'était à peu près le moment aussi où parut *Broom*, dont je parlerai bientôt, et où Coates montra ses manuscrits à Gertrude Stein qu'ils intéressèrent beaucoup. Elle disait qu'il était le seul jeune homme qui eût un rythme personnel, ses mots faisaient un bruit pour les yeux, alors que les mots chez la plupart des écrivains n'en font pas. Nous aimions aussi beaucoup l'adresse de Coates, « City Hotel », dans l'île de la Cité ; et nous aimions ses manières.

Gertrude Stein fut ravie du programme de travail qu'il avait préparé pour le Prix Guggenheim. Par malheur, ce programme de travail, qui comportait un charmant petit roman avec Gertrude Stein comme principale référence, ne lui valut pas de prix.

J'ai promis de parler de *Broom* [1].

Avant la guerre nous avions fait la connaissance, point très précise, mais enfin nous avions fait la connaissance d'un jeune homme qui se nommait Elmer Harden et qui étudiait la musique à Paris. Pendant la guerre on nous dit qu'Elmer Harden s'était engagé dans l'armée française et qu'il y avait été grièvement blessé. C'était une histoire assez extraordinaire. Elmer Harden était infirmier volontaire à l'Hôpital Américain où il soignait des blessés français ; or, un de ses blessés, un capitaine, dont le bras était en très mauvais état, allait retourner au front. Elmer Harden ne put plus se contenter du métier d'infirmier. Il dit au capitaine Peter : « Je pars avec vous. — Mais c'est impossible, répondit le capitaine Peter. — Ça ne fait rien, je pars », repartit Elmer avec obstination. Ils prirent donc un taxi et ils allèrent au ministère de la Guerre, puis chez un dentiste, et je ne sais plus où, mais à la fin de la semaine le capitaine avait rejoint son régiment et Elmer Harden était au même régiment comme soldat. Il se battit bien et il fut blessé. Après la guerre nous le revîmes et par la suite nous le fréquentâmes souvent. Lui et les belles fleurs qu'il nous envoyait furent de grandes joies pour nous dans ces années d'après-guerre. Lui et moi prétendons toujours que nous serons les dernières personnes de notre génération à nous rappeler la guerre. Je crains pourtant que nous n'ayons commencé à l'oublier un peu, tous deux. Pourtant l'autre jour encore Elmer annonça qu'il venait de remporter une grande victoire, il avait obligé le capitaine Peter, qui est un

---

1. Luxueuse revue littéraire d'avant-garde américaine.

Breton pourtant, à admettre que ç'avait été une chic guerre. Jusqu'à ce jour, toutes les fois qu'il disait au capitaine Peter : « C'était une chic guerre », le capitaine Peter refusait de répondre, mais cette fois, quand Elmer lui avait dit : « Tout de même, c'était une chic guerre », le capitaine Peter avait dit : « Oui, Elmer, c'est vrai, c'était une chic guerre. »

Kate Buss venait elle aussi de Medford, Mass., qui était la patrie de Elmer Harden. Elle habitait Paris et elle vint nous voir. Je ne pense pas qu'Elmer nous la présenta, mais elle vint nous voir. Elle s'intéressait beaucoup à l'œuvre de Gertrude Stein et possédait tous ses ouvrages qui avaient été publiés et qui se trouvaient en vente. Elle amena Kreymborg chez nous. Kreymborg était venu à Paris avec Harold Loeb pour lancer *Broom*. Kreymborg et sa femme vinrent nous voir souvent. Il désirait beaucoup publier *The Long Gay Book* en feuilleton, ce livre que Gertrude Stein avait écrit immédiatement après *The Making of Americans*. Bien entendu, Harold Lamb n'en voulut rien entendre. Kreymborg nous lisait des phrases du livre avec beaucoup d'enthousiasme. Lui et Gertrude Stein, outre leur sympathie réciproque, avaient un autre lien qui les rapprochait : la « Grafton Press », qui avait publié *Three Lives*, avait aussi publié son premier livre, vers la même époque.

Kate Buss amena chez nous beaucoup de gens. Elle amena Djuna Barnes et Mina Loy et elle voulait amener James Joyce, mais ne le fit pas. Nous fûmes ravies de voir Mina, que nous avions connue à Florence comme Mina Haweis. Mina amena Glenway Westcott, alors en Europe pour la première fois. Glenway nous impressionna beaucoup par son accent anglais. Hemingway nous en donna l'explication. Il nous dit : « Quand on s'inscrit à l'Université de Chicago, on indique exactement l'accent que l'on veut avoir et, à la sortie de l'Université, on vous le donne. Vous pouvez ainsi avoir un accent XVIIIe ou moderne, ou n'importe lequel. » Glenway avait laissé chez nous un porte-cigarettes de soie avec ses initiales. Nous le gardâmes jusqu'à son retour, puis nous le lui rendîmes.

Mina amena aussi Robert Mac Almon. Mac Almon était alors charmant, très viril et très beau garçon. C'est longtemps après qu'il publia *The Making of Americans* à la « Contact

Press » et que l'on se disputa. Mais c'est Paris ! bien que, cette fois-là, Gertrude Stein et Robert Mac Almon ne se soient jamais réconciliés.

Kate Buss nous amena Ernest Walsh, il était alors tout jeune et fiévreux et elle s'inquiétait beaucoup de son avenir. Nous les vîmes plus tard avec Hemingway et aussi à Belley, mais nous ne le connûmes jamais bien.

Nous rencontrâmes Ezra Pound chez Grace Lounsbury, il vint dîner chez nous, et il resta longtemps, il parla de gravures japonaises et d'autres choses. Gertrude Stein l'aimait bien mais ne le trouvait pas très amusant. Elle disait qu'il était un orateur de village, excellent si vous étiez un village, autrement pas. Ezra parlait aussi beaucoup de T. S. Eliot. C'était la première fois qu'on parlait de T. S. chez nous. Bien vite tout le monde se mit à parler de T. S. Kitty Buss parlait de lui et, plus tard, Lady Rothermere se mit à parler de lui et invita Gertrude Stein à venir le voir chez elle. Ils étaient en train de fonder le *Criterion*. Nous avions connu Lady Rothermere par Muriel Draper, que nous avions alors revue après de longues années d'intervalle. Gertrude Stein n'était pas particulièrement désireuse d'aller chez Lady Rothermere et de rencontrer T. S. Eliot. Mais tout le monde lui disait qu'elle devait le faire, et elle avait fini par y consentir vaguement. Je n'avais pas de robe de soirée qui pût me servir ce soir-là et je me mis à en faire une. La sonnette tinta, et Lady Rothermere entra avec T. S.

Eliot et Gertrude Stein eurent une conversation solennelle, principalement sur les infinitifs et leur place et sur divers solécismes grammaticaux et les raisons que pouvait avoir Gertrude Stein de ne les pas bannir. Enfin Lady Rothermere et Eliot se levèrent pour prendre congé, et Eliot dit que, s'il imprimait une pièce de Gertrude Stein dans le *Criterion*, ce devait être sa toute dernière. Ils sortirent et Gertrude Stein dit : « Ne prenez pas la peine de finir votre robe, maintenant nous ne sommes plus obligées d'aller chez elle » ; et elle se mit à écrire un portrait de T. S. Eliot, qu'elle intitula *Le 15 novembre* car c'était un 15 novembre, et ainsi personne ne pouvait douter que ce fût vraiment sa toute dernière œuvre. Elle ne faisait qu'y dire : « La laine est de la laine, et la soie est soyeuse » ou « la laine est laineuse, et la soie est soyeuse ». Elle l'envoya à T. S. Eliot qui l'accepta, mais naturellement ne l'imprima pas.

Alors commença une longue correspondance, non pas entre Gertrude Stein et T. S. Eliot, mais entre le secrétaire de T. S. Eliot et moi-même. L'une et l'autre nous nous écrivions « Monsieur », car je signais A. B. Toklas, et elle ne signait que de ses initiales. Bien plus tard seulement je découvris que ce secrétaire d'Eliot n'était point un jeune homme. Je ne sais pas si elle fit la même découverte à mon sujet ou si elle me croit toujours un homme.

En dépit de tous ces échanges de lettres rien ne paraissait et Gertrude Stein, malicieusement, racontait l'histoire à tous les Anglais de passage qui venaient nous voir ; or il y en avait beaucoup qui traversaient Paris et apparaissaient chez nous. En fin de compte nous reçûmes une note du *Criterion* (on était alors au début du printemps), pour demander si Miss Stein n'avait point d'objections à voir son papier paraître dans le numéro d'octobre. Elle répondit que rien ne serait mieux que d'avoir *Le 15 novembre* publié le 15 octobre.

Il y eut de nouveau un long silence, puis nous reçûmes les épreuves de l'article. Nous fûmes un peu surprises mais nous les renvoyâmes promptement. Apparemment un jeune homme nous les avait envoyées par mégarde, car bien vite nous reçûmes une lettre d'excuses nous disant que c'était une erreur, l'article ne devant point paraître immédiatement. Ce qui fut aussi raconté à tous les Anglais de passage, avec le résultat qu'enfin l'article parut. Par la suite il fut réimprimé dans *Georgian Tales*. Gertrude Stein fut ravie quand plus tard on lui raconta qu'Eliot, à Cambridge, avait déclaré : « Gertrude Stein est tout à fait remarquable, mais elle n'est pas pour nous. »

Mais revenons à Ezra. Ezra revint et il revint en compagnie de l'éditeur du *Dial*[1]. Cette fois ce fut pire que des gravures japonaises, ce fut beaucoup plus virulent. Dans sa surprise, Ezra, qui ne s'attendait point à une telle explosion, tomba du petit fauteuil de tapisserie que Gertrude Stein préférait entre tous, celui que, depuis, j'ai garni de tapisseries faites

---

1. Revue littéraire et artistique d'avant-garde qui joua un rôle important aux Etats-Unis dans la période d'après-guerre.

sur des dessins de Picasso, et Gertrude Stein fut furieuse. Enfin Ezra et l'éditeur du *Dial* sortirent, et l'on se sépara tous de mauvaise humeur. Gertrude Stein ne tenait plus à revoir Ezra. Ezra ne comprenait pas très bien pourquoi. Il rencontra Gertrude Stein une fois près du Luxembourg et dit : « Mais je désire beaucoup aller vous voir. — Je suis tout à fait désolée, répondit Gertrude Stein, mais Miss Toklas a une rage de dents et de plus tout notre temps est pris par la cueillette des fleurs des champs. » Ce qui du reste était littéralement vrai, comme tout ce que dit Gertrude Stein, mais Ezra en fut interloqué et nous ne le revîmes jamais.

Durant ces mois qui suivirent l'armistice nous passions un jour par une petite rue, quand nous vîmes un homme qui regardait à une fenêtre puis marchait de long en large, de droite à gauche et faisait toutes sortes de gestes bizarres. « Lipschitz, dit Gertrude Stein. — Oui, répondit Lipschitz, je suis en train d'acheter un coq en fer. — Mais où est-il ? demandâmes-nous. — Ici, répondit-il », et il nous le montra. Gertrude Stein avait connu Lipschitz fort vaguement jadis, mais cet incident raviva leur amitié, et bientôt il la pria de poser pour lui. Il venait de finir un buste de Jean Cocteau et il désirait faire le sien. Elle aime bien poser, elle aime le calme des longues poses et, bien qu'elle n'aime pas la sculpture, et qu'elle l'eût dit à Lipschitz, elle commença à poser. Je me rappelle que c'était un printemps torride et que l'atelier de Lipschitz était terriblement chaud, or nous y passions des heures.

Lipschitz est un grand bavard, et Gertrude Stein adore les histoires, leur début, leurs péripéties et leur fin ; et Lipschitz put lui fournir différentes parties d'histoires qui jusqu'alors lui avaient manqué.

Puis ils parlèrent d'art, et Gertrude Stein aima assez son portrait et ils devinrent de très bons amis, et les séances touchèrent à leur fin.

Un jour que nous étions en ville à une exposition de peinture quelconque, en causant avec quelqu'un, Gertrude Stein, par hasard, dit, en s'épongeant le front : « Oui, il faisait chaud chez lui ! » Lipschitz devait nous apporter des photos de la tête qu'il avait faite, mais il ne parut pas et, comme nous étions nous-mêmes très occupées, Gertrude Stein se contenta de s'étonner que Lipschitz ne fût pas venu. Pourtant quelqu'un nous ayant demandé les photos, nous écrivîmes à Lipschitz de les apporter. Il vint. Elle lui demanda : « Mais pourquoi n'êtes-vous pas venu plus tôt ? » Il répondit qu'il n'était pas venu plus tôt parce qu'on lui avait dit qu'elle avait raconté que cela l'avait beaucoup ennuyée de poser pour lui. « Zut, dit-elle, écoutez : tout le monde sait que je dis tout ce qui me plaît de tout ce qui me plaît, je dis ce qui me plaît des gens et je le dis aux gens, mais je dis toujours ce que je pense aussi, pourquoi vous et les autres ne vous mettez-vous pas dans l'esprit une bonne fois de vous en tenir à ce que moi je vous dis ? » Il parut satisfait et ils bavardèrent gaiement et agréablement et ils se dirent : « A bientôt, à très bientôt. » Lipschitz partit et nous ne le revîmes plus durant des années.

Puis Jane Heap survint, elle voulait rapporter en Amérique des choses de Lipschitz, et elle voulait que Gertrude Stein vînt les choisir avec elle. « Mais je ne peux pas, répondit Gertrude Stein, puisque Lipschitz manifestement m'en veut. C'est vrai, je n'ai pas la moindre idée pourquoi ni comment cela se fait, mais c'est comme ça. » Jane Heap affirma que Lipschitz déclarait avoir pour Gertrude Stein plus d'amitié que pour presque toute autre personne, et qu'il était navré de ne pas la revoir. « Oh, dit Gertrude Stein, moi je l'aime beaucoup. Entendu, j'irai avec vous. » Elle y alla et ils s'embrassèrent tendrement, ce fut une très heureuse journée, et sa seule vengeance, en s'en allant, fut de dire à Lipschitz : « A très bientôt ! » Et Lipschitz dit : « Comme vous êtes méchante. » Depuis, ils ont toujours été de très bons amis et Gertrude a écrit un portrait de Lipschitz qui est un de ses plus réussis, mais ils n'ont jamais parlé de leur dispute, et, s'il comprend lui ce qui arriva la seconde fois, elle, elle n'en sait toujours rien.

C'est par Lipschitz que Gertrude Stein rencontra une seconde fois Jean Cocteau. Lipschitz dit à Gertrude Stein, ce qu'elle ne savait pas, que Cocteau dans son *Potomak* avait parlé du *Portrait de Mabel Dodge* et l'avait cité. Naturellement cela lui fit grand plaisir, car Cocteau était le premier écrivain français à parler de son œuvre. Ils se rencontrèrent une ou deux fois et commencèrent une amitié qui consiste en un échange de lettres assez fréquent et une profonde sympathie l'un pour l'autre. Ils ont aussi beaucoup d'amis jeunes et vieux en commun, mais ils ne se voient pas.

A cette époque Jo Davidson fit aussi un portrait de Gertrude Stein. Cela se passa très bien, Jo était spirituel et amusant, et il charmait Gertrude Stein. Je ne puis me rappeler qui fréquentait l'atelier, s'il s'agissait seulement de sculptures ou d'êtres vivants, mais je me rappelle une masse de gens aperçus là. Entre autres il y avait là Lincoln Steffens, qui fut assez bizarrement mêlé à l'incident qui nous fit connaître intimement Janet Scudder, mais je ne me rappelle plus exactement comment tout cela arriva.

Je me rappelle pourtant très bien la première fois que j'entendis la voix de Janet Scudder. C'était il y a longtemps au moment où j'arrivais de Paris et où j'avais pris avec mon amie un petit appartement rue Notre-Dame-des-Champs. Gagnée par l'enthousiasme de tous ceux que nous fréquentions, mon amie avait acheté un Matisse et venait de le suspendre au mur. Mildred Aldrich, qui était venue nous voir par ce chaud après-midi de printemps, se mit à regarder par la fenêtre, et soudain je l'entends s'écrier : « Janet, Janet, montez. — Qu'est-ce que c'est ? répondait une voix charmante et qui traînait sur les syllabes d'une façon délicieuse. — Je veux que vous montiez et que vous fassiez connaissance avec mes amies Harriet et Alice, et je veux que vous voyiez leur nouvel appartement. — Oh, répondit la voix. » Et Mildred ajouta alors : « Et puis elles ont un grand Matisse neuf. Venez le voir. — Non, vraiment non », répondit la voix.

Janet, par la suite, connut beaucoup Matisse quand il habitait Clamart. Du reste, Gertrude Stein et elle avaient toujours été amies, du moins depuis l'époque où elles commencèrent à se fréquenter régulièrement.

Comme le docteur Claribel Cone, Janet soutient toujours qu'elle ne comprend rien aux œuvres de Gertrude Stein, mais elle lit et elle apprécie les écrits de Gertrude Stein et elle les lit à haute voix avec beaucoup de compréhension.

Nous allions voyager dans la vallée du Rhône pour la première fois depuis l'armistice, et Janet, en compagnie d'une amie, devait venir avec nous dans une Ford, sœur jumelle de notre Godiva. J'en parlerai bientôt.

Pendant tous ces mois agités, nous cherchions aussi à obtenir la Légion d'honneur pour Mildred Aldrich. Après la guerre, beaucoup de ceux et de celles qui avaient eu un rôle dans les œuvres de guerre, reçurent la Légion d'honneur, mais ils étaient tous membres d'une des associations de Croix-Rouge, et Mildred Aldrich ne l'était pas. Pourtant Gertrude Stein désirait beaucoup que Mildred Aldrich obtînt la Légion d'honneur. D'abord elle jugeait que cela lui était dû, personne autre n'avait fait pour la France une propagande aussi utile que Mildred Aldrich par ses livres qui avaient été lus par tout le monde en Amérique ; et puis elle savait que ça lui ferait plaisir. Elle se mit donc en campagne. Ce n'était point chose très facile, car, bien entendu, les œuvres de Croix-Rouge étaient toutes-puissantes. Nous commençâmes par mettre en branle diverses personnes. Nous nous procurâmes une liste des Américains en vue, et nous leur demandâmes de signer une pétition pour Mildred. Ils ne refusèrent pas, mais, si une pétition est une aide, elle n'aboutit à rien à elle seule. M. Jaccaci [1], qui admirait profondément Miss Aldrich, se donna beaucoup de peine, mais toutes les personnes qu'il connaissait voulaient elles aussi quelque chose pour elles-mêmes. Nous mîmes en branle la Légion Américaine, ou du moins deux de ses colonels, mais eux aussi avaient d'autres gens à pousser avant elle. Nous avions vu tout le monde, nous avions parlé à tout le monde, et tout le monde s'y était intéressé, tout le monde avait fait de belles promesses et rien n'arrivait. Enfin nous rencontrâmes un sénateur, M. de Monzie. Ça pouvait servir, mais les sénateurs sont des gens très occupés ; heureusement nous fîmes la connaissance de sa secrétaire et Gertrude Stein un jour reconduisit la secrétaire chez elle dans Godiva.

Or, la secrétaire du sénateur avait cherché à apprendre à conduire sans y réussir. La façon dont Gertrude Stein se débrouillait au milieu des encombrements de Paris, son aisance et son calme comme chauffeur, en même temps que sa situation d'auteur connu, firent grande impression sur la secrétaire. Elle dit qu'elle s'arrangerait pour tirer le dossier de Mildred du carton dans lequel sans doute il était enfoui ; et elle le fit. Peu après le maire du petit village où vivait Mildred lui

---

1. Voyageur, journaliste et écrivain américain fort pittoresque, qui séjourna longtemps en Europe.

rendit visite, un matin, officiellement. Il lui apporta les papiers préliminaires qu'il faut signer avant de recevoir la Légion d'honneur. Il lui dit : « Vous devez vous rappeler, Mademoiselle, que les formalités parfois sont mises en branle sans aboutir. Il faut vous résigner à être désappointée. » Mildred répondit doucement : « Monsieur le Maire, si mes amis ont mis tout cela en branle, c'est qu'ils étaient décidés à le voir aboutir. » Et cela aboutit. A notre arrivée à Avignon, en nous rendant à Saint-Rémy, nous trouvâmes un télégramme nous annonçant que Mildred avait sa décoration. Nous fûmes ravies et Mildred Aldrich, jusqu'à l'heure de sa mort, jouit de sa décoration et de l'honneur qu'on lui avait fait.

Pendant ces premières années agitées de l'après-guerre, Gertrude Stein travailla beaucoup. Point comme jadis, chaque nuit, mais n'importe quand, entre deux promenades en auto, ou quand elle m'attendait dans la voiture, pendant que je faisais des courses. Elle aimait alors beaucoup travailler dans la voiture quand elle était parquée le long d'un trottoir passager en un carrefour bruyant.

C'est alors qu'elle écrivit *Mieux que Melanctha* comme une charge. Harold Loeb, qui publiait *Broom* tout seul à cette époque, lui avait faire dire qu'il voudrait publier quelque chose d'elle qui serait aussi bon que *Melanctha*, son récit nègre de *Three Lives*.

Le bruit des rues et le mouvement des automobiles l'impressionnaient beaucoup. Elle aimait aussi beaucoup à prendre une phrase isolée comme une sorte de diapason ou de métronome, puis à écrire sur ce ton, ou sur ce rythme une pièce entière. Les *Pensées* de Mildred, publiées dans *The American Caravan*, furent une de ces expériences et l'une des plus réussies, selon elle. Elle écrivit alors *Les Bonnes et leurs Pays*, qui parurent dans la *Little Review*[1], *Histoires Morales de 1920-1921*, *Biographie Américaine*, et *Cent Hommes supérieurs*, où elle avait créé de toutes pièces, dit-elle, cent véritables hommes, véritablement supérieurs. Ces deux derniers écrits furent imprimés plus tard dans *Useful Knowledge*.

C'est aussi à cette époque que Harry Gibb revint à Paris

---

[1] La revue d'avant-garde américaine la plus audacieuse et la mieux informée des choses d'Europe.

pour quelque temps. Il désirait beaucoup que Gertrude Stein publiât un livre où elle montrât son travail des dernières années. « Pas un petit livre, répétait-il, mais un gros livre, quelque chose dans quoi on puisse vraiment mordre. Il faut que vous fassiez ça, repétait-il. — Mais aucun éditeur ne voudra en entendre parler maintenant que John Lane a cessé de travailler, répondait-elle. — Ça n'a pas d'importance, reprenait Harry Gibb violemment, c'est l'essence même de la chose qu'ils doivent voir, et il faut que vous publiiez le plus possible, le plus tôt possible. » Puis se tournant vers moi, il ajoutait : « Alice, vous le ferez. » Je savais qu'il avait raison et qu'il fallait le faire ; mais comment y arriver ?

J'en parlai à Kate Buss, et elle me parla de la « Four Seas Company » qui avait publié un de ses livres. J'entrai en rapport avec M. Brown. « Ce brave M. Brown », comme l'appelait Gertrude Stein, selon l'expression de William Cook, quand quelqu'un ou quelque chose était particulièrement répugnant. Après avoir conclu un arrangement avec « ce brave M. Brown » et l'avoir signé, nous partîmes pour le Midi en juillet 1922.

Nous partîmes à bord de Godiva, la Ford découverte, et suivies de Janet Scudder dans une autre Godiva ; madame Lane l'accompagnait. Elles allaient à Grasse pour y acheter une maison de campagne, qu'elles achetèrent finalement près d'Aix-en-Provence. Nous, nous allions à Saint-Rémy pour visiter tranquillement le pays, qui nous avait tant plu durant la guerre. Nous n'étions qu'à cent kilomètres de Paris environ quand nous entendîmes la corne de Janet Scudder qui était le signal convenu entre nous pour signifier qu'il fallait s'arrêter et attendre. Janet arrêta son auto contre la nôtre. « Je pense », dit-elle solennellement (Gertrude Stein l'appelait « le poilu », et elle prétendait qu'elle n'avait jamais rencontré que deux êtres parfaitement solennels sur terre, le poilu américain et Janet Scudder. Janet avait aussi, disait Gertrude Stein, toute la subtilité du poilu américain, toutes ses manières charmantes, et sa profonde solitude.) Janet rangea sa voiture contre la nôtre : « Je pense, dit-elle solennellement, que nous ne sommes pas sur la bonne route, l'écriteau porte Paris-Perpignan, et je veux aller à Grasse. »

Quoi qu'il en fût, ce soir-là, nous n'allâmes pas plus loin

que Lorme et là, soudain, nous nous rendîmes compte à quel point nous étions fatiguées. Nous étions fatiguées, simplement fatiguées.

Nous conseillâmes aux autres de continuer sur Grasse, mais elles déclarèrent qu'elles aussi préféraient attendre, et toutes ensemble nous attendîmes. C'était la première fois que nous nous trouvions ainsi tranquilles depuis Palma de Majorque en 1916. Enfin nous repartîmes par petites étapes jusqu'à Saint-Rémy et elles continuèrent sur Grasse puis revinrent. Elles nous demandèrent ce que nous allions faire, et nous répondîmes : « Rien, simplement rester ici. » Elles partirent donc de nouveau et achetèrent une propriété à Aix-en-Provence.

Janet Scudder, comme Gertrude Stein le dit toujours, a vraiment l'âme d'un colon, elle adore acheter des terrains inutiles. Dans toutes les petites villes où nous nous arrêtions sur notre route, Janet trouvait un bout de terrain qu'elle estimait bon à acheter et Gertrude Stein l'en empêchait par de violentes protestations. Elle voulait acheter de la terre partout. Enfin elle acheta une maison et un jardin à Aix-en-Provence, après avoir réclamé que Gertrude Stein le vît et après que Gertrude Stein lui eut déconseillé de l'acheter par télégraphe et par téléphone. Pourtant Janet l'acheta et elle eut la chance de pouvoir s'en débarrasser au bout d'un an. Durant cette année-là nous restâmes tranquillement à Saint-Rémy.

Nous ne voulions d'abord y rester qu'un mois ou deux, mais nous y passâmes tout l'hiver. A l'exception de quelques visites que nous fîmes à Janet Scudder ou que nous reçûmes d'elle nous ne vîmes personne que les gens du pays. Nous allions à Avignon pour les commissions, et de temps en temps nous allions dans la campagne revoir les endroits que nous connaissions, mais d'ordinaire nous nous promenions dans les environs de Saint-Rémy, nous grimpions sur les Alpilles, ces petites montagnes que Gertrude Stein a décrites tant de fois dans ses poèmes de cet hiver-là, nous regardions les énormes troupeaux de moutons qui montaient dans les montagnes guidés par des ânes, avec leurs grosses jarres, nous nous asseyions sur les monuments romains et souvent nous allions aux Baux. L'hôtel n'était pas très confortable, mais nous nous en arrangions. La vallée du Rhône, une fois de plus, nous fascinait.

Ce fut cet hiver-là que Gertrude Stein se mit à réfléchir sur l'emploi de la grammaire, les formes poétiques et ce que l'on pourrait appeler les « pièces paysagistes ».

C'est à cette époque qu'elle écrivit *Elucidation*, qui parut dans *Transition*[1] en 1927. Ce fut son premier effort pour décrire la façon dont se posaient pour elle les problèmes de l'expression artistique et les tentatives qu'elle avait faites pour les résoudre. Ce fut son premier effort pour se rendre compte exactement de la portée de son œuvre et de sa raison d'être. Plus tard, beaucoup plus tard, elle écrivit ses traités sur la grammaire, les phrases, les paragraphes, le vocabulaire, etc., tout ce que j'ai publié dans la « Plain Edition » sous le titre de *L'Art d'écrire*.

Ce fut à Saint-Rémy durant cet hiver qu'elle écrivit ces poèmes qui ont tant influencé la jeune génération : *Capital Capitals*, que Virgil Thompson a mis en musique. *Donnez un coup d'épaule* et *Quatre Religions*, qui ont paru dans *Useful Knowledge*. Cette pièce l'a toujours beaucoup intéressée, c'est la première tentative dans la direction qu'elle devait suivre en écrivant *Operas and Plays*, la première fois qu'elle montrait un paysage comme une pièce de théâtre. C'est aussi à ce moment-là qu'elle écrivit un *Poème de la Saint-Valentin pour Sherwood Anderson*, qui parut lui aussi dans *Useful Knowledge*, *Le Jeune Indien*, publié plus tard dans le *Reviewer* (car Carl Van Vechten nous avait envoyé Hunter Stagg, un jeune homme du Sud aussi attirant que son nom), et *Saints en sept* qui lui servit à illustrer son œuvre dans sa conférence d'Oxford et de Cambridge, et *Conversation avec les Saints de Saint-Rémy*.

A cette époque elle travaillait soigneusement, lentement et avec une grande concentration, et on la voyait souvent préoccupée.

Enfin nous reçûmes les premiers exemplaires de *Geography and Plays*, l'hiver était fini et nous rentrâmes à Paris.

Le long hiver de Saint-Rémy mit fin à l'agitation de la guerre et de l'après-guerre. Bien des choses encore devaient nous arriver, bien des amitiés nouvelles et des inimitiés devaient se

---

1. Revue d'avant-garde américaine publiée à Paris par Eugène Jolas et Elliot H. Paul.

trouver sur notre route, et toutes sortes d'incidents, mais l'agitation était finie.

Gertrude Stein prétend toujours qu'elle ne goûte que deux vraies distractions, les tableaux et l'auto. Peut-être pourrait-elle maintenant ajouter les chiens.

Tout de suite après la guerre son attention fut attirée par l'œuvre d'un jeune peintre français, Fabre, qui avait un don naturel pour peindre des objets déposés sur une table, et des paysages, mais il n'aboutit à rien. Ensuite elle s'intéressa à Masson. Masson était alors sous l'influence de Juan Gris, à qui Gertrude Stein portait un intérêt permanent et profond. Elle prêta donc quelque attention à Masson comme peintre, surtout comme peintre spécialiste du blanc, et elle était attirée par sa composition sinueuse où les lignes semblent jouer et se perdre hors du cadre. Mais bientôt Masson tomba sous l'influence des surréalistes.

Les surréalistes sont la vulgarisation de Picabia, comme Delaunay et ses disciples les futuristes étaient la vulgarisation de Picasso. Picabia avait bien vu le problème de la ligne, qui doit avoir une vibration comme celle du son en musique mais chez qui cette vibration doit être le résultat de la façon particulière dont le peintre conçoit la personne et la figure humaines ; il doit la concevoir d'une manière si délicate que cela produise une vibration dans la ligne qui la constitue. Il s'attaqua donc à ce problème, et par là visa à atteindre l'art « désincarné ». C'est du reste aussi cette idée, interprétée d'une façon mathématique, qui influença Marcel Duchamp et donna naissance à son « Nu descendant l'escalier ».

Toute sa vie Picabia a lutté pour dominer et réaliser cette conception. Gertrude Stein pense que peut-être maintenant il est sur le point d'atteindre la solution de son problème. Les Surréalistes, prenant la manière pour la matière, comme font tous les vulgarisateurs, se figurent que la ligne est devenue une vibration et par conséquent susceptible de les entraîner par elle-même à des hauteurs sublimes. Lui, qui sera le créateur de cette ligne de vibrations, sait très bien qu'elle n'existe pas encore, et qu'en tout cas elle ne peut pas exister en elle-même, mais dépendra toujours de l'émotion de celui qui est l'origine de la vibration. Mais en voilà assez sur le créateur et ses imitateurs.

Gertrude Stein, dans son œuvre, a toujours été dominée par la passion intellectuelle de l'exactitude dans toutes les descriptions des réalités extérieures ou intimes. Elle a réussi, grâce à cette concentration, à arriver à une grande simplification, et, comme résultat, à éliminer de la poésie et de la prose les associations de sentiments. Elle sait que la beauté, la musique, la décoration, qui toutes sont le résultat d'émotions, ne doivent jamais être prises comme causes, et que les événements eux-mêmes ne doivent point devenir la cause de l'émotion, ni même être acceptés comme la matière dont sont faites la poésie et la prose. Du reste l'émotion elle-même ne doit pas non plus être admise comme la cause de la poésie ou de la prose. Prose et poésie doivent être la reproduction exacte d'une réalité intérieure ou extérieure.

C'est cette conception exigeante de l'exactitude qui créa entre Gertrude Stein et Juan Gris un lien si fort.

Juan Gris aussi avait le besoin de l'exactitude, mais son exactitude avait une base mystique. Comme mystique il avait besoin d'exactitude. Chez Gertrude Stein la nécessité était d'ordre intellectuel, une passion pure pour l'exactitude. C'est à cause de cela que son œuvre a souvent été comparée à celle d'un mathématicien, et qu'un critique français, à propos d'elle, a parlé de Bach.

Picasso, que la nature avait doué si richement, avait moins de clarté dans sa vocation intellectuelle. Son activité créatrice était dominée par le ritualisme espagnol, et plus tard par le ritualisme nègre (qui a une base arabe, la même du reste que le ritualisme espagnol), et enfin par un ritualisme russe. Son activité créatrice était du reste si magnifique et dominatrice qu'il façonna ces grands ritualismes à sa propre image.

Juan Gris était le seul peintre qui le gênait, et il eût souhaité être débarrassé de lui. A cela se bornaient leurs relations.

A l'époque où l'amitié entre Gertrude Stein et Picasso était redevenue encore plus intime que jadis, si cela était possible (c'est pour son petit garçon, né le 4 février, tandis qu'elle est née le 3 février, qu'elle écrivit son *Livre d'anniversaires*, avec une phrase pour chaque jour de l'année), Picasso ne pouvait se résigner de bon cœur à voir l'intimité de Gertrude Stein avec Juan Gris. Une fois, après une exposition de Juan Gris à la Galerie Simon, il lui dit avec violence : « Dites-moi pourquoi vous prenez parti pour ses tableaux, vous savez que vous ne les aimez pas ! » et elle ne lui répondit pas.

Plus tard, quand Juan mourut et que Gertrude Stein en eut une grande douleur, Picasso vint rue de Fleurus et y passa toute la journée. Je ne sais pas ce qu'ils se dirent, mais je sais qu'une fois Gertrude Stein lui dit amèrement : « Vous n'avez pas le droit de le pleurer », et il répondit : « Vous n'avez pas le droit de me dire ça ! — Vous n'avez jamais su ce qu'il y avait en lui, parce que vous ne l'aviez pas en vous, reprit-elle durement. — Vous savez bien que je le savais », répondit-il.

L'œuvre la plus émouvante qu'ait jamais composée Gertrude Stein, c'est *La Vie et la Mort de Juan Gris*, que publia *Transition*, et qui fut plus tard traduite en allemand pour l'exposition rétrospective Juan Gris à Berlin.

Picasso n'éprouva jamais à l'égard de Braque la même jalousie. Une fois qu'il causait avec Gertrude Stein il lui dit : « Oui, Braque et James Joyce, ce sont les incompréhensibles que tout le monde peut comprendre. »

La première chose que nous trouvâmes à notre retour à Paris fut Hemingway avec une lettre de présentation de Sherwood Anderson.

Je me rappelle très bien l'impression que me fit Hemingway ce premier jour. C'était alors un jeune homme d'une beauté extraordinaire, il avait vingt-trois ans. Peu après, tout le monde eut vingt-six ans. Ce fut l'époque où tout le monde avait vingt-six ans. Pendant deux ou trois ans, tous les jeunes gens eurent vingt-six ans. Apparemment c'était l'âge qu'il fallait avoir alors à Paris. Il se trouvait bien un ou deux garçons de moins de vingt ans, par exemple George Lynes, mais ils ne comptaient guère, comme Gertrude Stein prit soin de le leur expliquer. S'ils voulaient être des jeunes gens, ils devaient avoir vingt-six ans. Plus tard, beaucoup plus tard, ils eurent tous vingt et un ou vingt-deux ans.

Hemingway donc avait vingt-trois ans, il avait un aspect étranger, avec des yeux qui rayonnaient d'un intérêt passionné, plutôt qu'ils n'étaient passionnément intéressants. Il s'assit en face de Gertrude Stein, il l'écouta et la regarda.

Ils se mirent alors à parler ensemble, et par la suite ils continuèrent souvent, beaucoup. Il lui demanda de venir passer une soirée chez lui et d'y regarder ses manuscrits. Hemingway avait alors, comme il l'a encore, un instinct très sûr pour trouver des appartements dans des endroits étranges et agréables, et de bonnes femmes de ménage ainsi que de la bonne cuisine. Son premier appartement était tout contre la place du Tertre. Nous y passâmes une soirée et Gertrude Stein lut tout ce qu'il avait écrit jusqu'à cette date. Il avait commencé un roman, exactement tel qu'un jeune homme de son âge et dans ses conditions devait en commencer un et il avait écrit les petits poèmes que Mac Almon imprima plus tard dans la « Contact Edition ». Gertrude Stein trouva les poèmes assez bons, directs et kiplingesques, mais elle n'approuva pas le roman. « Il y a là-dedans beaucoup de descriptions, dit-elle, et des descriptions pas très bonnes. Recommencez et mettez-y toute votre application », conclut-elle.

Hemingway était alors correspondant à Paris pour un journal canadien. Il était obligé d'y exprimer ce qu'il appelait le « point de vue canadien ».

Lui et Gertrude Stein avaient coutume de se promener ensemble, en bavardant interminablement. Un jour elle lui dit : « Voyons, vous dites que vous et votre femme vous avez un peu d'argent à vous deux. Auriez-vous assez pour vivre modestement ? — Oui, répondit-il. — Bien, dit-elle, alors c'est ça qu'il faut faire. Si vous continuez ce travail de journaliste, vous n'arriverez jamais à voir clairement les choses, vous ne verrez que les mots et ça ne vous mènera à rien, je veux dire à rien si vous voulez être un écrivain. » Hemingway affirma qu'il voulait absolument être un écrivain. Lui et sa femme partirent alors pour un petit voyage, et peu après Hemingway revint seul. Il débarqua chez nous un matin et il y resta ; il resta pour déjeuner, il resta pour l'après-midi, il resta pour dîner, et il resta jusque vers dix heures du soir, et alors, soudainement, il nous annonça que sa femme était enceinte et, avec beaucoup d'amertume, il ajouta : « Et moi, moi, je suis trop jeune pour être père. » Nous le consolâmes de notre mieux et le renvoyâmes auprès d'elle.

Quand ils revinrent Hemingway déclara qu'il avait pris une décision. Ils partiraient pour les Etats-Unis, et il y travaillerait dur pendant un an, et, avec ce qu'il gagnerait alors, ajouté à ce qu'ils avaient déjà, ils s'installeraient quelque part, il quitterait son journal et deviendrait un écrivain. Ils partirent et, moins d'un an plus tard, ils revinrent avec un enfant nouveau-né. Il avait quitté le journalisme.

La première chose à faire à leur retour était, pensaient-ils, de faire baptiser le bébé. Ils désiraient que Gertrude Stein et moi fussions marraines, et un camarade anglais d'Hemingway devait être le parrain. Nous étions tous originairement de religions différentes et la plupart d'entre nous n'en pratiquaient plus aucune, il était donc assez difficile de savoir à quelle Église l'enfant pouvait être baptisé. Nous passâmes beaucoup de temps cet hiver-là tous ensemble à discuter ce problème. Enfin il fut décidé qu'il devait être baptisé épiscopalien, et épiscopalien il devint en effet. Je ne sais pas au juste comment cela s'arrangea avec la curieuse collection de ses parrains et marraines, mais enfin il fut baptisé à la chapelle épiscopalienne.

Des peintres et des écrivains ne valent point grand-chose comme parrains et marraines, c'est connu. Il est fatal en effet de voir bientôt se produire entre eux un refroidissement de ces amitiés. J'en connais bien des cas. Le pauvre Pablo Picasso a été délaissé depuis bien longtemps par ses parrain et marraine et naturellement aussi il y a bien longtemps que nul des parrain et marraine n'a plus entendu parler de notre filleul Hemingway ou ne l'a plus vu.

Pourtant, au commencement, nous fûmes des marraines actives ; moi en particulier. Je brodai un petit dessus de chaise, et je tricotai un vêtement de laine clair pour le filleul. Pendant ce temps le père du filleul travaillait activement à devenir un écrivain.

Gertrude Stein ne corrige jamais en détail les écrits de personne, elle s'en tient aux principes généraux, tels que la façon de considérer ce que l'auteur veut considérer, et la relation entre cette vision et son expression. Quand la vision n'est pas complète, les mots sont plats, c'est fort simple et l'on ne peut pas s'y tromper, affirme-t-elle. C'est alors que Hemingway commença à écrire ces nouvelles brèves qui furent ensuite imprimées dans un volume intitulé *In our time (Dans notre temps)*.

Un jour Hemingway arriva très excité au sujet de Ford Maddox Ford et de la *Transatlantic Review*. Ford Maddox Ford venait juste de publier les premiers numéros de la

Transatlantic Review. Bien des années auparavant, avant la guerre même, nous avions rencontré Ford Maddox Ford, qui s'appelait alors Ford Maddox Hueffer. Il était marié à Violet Hunt et Violet Hunt et Gertrude Stein étaient assises côte à côte auprès de la table à thé et elles causèrent ensemble longuement. J'étais à côté de Ford Maddox Hueffer, et il me plaisait beaucoup, ses histoires de Mistral et de Tarascon me plaisaient, il me plaisait aussi de l'entendre raconter comment il avait été suivi dans ce foyer du royalisme français à cause de sa ressemblance avec le Prétendant. Je n'avais jamais vu le Prétendant, mais Ford, sans aucun doute, à cette époque, aurait pu être un Bourbon.

On nous avait dit que Ford était à Paris, mais nous ne l'avions pas rencontré. Gertrude Stein avait pourtant vu des numéros de la *Transatlantic Review* et l'avait trouvée intéressante, mais bien vite elle n'y avait plus pensé.

Hemingway arriva donc rue de Fleurus tout excité et dit que Ford voulait quelque chose de Gertrude Stein pour son prochain numéro, et lui, Hemingway, voulait que l'on publiât *The Making of Americans* en feuilleton dans la revue, il voulait donc les cinquante premières pages tout de suite. Gertrude Stein, naturellement, fut bouleversée de joie à cette nouvelle, mais elle n'avait pas d'exemplaire du manuscrit excepté celui que nous avions fait relier. « Ça ne fait rien, déclara Hemingway, je le copierai. » Et lui et moi ensemble nous copiâmes le manuscrit, en sorte qu'un fragment en fut publié dans le prochain numéro de la *Transatlantic Review* [1]. Ainsi, pour la première fois, une partie de cette œuvre monumentale, qui fut le commencement, le vrai commencement de la littérature moderne, fut publiée et nous en fûmes ravies. Plus tard, quand il surgit des difficultés entre Gertrude Stein et Hemingway, elle se rappela toujours avec gratitude qu'après tout ce fut Hemingway qui, le premier, fit imprimer une partie de *The Making of Americans*. Elle dit toujours : « Oui, bien sûr, j'ai un faible pour Hemingway. Après tout ne fut-il pas le premier des jeunes à venir frapper à ma porte et n'est-ce pas lui

---

1. Revue littéraire internationale publiée à Paris durant l'après-guerre par F. M. Ford.

qui fit publier par Ford le premier fragment de *The Making of Americans* ? »

Pour moi, j'ai mes doutes, et ne suis pas sûre que Hemingway se soit bien conduit. Je n'ai jamais su le fond de l'histoire, mais j'ai toujours eu la certitude qu'il y avait une histoire derrière tout cela. Tel est mon sentiment.

Gertrude Stein et Sherwood Anderson sont fort drôles quand ils parlent de Hemingway. La dernière fois que Sherwood vint à Paris ils parlèrent souvent de lui. Hemingway avait été formé par eux deux, et tous les deux ils étaient assez fiers et un peu honteux du produit de leurs esprits. Hemingway, à un moment, quand il avait renié Sherwood Anderson et toute son œuvre, lui avait écrit une lettre au nom de la littérature américaine que lui, Hemingway, en compagnie de ses contemporains, allait sauver, pour dire à Sherwood exactement ce que, lui, Hemingway, pensait de l'œuvre de Sherwood, et ce qu'il pensait n'avait rien de flatteur. Quand Sherwood arriva à Paris, Hemingway, naturellement, ne se sentait pas fier, mais Sherwood, lui, était fort à son aise.

Comme je l'ai dit, lui et Gertrude Stein trouvaient un amusement sans fin à discuter ce sujet. Ils reconnaissaient que Hemingway n'était pas franc du collier. « Il est, répétait Gertrude Stein, exactement comme les bateliers du Mississippi que Mark Twain a décrits. — Mais quel livre, disaient-ils tous deux d'une même voix, quel livre ce serait que la véritable histoire de Hemingway, non pas celle qu'il écrit mais la confession du véritable Ernest Hemingway. Ce serait pour un autre public que celui dont il est admiré en ce moment, mais ce serait merveilleux ! » Et tous deux reconnaissaient qu'ils avaient un faible pour Hemingway, parce que c'est un si bon élève. « Il est un détestable élève, disais-je. — Vous ne comprenez pas, me répondaient-ils tous les deux, c'est si flatteur d'avoir un pupille qui acquiert sans comprendre ; en un mot il est réceptif, et tout élève réceptif est un élève chéri. » Tous deux reconnaissaient que c'est un faible chez eux. Gertrude Stein ajoutait aussi : « Vous voyez, il est comme Derain. Vous vous rappelez ce que déclarait M. de Tulle, quand je disais ne pouvoir pas comprendre le succès de Derain, il répondait que son succès provenait de ce que ses œuvres avaient l'air moderne et une odeur de musée. Hemingway est aussi comme cela ; il a l'air d'un moderne et il a l'odeur des musées. Mais quelle belle histoire que celle du vrai Hemingway, une histoire qu'il devrait raconter lui-même, mais, hélas, il ne le fera jamais. Après tout, comme il le murmurait une fois lui-même, il y a la carrière, la carrière ! »

Mais revenons aux événements que je racontais.

C'est Hemingway qui fit tout, il copia le manuscrit et corrigea les épreuves. La correction d'épreuves est, comme je l'ai dit déjà, analogue à l'art de faire le ménage ; cela vous enseigne la valeur des choses comme aucune lecture ne pourrait le faire. En corrigeant ces épreuves, Hemingway apprit bien des choses et il fut pénétré d'admiration pour tout ce qu'il apprenait. C'est alors qu'il écrivit à Gertrude Stein pour lui dire qu'elle avait fait la grande œuvre de l'époque, quand elle avait écrit *The Making of Americans* et qu'il ne lui restait plus à lui et à sa génération qu'à consacrer leurs vies à la faire publier.

Il avait espéré y arriver. Quelqu'un, du nom de Sterne, je crois, avait prétendu être capable de la faire prendre par un éditeur. Gertrude Stein et Hemingway avaient confiance en lui, mais bientôt Hemingway nous informa que Sterne était retombé dans une de ses périodes d'éclipse. Et l'on n'en entendit plus parler.

Entre-temps et un peu auparavant Mina Loy nous avait amené Mac Almon et il était revenu de temps à autre amenant sa femme et William Carlos William. En fin de compte, il exprima le désir de publier *The Making of Americans* dans les Editions Contact et il le fit. J'en viendrai à cela plus tard.

Entre-temps Mac Almon avait publié trois poèmes et des histoires de Hemingway, et William Bird avait imprimé *In our Time (Dans notre Temps)* et Hemingway commençait à être connu. Il était entré en relation avec Dos Passos et Fitzgerald et Bromfield et George Antheil et tout le monde, et Harold Loeb était de retour à Paris. Hemingway était devenu un écrivain. Sherwood lui avait aussi appris à s'entraîner à la boxe avec son ombre, et je lui parlai des courses de taureaux. J'ai toujours aimé les danses espagnoles et les courses de taureaux espagnoles, et j'aimais à montrer des photos de toreros et de courses de taureaux. J'aimais aussi à montrer la photo où Gertrude Stein et moi étions au premier rang d'une arène et où l'on nous prit par hasard. A cette époque, Hemingway enseignait la boxe à un jeune garçon. Le jeune homme ne savait pas boxer, mais, par accident, il mit Hemingway knock out. Je crois que ça arrive quelquefois. En tout cas, à cette époque, Hemingway, tout sportif qu'il fût, était aisément fatigué. Le trajet de chez lui chez nous l'éreintait. Mais du reste la guerre l'avait éreinté. Même maintenant il est, comme Hélène prétend que sont tous les hommes, très fragile. Récemment, un de ses amis, qui est très bien portant, disait à Gertrude Stein : « Ernest est très fragile, dès qu'il se livre à un sport quelconque il se casse quelque chose, le bras, la jambe, ou la tête. »

A cette époque lointaine Hemingway aimait tous ses contemporains sauf Cummings. Il accusait Cummings d'avoir tout copié, et non point n'importe où, mais systématiquement. Gertrude Stein, qui avait été profondément frappée par *The Enormous Room,* disait que Cummings ne copiait pas, qu'il était l'héritier naturel de la tradition de la Nouvelle-Angleterre, aride, stérile mais individuelle. Ils n'étaient point d'accord là-dessus. Ils n'étaient point non plus d'accord sur Sherwood Anderson. Gertrude Stein soutenait que Sherwood Anderson avait une façon géniale d'employer la phrase pour exprimer une émotion directe, que cela était la grande tradition américaine et que nul en Amérique, hors Sherwood Anderson, ne pouvait écrire une phrase claire et passionnée. Hemingway ne le croyait pas, il n'aimait pas le goût de Sherwood. « Le goût n'a rien à voir avec les phrases », soutenait Gertrude Stein. Elle ajoutait aussi que Fitzgerald était le seul des jeunes écrivains qui sût écrire naturellement en phrases.

Gertrude Stein et Fitzgerald ont des relations très curieuses. Gertrude Stein a été frappée par *This Side of Paradise.* Elle le lut au moment de sa publication, et avant de connaître aucun des jeunes écrivains américains. Elle en a dit que ce fut vraiment là le livre qui, pour le public, créa la génération nouvelle. Elle pense que cela est aussi vrai de *The Great Gatsby.* Elle pense que Fitzgerald sera lu quand beaucoup de ses contemporains illustres seront oubliés. Fitzgerald soutient toujours qu'il pense que Gertrude Stein dit tout cela pour le taquiner en lui faisant croire qu'elle est sincère, puis il ajoute à sa façon : « Et c'est bien là la chose la plus cruelle que je connaisse. » Ils s'amusent pourtant toujours beaucoup quand ils se voient. Et la dernière fois qu'ils se virent ils s'amusèrent beaucoup d'eux deux et de Hemingway.

Il y avait aussi là MacAlmon. MacAlmon avait une qualité qui plaisait fort à Gertrude Stein, l'abondance ; il pouvait écrire interminablement, mais elle se plaignait que ce fût ennuyeux.

Il y avait aussi Glenway Westcott, mais Glenway Westcott n'a jamais intéressé Gertrude Stein. Ce n'est pas qu'il manque d'un certain sirop, mais ça ne sort pas.

Ainsi donc, la carrière de Hemingway avait commencé. Durant quelque temps nous le vîmes moins souvent, puis il reparut ; il racontait à Gertrude Stein les conversations qu'il utilisa ensuite dans *The Sun Also Rises*, et ils discutaient sans fin de la personnalité de Harold Loeb. Hemingway préparait alors son volume de nouvelles qu'il allait présenter aux éditeurs américains. Un soir, alors que depuis quelque temps nous ne l'avions pas vu, il arriva en compagnie de Shipman. Shipman était un garçon pittoresque qui devait hériter de quelques milliers de dollars à sa majorité. Il n'était pas encore majeur. Il devait acheter la *Transatlantic Review* quand il serait majeur, disait Hemingway. Il devait subventionner une revue surréaliste quand il serait majeur, nous disait André Masson. Il devait acheter une maison à la campagne, quand il serait majeur, nous disait Josette Gris. En fin de compte, quand il fut majeur, aucun de ceux qui l'avaient connu auparavant ne parut plus savoir ce qu'il fit de son héritage. Hemingway nous l'amena pour parler de l'achat de la *Transatlantic Review*, et incidemment il apporta le manuscrit qu'il voulait envoyer en Amérique. Il le remit à Gertrude Stein. Il avait ajouté à ses nouvelles une sorte de méditation dans laquelle il disait que *The Enormous Room* était le livre le plus beau qu'il eût jamais lu. C'est alors que Gertrude Stein lui dit : « Hemingway, des remarques, ça n'est pas de la littérature. »

Puis nous cessâmes de le voir durant quelque temps ; et un jour que nous étions en visite, juste après la publication de *The Making of Americans*, Hemingway, qui se trouvait là, s'approcha de Gertrude Stein et se mit à lui expliquer pourquoi il ne pourrait pas écrire d'article sur le livre. Juste à ce moment une lourde main se posa sur son épaule et Ford Maddox Ford dit : « Jeune homme, c'est moi qui désire parler à Gertrude Stein. » Ford lui dit alors : « Je peux vous demander la permission de vous dédier mon nouveau livre ? Puis-je le faire ? » Gertrude Stein et moi nous en fûmes profondément touchées et ravies.

Puis, durant quelques années, Gertrude Stein et Hemingway ne se virent plus. Ensuite on nous dit qu'il était de retour à Paris et qu'il disait à droite et à gauche qu'il désirait vivement la revoir. « Ne rentrez pas un beau jour avec Hemingway au bras », lui disais-je alors, quand elle sortait se promener. Pourtant c'est bien cela qui arriva, un jour elle rentra, le ramenant avec elle.

Ils s'assirent et parlèrent longtemps ensemble. Enfin j'entendis Gertrude Stein qui disait : « Hemingway, après tout vous êtes quatre-vingt-dix pour cent rotarien. — Ne pouvez-vous pas le réduire à quatre-vingts pour cent ? demandait-il. — Non, répondait-elle, pleine de regret, je ne peux pas. » « Après tout, dit-elle toujours, il a eu, et je peux même dire, il a des moments de désintéressement. »

Après cela ils se virent souvent. Gertrude Stein dit toujours qu'elle aime à le voir, il est magnifique. « Et s'il voulait seulement raconter sa propre histoire ! » Au cours d'une de leurs conversations elle l'accusa d'avoir assassiné un grand nombre de ses rivaux et de les avoir étranglés. « Jamais, dit Hemingway, jamais je n'ai vraiment tué personne sauf un homme, mais c'était un méchant homme et il le méritait ; mais si j'ai tué quelqu'un d'autre, je l'ai fait sans le savoir, et je n'en suis donc pas responsable. »

C'est Ford qui, une fois, disait de Hemingway : « Il vient, il se met à mes pieds et il me loue. Cela me rend nerveux. » Hemingway, une fois, disait aussi : « Je tourne ma flamme, qui est une petite flamme, vers la terre, de plus en plus bas, puis soudain il y a une grande explosion. S'il n'y avait rien que des explosions dans mon œuvre elle serait si excitante que personne ne pourrait la supporter. »

« Cependant, quoi que je puisse dire, répète toujours Gertrude Stein, j'ai un faible pour Hemingway. »

Jane Heap fit son apparition un après-midi. La *Little Review* venait de publier *Les Bonnes et leurs Pays* et le *Poème de la Saint-Valentin pour Sherwood Anderson*. Jane Heap s'assit et nous commençâmes à parler. Elle resta dîner, elle resta toute la soirée et, à l'aube, la petite Ford Godiva, qui avait gardé ses lanternes allumées toute la nuit, avait tout juste la force de démarrer pour ramener Jane chez elle. Gertrude, alors, comme toujours, avait une grande affection pour Jane Heap. Margaret Anderson l'intéressait beaucoup moins.

De nouveau le printemps revint, et cette fois nous allâmes sur la Côte d'Azur et rejoignîmes les Picasso à Antibes. C'est là que je vis la mère de Picasso pour la première fois. Picasso lui ressemble extraordinairement. Gertrude Stein et madame Picasso éprouvaient quelque difficulté à causer ensemble car elles ne parlaient point la même langue, mais elles parlaient assez pour s'amuser l'une l'autre. Elles parlaient de Picasso à l'époque où Gertrude Stein le rencontra pour la première fois. « Il était remarquablement beau alors, disait Gertrude Stein, il était illuminé comme s'il eût porté un halo ! — Oh, répondait madame Picasso, si vous l'avez trouvé beau alors, je vous assure que ce n'était rien en comparaison avec l'époque où il était un petit garçon. Il était un ange, et un démon de beauté ; on ne pouvait se lasser de le regarder. — Et maintenant ? demandait Picasso, qui n'était point trop content. — Oh, maintenant, répondaient-elles ensemble, maintenant, ça n'est plus du tout ça. — Mais, ajoutait sa mère, vous êtes très gentil, et vous êtes le plus parfait des fils. » Et il dut se contenter de cela.

C'est l'époque où Jean Cocteau, qui se fait gloire d'avoir immuablement trente ans, était en train d'écrire une petite biographie de Picasso ; il lui envoya un télégramme pour lui demander la date de sa naissance. « Et la tienne ? » répondit Picasso par télégramme.

Il circule beaucoup d'histoires sur Picasso et sur Jean Cocteau. Il est facile d'embarrasser Picasso, comme Gertrude Stein, en leur posant des questions à l'improviste, et Jean Cocteau est fort expert à ce petit jeu. Picasso n'aime pas ça et se venge quand il en a le loisir. Récemment il y eut toute une histoire.

Picasso était en Espagne, à Barcelone, et un de ses amis d'enfance, qui était le directeur d'un journal, publié du reste en catalan et non en espagnol, l'interviewa. Picasso, sachant que la conversation serait imprimée en catalan et probablement jamais en espagnol, s'en donna à cœur joie. Il raconta que Jean Cocteau était en train de devenir tellement populaire à Paris, que l'on trouvait ses poèmes sur la table de tous les coiffeurs élégants.

Comme je le dis, il s'en donna à cœur joie dans cette interview ; puis il rentra à Paris.

Un Catalan de Barcelone envoya le journal à un Catalan qui vivait à Paris et le Catalan de Paris le traduisit et le montra à un ami français qui le publia dans un journal français.

Picasso et sa femme nous racontèrent ensemble l'histoire de ce qui se produisit alors. Dès que Jean Cocteau vit l'article, il tâcha de rencontrer Pablo Picasso. Pablo refusa de le voir et dit à la bonne de répondre qu'il était toujours sorti ; et durant des jours et des jours ils ne répondirent pas au téléphone. Cocteau enfin se décida à donner à son tour une interview à la presse française dans laquelle il déclara que l'interview offensante ne provenait pas de Picasso, son ami, mais de Picabia. Picabia, naturellement, le nia. Cocteau implora Picasso de démentir Picabia. Picasso resta discrètement chez lui.

Le premier soir où les Picasso sortirent, ils allèrent au théâtre, et tout de suite ils aperçurent à quelques rangs devant eux la mère de Jean Cocteau. Au premier entracte ils allèrent causer avec elle, et là, au milieu de tous leurs amis, madame Cocteau, se tournant vers eux, leur dit : « Mon cher, vous ne pouvez pas imaginer quel soulagement ça a été pour moi et pour Jean de savoir que ce n'était pas vous qui aviez donné cette méchante interview ; je vous en prie, redites-le-moi. »

Et, comme le dit la femme de Picasso : « Moi, qui suis aussi une mère, je ne pouvais pas laisser souffrir une mère et je répondis : " Naturellement, ce n'est pas Picasso qui a donné cette interview. " » Et Picasso répéta : « Oui, oui, bien entendu, c'est pas moi. » Ainsi les Cocteau arrachèrent une rétraction publique à Picasso.

C'est cet été-là que Gertrude Stein, charmée par le remous des petites vagues sur le rivage d'Antibes, écrivit *Le Portrait complété de Picasso, Le second Portrait de Carl Van Vechten,* et *Le livre qui se termine par comme une femme a une vache, Histoire d'amour,* qui fut ensuite illustré magnifiquement par Juan Gris.

Robert Mac Almon avait décidé définitivement de publier *The Making of Americans*, et nous devions corriger les épreuves cet été-là. L'été d'avant nous avions projeté de retrouver les Picasso à Antibes comme d'ordinaire. J'avais lu le *Guide des Gourmets*, et j'y avais trouvé, entre autres lieux fameux pour leur cuisine, l'Hôtel Pernollet à Belley. Nous arrivâmes à Belley vers le milieu d'août. Sur la carte la ville paraissait perdue dans la montagne, et Gertrude Stein n'aime pas les précipices, aussi étais-je nerveuse et Gertrude Stein protestait-elle quand, en nous rendant à Belley, il fallut traverser des gorges, mais enfin nous nous trouvâmes en une campagne ouverte et délicieuse et nous arrivâmes à Belley. L'hôtel était agréable, bien qu'il n'eût pas de jardin, et nous avions décidé qu'il aurait un jardin. Nous y restâmes plusieurs jours.

Puis madame Pernollet, une femme fort plaisante, au visage rond, nous dit que nous devrions prendre pension à la journée ou à la semaine puisque nous faisions un séjour. Nous répondîmes que nous allions le faire. Entre-temps les Picasso s'enquéraient pour savoir ce qui nous était arrivé. Nous répondîmes que nous étions à Belley. Nous découvrîmes que Belley était la patrie de Brillat-Savarin. Maintenant nous vivons à Bilignin et nous habitons une maison où se trouvent les meubles de la maison de Brillat-Savarin, car ils appartiennent au propriétaire de notre maison.

Nous découvrîmes aussi que Lamartine avait été à l'école de Belley, et Gertrude Stein prétend que partout où Lamartine a séjourné on mange bien. Madame Récamier vient aussi de cette région, et l'endroit est rempli des descendants de la famille de son mari. Nous fîmes toutes ces découvertes graduellement l'une après l'autre, car nous étions bien installées et nous prolongeâmes notre séjour, que nous ne terminâmes que tard en saison. L'été suivant, comme nous devions corriger les épreuves de *The Making of Americans*, nous quittâmes Paris de bonne heure et retournâmes à Belley. Quel été ce fut !

The Making of Americans (Américains d'Amérique) est un livre de mille pages, imprimés en petits caractères sur de grands feuillets. Darantière m'a dit qu'il contenait 575 000 mots. Gertrude Stein le rédigea de 1906 à 1908, et, sauf les parties publiées dans la *Transatlantic Review*, tout le roman était encore manuscrit,

Les phrases prennent de l'ampleur à mesure que le livre avance, et elles arrivent à être parfois longues de plusieurs pages, or les compositeurs d'imprimerie étaient français, et, quand ils faisaient une erreur ou oubliaient une ligne, il fallait un effort terrible pour la faire rétablir.

Nous quittions l'hôtel de bonne heure le matin avec des chaises pliantes, un panier pour le déjeuner et les épreuves, et tout le jour nous nous battions avec les erreurs des compositeurs français. Il fallut corriger presque toutes les épreuves quatre fois, et enfin j'y brisai mes lunettes, je m'abîmai les yeux, et Gertrude Stein dut finir seule le travail.

Nous changions chaque jour d'endroit, et nous découvrions des coins solitaires et charmants, mais nous emmenions toujours avec nous ces pages interminables emplies des sottises de l'imprimeur. Une de nos collines favorites avait vue sur le mont Blanc, et nous l'avions appelée « Madame Mont-Blanc ».

Nous allions souvent aussi nous installer en un autre coin, près d'un petit étang formé par un ruisseau, près d'un chemin de campagne. Cet endroit est tout à fait moyen âge et la vie s'y déroule comme au Moyen Age ; un jour, je me le rappelle, nous vîmes venir à nous un paysan qui conduisait ses bœufs. Très poliment il nous demanda : « Mesdames, est-ce que vous trouvez que j'ai quelque chose de particulier ? — Oh, mais oui, répondîmes-nous, votre visage est couvert de sang. — Ah, reprit-il, voyez-vous, mes bœufs étaient en train de glisser le long de la colline, et je les ai retenus et moi aussi je me suis mis à glisser. Je me demandais si je m'étais fait du mal. » Nous l'aidâmes à se laver le visage et il s'en alla.

Ce fut durant cet été que Gertrude Stein commença deux longs ouvrages : *Un Roman* et *Les Phénomènes de la Nature*, qui devaient l'amener à faire plus tard toute une série de méditations sur la grammaire et les phrases.

Cela l'amena d'abord à écrire *Un premier contact avec l'art de la Description*, que plus tard imprima la « Seizin Press ». Elle se mit à cette époque à décrire un paysage comme si tout ce qu'elle y voyait était un phénomène naturel, une chose existant en soi, et elle trouva cet exercice tout à fait intéressant ; c'est lui qui l'amena à écrire sa série récente de *Operas and Plays*. « Je cherche à être aussi banale que possible », me disait-elle alors. Puis, un peu inquiète, elle ajoutait quelquefois : « Tout de même ce n'est pas tellement banal. » La dernière œuvre qu'elle vient de terminer, *Stances de Méditation*, et que je suis en train de taper à la machine, est, selon elle, son triomphe dans la banalité.

Mais revenons en arrière. Nous rentrâmes à Paris, après avoir presque entièrement corrigé les épreuves et nous y trouvâmes Jane Heap. Elle était fort excitée, et elle avait un plan magnifique, dont je ne me souviens plus, mais qui fit le plus grand plaisir à Gertrude Stein. Cela avait affaire avec une nouvelle édition de *The Making of Americans*.

Quoi qu'il en soit, au milieu des complications que tout cela entraînait, Mac Almon se fâcha et non sans quelque raison ; *The Making of Americans* parut mais l'amitié de Mac Almon et de Gertrude Stein était morte.

Quand Gertrude Stein était une petite fille, son frère lui dit un jour qu'elle était née en février comme George Washington, et que, par conséquent, elle était comme lui impulsive et lente d'esprit. Sans aucun doute ce fut pour elle la source de bien des complications.

Un jour du même printemps nous allâmes visiter un nouveau Salon de Printemps. Jane Heap avait beaucoup parlé d'un jeune Russe dont l'œuvre l'intéressait. Nous vîmes ses tableaux et Gertrude Stein aussi les trouva intéressants. Naturellement il vint nous voir.

Dans *L'Art d'écrire* Gertrude Stein écrit cette phrase : « La peinture, après sa période glorieuse, est redevenue maintenant un art mineur. »

Elle était très curieuse de découvrir le grand homme de cet art mineur.

Et voici toute l'histoire.

Le jeune Russe était intéressant. Pour peindre, il disait qu'il employait une couleur qui n'était point de la couleur ; il peignait des tableaux bleus, et trois têtes sur le même corps. Picasso, déjà, avait peint trois têtes en une seule. Bientôt le Russe se mit à peindre trois corps en un seul. Etait-il le seul ? Oui, d'une certaine façon, bien qu'il fût entouré d'un groupe. Ce groupe, peu après que Gertrude Stein eut fait la connaissance du Russe, eut une exposition, chez Druet, je crois. Le groupe consistait alors en un Russe, un Français, un très jeune Hollandais, et deux frères russes. Tous, sauf le Hollandais, avaient alors vingt-six ans.

C'est à cette exposition que Gertrude Stein rencontra George Antheil, qui demanda la permission de venir la voir, et qui amena avec lui Virgil Thompson. Gertrude Stein n'avait pas trouvé Antheil particulièrement intéressant bien qu'elle l'eût trouvé gentil, mais elle trouva Virgil Thompson très intéressant, bien qu'il ne lui plût guère.

Mais de tout cela je parlerai plus tard, revenons à la peinture.

L'œuvre du peintre russe, Tschelitcheff, était la plus vigoureuse de tout le groupe, et la plus intéressante, elle révélait le plus de maturité. Il avait déjà une violente animosité contre le Français, qu'il appelait Bébé Bérard, et qui, disait Tschelitcheff, copiait tout chez tout le monde.

René Crevel avait été l'ami de tous ces peintres. Un peu plus tard l'un d'entre eux devait avoir une exposition pour ses œuvres seules à la galerie Pierre. Nous y allions et, sur notre route, nous rencontrâmes René Crevel. Nous nous arrêtâmes pour causer, il rayonnait d'exaspération. Il parlait avec sa violence brillante, si caractéristique : « Ces peintres, disait-il, vendent leurs tableaux pour plusieurs milliers de francs pièce, et ils ont une insupportable prétention qui leur vient de ce qu'on peut évaluer leurs produits en argent, nous, écrivains, nous valons deux fois mieux et nous avons deux fois plus de vitalité, mais nous ne pouvons pas même gagner notre vie, et il nous faut prier, supplier les éditeurs, il nous faut intriguer auprès d'eux pour obtenir qu'ils nous publient. Mais le temps arrivera, déclarait René, qui prenait un ton de prophète, où tous ces peintres viendront nous demander à nous de les recréer, et alors nous leur tournerons le dos. »

René était alors, et est toujours demeuré depuis, un surréaliste fervent. Il lui faut et il lui a toujours fallu, puisqu'il est un Français, une justification intellectuelle aussi bien qu'essentielle pour l'exaltation qu'il porte en lui. Cela il ne pouvait le trouver, puisqu'il appartenait à la génération d'après-guerre, ni dans la religion, ni dans le patriotisme, car la guerre avait détruit pour sa génération et le patriotisme et la religion en tant que sentiments.

Le surréalisme a été sa justification. Le surréalisme a clarifié pour lui cette négation violente et confuse dans laquelle il vivait et qu'il aimait. Et lui seul de toute sa génération a réussi à l'exprimer un peu dans ses premiers livres, mais surtout dans son dernier livre, *Le Clavecin de Diderot,* qui est un livre très exact et plein de la brillante violence qui est sa principale qualité.

D'abord, dans ce groupe de peintres, Gertrude Stein ne s'intéressa qu'au Russe et non aux comparses. Mais elle s'intéressa à lui de plus en plus et enfin elle en fut ennuyée. « C'est entendu, disait-elle, les influences qui créent des mouvements nouveaux en art et en littérature existent toujours et continuent à créer de nouveaux mouvements en art et en littérature ; mais pour comprendre ces influences et pour créer, aussi bien que pour recréer, il faut un pouvoir créateur très puissant. » Or, le Russe ne le possédait pas, c'était clair. Pourtant il y avait là une idée créatrice toute nouvelle. D'où venait-elle ? Gertrude Stein dit toujours aux jeunes peintres, quand ils se plaignent qu'elle change à leur égard : « Ce n'est pas moi qui change d'attitude à l'égard de vos tableaux, mais les tableaux s'enfoncent dans le mur : je ne les vois plus, et alors, bien entendu, je sors de la chambre. »

Entre-temps, comme je l'ai dit, George Antheil avait amené rue de Fleurus Virgil Thompson, et Virgil Thompson et Gertrude Stein étaient devenus amis et se voyaient souvent. Virgil Thompson avait mis en musique différentes œuvres de Gertrude Stein, *Susie Asado, Preciosilla* et *Capital Capitals.* Gertrude Stein trouvait la musique de Virgil Thompson très intéressante. Il avait compris Satie, évidemment, et il avait une compréhension très originale de la prosodie. Il comprenait assez bien l'œuvre de Gertrude Stein ; la nuit il rêvait qu'il y avait là encore des choses qu'il ne comprenait pas ; mais en somme il était déjà fort satisfait de ce qu'il comprenait. Elle s'amusait beaucoup d'entendre ses mots rehaussés par la musique. Elle et Virgil Thompson se voyaient très souvent.

Virgil avait dans sa chambre beaucoup de tableaux de Christian Bérard, et Gertrude Stein les regardait souvent. Elle ne pouvait point arriver à définir son impression.

Elle et Virgil Thompson discutaient interminablement de ces tableaux. Virgil disait qu'il ne s'y connaissait point du tout en peinture, mais qu'il trouvait ces toiles merveilleuses.

Gertrude Stein lui décrivait son embarras, ses doutes au sujet de ce nouveau mouvement, et sa conviction que le Russe n'était pas le véritable animateur du mouvement.

Virgil disait que sur ce point il était en complet accord avec elle, et que pour lui le vrai maître était Bébé Bérard, de son nom de baptême Christian. Elle répondait que peut-être c'était bien ça, mais elle en doutait fort. Elle disait des tableaux de Bérard : « C'est presque ça, mais pas tout à fait. » Comme elle l'expliquait à Virgil Thompson, l'Eglise catholique établit une distinction très nette entre une hystérique et une sainte. Cela est aussi vrai en art. Il y a là aussi un certain type d'hystériques qui ont la sensibilité des créateurs apparemment, mais en fait le vrai créateur possède une force individuelle qui est une chose tout autre. Gertrude Stein était portée à croire que dans le domaine de l'art Bérard était plutôt un hystérique qu'un saint. A cette époque elle s'était remise à rédiger des portraits avec une activité renouvelée et pour clarifier son esprit, comme elle le disait, elle fit des portraits du peintre russe et du peintre français. Entre-temps Virgil Thompson avait fait la connaissance d'un jeune Français nommé Georges Hugnet. Lui et Gertrude Stein conçurent une grande affection l'un pour l'autre. Il aimait le son de ses œuvres, il en aimait le sens et il en aimait les phrases.

Chez lui il avait beaucoup de portraits de lui-même peints par ses amis. Parmi ces toiles s'en trouvait une peinte par l'un des deux frères russes, et une autre par un jeune Anglais. Gertrude Stein ne trouva rien de spécial à ces portraits. Il y avait pourtant là un tableau d'une main par le jeune Anglais, qui, sans lui plaire, se fixa dans son esprit.

A ce moment-là chacun commença à s'occuper sérieusement de ses propres affaires. Virgil Thompson avait demandé à Gertrude Stein d'écrire pour lui un opéra. Parmi tous les saints il y en avait deux qu'elle avait toujours préférés, sainte Thérèse d'Avila et saint Ignace de Loyola, et elle dit qu'elle allait écrire un opéra sur ces deux saints. Elle s'y mit et elle y travailla ferme durant le printemps, enfin elle le finit à la fin du printemps et le donna à Virgil Thompson pour qu'il le mît en musique. Il le fit. Et c'est un opéra tout à fait intéressant, aussi bien par les mots que par la musique.

Durant tous ces étés nous avions continué à aller à Belley.

Nous étions si éprises de cette contrée, qui est toujours la vallée du Rhône, et des gens de cette contrée et des arbres de cette contrée, et des bœufs de cette contrée que nous nous mîmes à y chercher une installation. Un jour nous aperçûmes la maison de nos rêves de l'autre côté de la vallée. « Allez demander au fermier qui habite là à qui appartient cette maison », me dit Gertrude Stein. Je répondis : « Quelle folie ! c'est une grande maison, et elle est habitée. — Allez toujours demander », répéta-t-elle. Je le fis, à contrecœur. Le fermier répondit : « Ah oui, peut-être bien que c'est à louer, ça appartient à un lieutenant du régiment qui est cantonné à Belley, et qui y vit, mais on m'a dit qu'il s'en allait. Vous pourriez aller voir le régisseur de la propriété. » Nous y allâmes. C'était un brave vieux fermier, qui nous répétait toujours : « Allez doucement. » Nous suivîmes son conseil. Nous obtînmes promesse de location pour la maison que nous n'avions jamais vue de plus près que de l'autre côté de la vallée, dès que le lieutenant s'en irait. Enfin, il y a trois ans le lieutenant est parti pour le Maroc, et nous avons occupé la maison que nous n'avions jamais vue de plus près que de l'autre côté de la vallée, et que nous avons aimée de plus en plus.

A l'époque où nous demeurions encore à l'hôtel, Natalie Barney vint un jour et déjeuna avec nous ; elle avait amené quelques amis parmi lesquels se trouvait la duchesse de Clermont-Tonnerre. Gertrude Stein et elle furent réciproquement charmées l'une par l'autre, et cette rencontre eut les suites les plus nombreuses et les plus agréables, j'en parlerai plus tard.

Revenons aux peintres. Tout de suite après avoir terminé l'opéra et avant de quitter Paris, nous allâmes à une exposition de peinture à la Galerie Bonjean. Nous y rencontrâmes un des deux frères russes, Génia Berman, et Gertrude Stein conçut un certain intérêt pour sa peinture. Il nous emmena voir son atelier et nous regardâmes tout ce qu'il avait peint depuis le début. Il paraissait avoir une intelligence plus pure que les deux autres peintres, qui assurément n'avaient pas créé ce mouvement moderne. Peut-être était-il l'animateur original. Elle le lui demanda, en lui racontant toute l'histoire comme elle aimait faire alors avec quiconque voulait bien l'écouter. Il répondit avec une sorte de sourire intérieur très intelligent qu'il croyait bien être l'inventeur original. Elle n'était point du tout sûre qu'il n'eût pas raison. Il vint nous voir à Bilignin et elle en arriva à conclure enfin que, tout bon peintre qu'il fût, il était un trop mauvais peintre pour créer une idée. Ainsi elle se trouvait de nouveau en quête.

Une fois, juste avant de quitter Paris, elle vit à la même galerie de tableaux une toile représentant un poète assis près d'une cascade. « De qui est-ce ? » demanda-t-elle. « D'un jeune Anglais, Francis Rose, répondit-on. — Non, son œuvre ne m'intéresse pas. Combien est-ce ? » demanda-t-elle. Ça n'était pas cher. Gertrude Stein prétend qu'un tableau vaut trois cent mille francs ou trois cents francs. Elle paya celui-là trois cents francs et nous partîmes pour l'été.

Georges Hugnet avait décidé de devenir éditeur et il s'était mis à éditer les « Editions de la Montagne ». En fait c'était Georges Maratier, l'ami de tout le monde, qui avait fondé cette maison, mais il avait décidé de partir pour les Etats-Unis et de devenir un Américain ; ainsi Georges Hugnet hérita de la maison d'édition. Le premier livre qui y fut publié fut un volume formé de soixante pages de *The Making of Americans*. Gertrude Stein et Georges Hugnet le traduisirent ensemble et elle en fut très heureuse. Cette publication fut suivie par un autre volume : *Dix portraits,* écrits par Gertrude Stein, et illustrés par des portraits des artistes eux-mêmes et par des portraits des portraiturés par les artistes. Virgil Thompson par Bérard, Bérard par Bérard, Tschelitcheff par Tschelitcheff, Picasso par lui-même, Guillaume Apollinaire et Erik Satie par Picasso, Kristians Tonny, le jeune peintre hollandais, par lui-même, et Bernard Faÿ par Tonny. Ces volumes eurent beaucoup de succès et cela fit plaisir à tout le monde.

Puis une fois de plus on s'en alla pour l'été.

Durant l'hiver Gertrude Stein avait conduit au bain chez un vétérinaire son caniche Basket, et en attendant que Basket sèche, elle allait aussi à la galerie de peinture où elle avait acheté les toiles romantiques du peintre anglais. Toutes les fois elle revenait à la maison chargée de nouvelles toiles de l'Anglais. Elle n'en parlait pas beaucoup, mais les tableaux s'accumulaient. Diverses personnes se mirent à lui parler du jeune peintre et lui offrirent de le lui présenter. Elle refusa. Elle dit : « Non, elle en avait assez de connaître les jeunes peintres, elle voulait maintenant se contenter de connaître la jeune peinture. »

Entre-temps, Georges Hugnet venait d'écrire un poème intitulé *Enfance*, Gertrude Stein lui offrit de le lui traduire, mais, au lieu de le traduire simplement, elle écrivit un nouveau poème sur ce poème. D'abord cela fit très grand plaisir à Georges Hugnet, mais ensuite ça ne lui en fit plus aucun. Gertrude Stein alors décida d'intituler le poème : *Avant que les Fleurs de l'Amitié fussent fanées, l'Amitié était finie*. Tout le monde intervint dans ces difficultés, et le groupe en mourut. Gertrude Stein d'abord en fut très affectée, puis elle s'en consola en racontant toute l'histoire dans un récit délicieux qu'elle appela *De droite à gauche*, et qu'elle publia dans l'édition anglaise d'*Harper's Bazaar*.

Ce fut peu après cela que Gertrude Stein, un jour, convoqua son concierge et le pria de suspendre au mur toutes les toiles de Francis Rose. Il y en avait une trentaine. Gertrude Stein était très agitée de la décision qu'elle prenait et de l'opération qui se déroulait dans l'atelier. Je lui demandai pourquoi elle le faisait si ça l'agitait tant ? Elle me répondit que c'était plus fort qu'elle, qu'elle s'y sentait irrésistiblement poussée, mais en même temps elle trouvait très émouvant de changer ainsi complètement l'aspect de la pièce en ajoutant trente tableaux. Mais ce fut fait et, durant quelque temps, on n'en parla plus.

Revenons pourtant aux jours qui suivirent la publication de *The Making of Americans*. A cette époque, parut dans l'*Atheneum* une étude sur le livre de Gertrude Stein, *Geography and Plays* ; l'article était signé « Edith Sitwell ». Il était long et d'un ton un peu condescendant, mais il me plut. Gertrude Stein ne l'avait pas aimé. Un an plus tard l'édition anglaise de *Vogue* donnait un autre article d'Edith Sitwell, où elle déclarait que depuis son article de l'*Atheneum* elle avait passé une année entière à ne rien lire d'autre que *Geography and Plays*, et qu'elle tenait à dire à quel point le livre lui avait paru et beau et important.

Un après-midi, chez Elmer Harden, nous rencontrâmes Miss Todd, la directrice de l'édition anglaise de *Vogue* ; elle nous dit qu'Edith Sitwell était à Paris et désirait beaucoup faire la connaissance de Gertrude Stein. Elmer Harden se proposa comme escorte. Il ajouta qu'Edith Sitwell était très timide et hésitait à venir seule chez nous.

Je me rappelle si bien ma première impression d'elle, impression du reste qui n'a jamais changé. Très grande, un peu courbée, reculant, puis avançant d'un mouvement hésitant, elle est fort belle, et elle possède le nez le plus distingué que j'aie jamais vu sur une tête humaine. A cette époque-là et plus tard, au cours de ses conversations avec Gertrude Stein, elle me charmait par la délicatesse et la pénétration de sa compréhension poétique. Elle et Gertrude Stein devinrent immédiatement amies. Cette amitié, comme toutes les amitiés, eut ses hauts et ses bas, mais je suis convaincue qu'au fond Gertrude Stein et Edith Sitwell sont de vraies amies et jouissent beaucoup de leur amitié.

Nous vîmes souvent Edith Sitwell à cette époque, puis elle repartit pour Londres. Durant l'automne de cette année 1925, Gertrude Stein reçut une lettre du président de la Société littéraire de Cambridge qui la priait de parler devant la Société au début du printemps. Gertrude Stein fut bouleversée par l'idée seule d'une telle aventure, et tout de suite elle répondit « non ». Mais, aussitôt, arriva une lettre d'Edith Sitwell disant qu'il fallait revenir sur ce refus. Il était important que Gertrude Stein fît cette conférence, et aussi, au surplus, Oxford n'attendait que son « oui » à la proposition de Cambridge pour l'inviter.

Il n'y avait donc évidemment rien autre à faire qu'à dire « oui », et Gertrude Stein se décida donc à dire « oui ».

Mais cette perspective l'agitait beaucoup, elle prétendait que les terreurs de la paix étaient bien pires que celles de la guerre. Même des précipices, affirmait-elle, n'étaient rien auprès de cela. Elle était complètement découragée. Par bonheur, au début de janvier, la Ford commença à ne plus marcher du tout. Les garages convenables ne voulaient point se donner de peine pour de vieilles Ford et Gertrude Stein emmena la sienne dans une cahute à Montrouge, où des ouvriers travaillaient à la voiture, tandis qu'elle restait auprès d'eux. Si elle l'avait jamais laissée un instant, il est plus que probable qu'elle n'aurait plus rien trouvé à emporter ensuite.

Par un après-midi sombre et froid elle alla ainsi siéger auprès de sa Ford en réparation, et elle prit place sur le marchepied d'une autre vieille Ford, afin de bien pouvoir considérer le démontage et le remontage de la sienne, c'est alors qu'elle commença à écrire. Elle resta là plusieurs heures à écrire, et, quand elle revint toute transie, avec la Ford réparée, elle avait entièrement terminé la rédaction de *Composition As Explanation*.

Ceci fait, on rencontrait la seconde difficulté : comment fallait-il lire cette conférence ? Tout le monde lui donna des avis. Elle la lut à tous ceux qui vinrent alors rue de Fleurus, et certains la lui lurent. Prichard se trouvait alors à Paris et lui et Emily Chadbourne fournirent ensemble et des conseils et un auditoire. Prichard lui montra comment lire à la manière anglaise, mais Emily Chadbourne était partisan enthousiaste de la manière américaine et Gertrude Stein était trop préoccupée pour adopter aucune manière. Nous allâmes un après-midi chez Natalie Barney. Il y avait là un professeur d'histoire français, très âgé et très charmant, M. Seignobos. Natalie Barney le pria de dire à Gertrude Stein comment il fallait s'y prendre pour faire une conférence. « Parlez aussi vite que vous pouvez, et ne levez jamais le nez », fut la recette qu'il indiqua. Prichard avait dit qu'il fallait parler aussi lentement que possible et ne jamais baisser le nez. Quoi qu'il en fût je commandai une toilette nouvelle et un chapeau neuf pour Gertrude Stein, et, dès le début du printemps, nous partîmes pour Londres.

C'était le printemps de 1926 et l'Angleterre était encore très stricte pour les passeports. Les nôtres étaient tout à fait en règle, mais Gertrude Stein déteste répondre aux questions des officiels, cela l'importune et l'idée de faire cette conférence était loin de la rendre heureuse.

Je pris donc les deux passeports et je descendis pour voir les fonctionnaires anglais. « Ah, dit l'un d'entre eux, mais où est Miss Gertrude Stein ? — Elle est sur le pont, répondis-je, et elle n'a pas envie de descendre. — Elle n'a pas envie de descendre, répéta-t-il. Oui, ça va, elle ne se soucie pas de descendre. » Et il signa le document. Ainsi nous arrivâmes à Londres. Edith Sitwell donna une grande réception pour nous et son frère Osbert en fit autant. Osbert Sitwell fut un grand réconfort pour Gertrude Stein, il comprenait si bien toutes les manières différentes qu'il peut y avoir d'être nerveux et il passa des heures assis auprès d'elle dans le hall de l'hôtel à lui expliquer toutes les façons diverses qu'ils pouvaient avoir elle et lui d'avoir le trac. Ça la calma tout à fait. Elle prit un goût très vif pour Osbert. Elle dit toujours qu'il ressemble à un oncle de roi. Il a ce calme agréable où il entre de l'agitation, de la gentillesse et de l'enfantillage qui appartient en propre aux oncles du roi en Angleterre.

Enfin nous arrivâmes à Cambridge l'après-midi ; on nous offrit le thé, on nous fit dîner avec le président de la Société et quelques-uns de ses amis. C'était très agréable, et, après le dîner, nous entrâmes dans la salle de conférences. Elle était pleine d'un auditoire bigarré, hommes et femmes. Gertrude Stein fut vite à son aise, la conférence se passa très bien, les hommes ensuite posèrent un grand nombre de questions, et furent très enthousiastes. Les femmes ne dirent rien. Gertrude Stein se demandait si c'était un principe, ou simplement un fait. Le lendemain nous allâmes à Oxford. Nous y déjeunâmes avec le jeune Acton et nous nous rendîmes à la conférence. Gertrude Stein se sentait bien plus à son aise comme conférencière et cette fois elle s'amusa beaucoup. Comme elle le dit ensuite : « Ce soir-là, je me sentis une chanteuse étoile. »

La salle était pleine et dans le fond il y avait beaucoup de gens debout ; la discussion qui suivit la conférence dura plus d'une heure, sans que personne s'en allât. Ce fut passionnant. Ils posèrent toutes sortes de questions ; le plus souvent ils voulaient savoir pourquoi Gertrude Stein croyait avoir raison d'écrire comme elle écrivait. Elle répondit qu'il ne s'agissait pas de savoir ce que qui que ce fût croyait ou pensait, puisqu'en somme depuis vingt ans elle écrivait comme ça et qu'au bout de vingt ans ils étaient venus pour écouter sa conférence. Ceci ne voulait point dire, bien entendu, qu'ils venaient avec l'intention de penser que sa façon d'écrire était justifiable, ça ne prouvait rien, mais par ailleurs, peut-être cela indiquait-il quelque chose. Cela fit rire. Puis soudain un homme se dressa, il se trouvait que c'était un doyen, et il dit que dans *Saint en sept* il avait beaucoup admiré la phrase sur l'anneau autour de la lune, l'anneau qui suit la lune. Il reconnaissait que la phrase était une des phrases les mieux balancées qu'il eût jamais entendues ; mais était-il vrai que l'anneau suivît la lune ? Gertrude Stein répondit : « Quand vous regardez la lune, et qu'il y a un anneau autour de la lune, si la lune se déplace, l'anneau ne suit-il pas la lune ? — Peut-être semble-t-il en effet suivre la lune, répliqua l'homme. — Eh bien, en ce cas, comment savez-vous, vous, reprit-elle, qu'il ne suit pas la lune ? » Un autre homme, un « don », se leva aussitôt et posa une autre question. Ce manège recommença plusieurs fois, ces deux hommes se dressant à tour de rôle pour poser des questions. Enfin, le premier des deux se dressa une fois de plus et dit : « Vous dites que tout est la même chose, et que pourtant tout est toujours différent. Comment cela peut-il se faire ? — Voyons, répondit-elle, prenez vous deux, vous vous levez pour parler à tour de rôle, et vous faites bien la même chose, pourtant vous admettrez pour sûr que vous êtes toujours différents. — Touché », dit-il, et ce fut la fin de la soirée. Un des hommes était si ému qu'il me confia en sortant que cette conférence avait été pour lui la plus grande émotion intellectuelle qu'il ait eue depuis le jour où il avait lu la *Critique de la Raison pure* de Kant.

Edith, Osbert et Sacheverel Sitwell étaient tous présents et tous furent ravis. Ils étaient ravis de la conférence et ravis de la façon gentille dont Gertrude Stein s'était débarrassée des interrupteurs. Edith Sitwell disait que durant tout le trajet de retour Sacheverel en riait tout seul.

Le lendemain nous rentrâmes à Paris. Les Sitwell voulaient que nous restions plus longtemps, que nous donnions des interviews et que nous continuions, mais Gertrude Stein jugeait qu'elle avait eu assez de gloire et d'aventures. « Non pas, comme elle se plaît à l'expliquer, qu'elle puisse avoir jamais assez de gloire. Après tout, soutient-elle toujours, aucun artiste n'a besoin d'être critiqué, il lui faut seulement qu'on le comprenne. S'il a besoin d'être critiqué, il n'est pas un artiste. »

Quelques mois plus tard, Leonard Wood publia *Composition As Explanation* dans la série des « Essais Hogarth ». Ce fut aussi publié dans le *Dial*.

Mildred Aldrich fut enchantée du succès anglais de Gertrude Stein. Elle était une vraie femme de la Nouvelle-Angleterre et pour elle les hommages d'Oxford et de Cambridge avaient encore plus de prix que ceux de l'*Atlantic Monthly*. Nous allâmes la voir dès notre retour et il fallut lui lire la conférence et lui narrer chacun des détails de l'aventure.

Les affaires de Mildred Aldrich n'allaient pas. On avait cessé soudain de lui servir sa rente, et durant longtemps nous ne le sûmes pas. Un jour Dawson Johnson, le bibliothécaire de la Bibliothèque Américaine, dit à Gertrude Stein que Miss Aldrich lui avait écrit de venir chez elle et de prendre tous ses livres car elle allait bientôt quitter sa maison. Nous nous y rendîmes immédiatement, et Mildred nous dit que sa rente ne lui était plus servie. Il paraît qu'elle lui était versée par une femme qui venait de tomber en enfance, et un beau jour cette femme avait dit à son homme d'affaires de supprimer toutes les pensions qu'elle avait servies depuis de longues années à toute une série de gens. Gertrude Stein dit à Mildred de ne pas se faire du souci. La Fondation Carnegie, touchée par Kate Buss, envoya cinq cents dollars. William Cook remit à Gertrude Stein un chèque en blanc pour boucher tous les trous et une autre amie de Mildred, une dame de Providence, Rhode Island, envoya une contribution généreuse ; enfin l'*Atlantic Monthly* organisa une souscription. Bientôt Mildred Aldrich fut hors de danger. Elle dit un jour à Gertrude Stein brusquement : « Vous n'avez pas voulu me laisser aller élégamment à l'asile des vieillards, car j'y serais allée élégamment, mais vous avez fait de ma maison un asile de vieillards dont je suis la seule hospitalisée. » Gertrude Stein la consola et déclara que sa solitude pouvait être tout aussi élégante qu'un asile au complet. « Après tout, disait Gertrude Stein à Mildred Aldrich, personne ne peut dire que vous n'en avez pas eu pour votre argent », Mildred était à l'abri du besoin pour le reste de sa vie.

William Cook, après la guerre, avait été en Russie, à Tiflis, et il y avait passé trois ans au service de la Croix-Rouge qui y faisait des distributions. Un soir, lui et Gertrude Stein avaient été voir Mildred ; c'était pendant sa dernière maladie et ils rentraient en auto par la nuit brumeuse. Cook avait une petite voiture découverte munie d'un phare puissant, assez puissant pour percer le brouillard. Derrière eux roulait une autre petite auto qui les suivait de près, marchant plus vite quand Cook allait plus vite et ralentissant quand Cook ralentissait. Gertrude Stein lui dit : « Ils ont de la chance que votre phare soit si fort, les leurs ne valent rien mais ils profitent des vôtres. — Oui, dit Cook sur un ton étrange, c'est ce que je me disais, mais vous savez, après trois ans de Russie soviétique et de Tcheka, même moi, Américain, ça m'a tapé sur les nerfs, et il faut que je me raisonne pour être sûr que l'auto derrière nous n'est pas l'auto de la police secrète. »

J'ai déjà dit que René Crevel vint rue de Fleurus. De tous les jeunes gens qui vinrent chez nous, je pense que René fut mon préféré. Il avait le charme français, qui parfois est encore plus charmant que le charme américain, malgré toutes ses qualités charmantes. Marcel Duchamp et René Crevel sont peut-être les deux exemples les plus complets de ce charme français. Nous aimions beaucoup René. Il était jeune et violent, malade et révolutionnaire, gentil et tendre. Gertrude Stein et René Crevel s'aiment beaucoup réciproquement, il lui écrit des lettres délicieuses en anglais et elle le gronde beaucoup. C'est lui qui, au début de nos relations, nous parla le premier de Bernard Faÿ, alors jeune professeur à l'Université de Clermont-Ferrand ; Crevel voulait nous emmener chez lui. Un après-midi il nous y emmena. Bernard Faÿ n'était point du tout tel que Gertrude Stein l'avait pensé, et lui et elle ne trouvèrent pas grand-chose à se dire.

Cet hiver-là je me rappelle que nous donnâmes beaucoup de réceptions. Nous donnâmes un thé pour les Sitwell.

Carl Van Vechten nous envoyait une masse de nègres, et nous voyions aussi tous les nègres de notre voisine, madame Regan, qui avait amené Joséphine Baker à Paris. Carl nous envoya Paul Robeson. Paul Robeson intéressa Gertrude Stein. Il connaissait le point de vue américain et la vie américaine comme seulement un homme qui la vivait mais qui n'en était pas pouvait la connaître. Néanmoins, dès qu'une autre personne entrait dans la chambre il redevenait entièrement un nègre. Gertrude Stein n'aimait pas l'entendre chanter des cantiques nègres. « Ils ne vous appartiennent pas plus que n'importe quoi d'autre, pourquoi donc les réclamer comme vôtres ? » disait-elle. Il ne répondait pas.

Une fois, une femme du Sud, une charmante femme du Sud, était chez nous, elle lui demanda : « Où êtes-vous né ? » Il répondit : « Au New Jersey. » Et elle dit : « Pas dans le Sud, comme c'est malheureux. — Pas pour moi », reprit-il.

Gertrude Stein concluait que la grande misère des nègres ne tient pas à la persécution mais à leur néant. Elle soutient toujours que les Africains ne sont pas des primitifs, ils ont une culture très ancienne mais très étroite et ils n'en bougent pas. Par conséquent rien ne leur arrive ni ne peut leur arriver.

Carl Van Vechten lui-même vint en Europe pour la première fois depuis ces jours anciens où il portait une chemise de soirée à petits plis. Durant tout ce temps lui et Gertrude Stein avaient entretenu leur amitié et leur correspondance. Maintenant qu'il revenait en chair en en os Gertrude Stein était un peu inquiète. Quand il fut là ils se trouvèrent plus amis que jamais. Gertrude Stein lui dit qu'elle avait été inquiète. « Moi pas », dit Carl.

Parmi les autres jeunes gens qui vinrent rue de Fleurus à cette époque en si grand nombre, se trouvait Bravig Imbs. Bravig Imbs nous plut, bien que, selon le mot de Gertrude Stein, il cherchât à plaire. C'est lui qui amena chez nous Elliot Paul, et Elliot Paul amena *Transition*.

Bravig Imbs nous avait plu, mais Elliot Paul nous plut bien davantage. Il était très intéressant. C'était un homme de la Nouvelle-Angleterre, mais c'était aussi un Sarrasin, un Sarrasin comme on en voit dans les villages de France où le sang d'un ancêtre croisé continue à couler chez ses lointains descendants. Tel était Elliot Paul. Il y avait en lui quelque chose non pas de mystérieux mais d'évanescent ; graduellement nous le vîmes apparaître et de même ensuite doucement disparaître, et Eugène Jolas et Maria Jolas apparurent. Eux, une fois apparus, restèrent apparents.

Elliot Paul travaillait alors au *Chicago Tribune* de Paris, et il y écrivait une série d'articles sur l'œuvre de Gertrude Stein. C'était la première fois que son œuvre était présentée sérieusement au grand public. En même temps Elliot Paul lançait dans la littérature les jeunes journalistes et correcteurs du *Chicago Tribune*. Il lança Bravig Imbs dans son premier livre : *The Professor's Wife (La Femme du Professeur)*, en l'arrêtant soudain quand il parlait et en lui disant : « C'est là que vous commencerez. » Il en fit de même pour d'autres. Il jouait de l'accordéon comme personne ne peut en jouer qui n'est point né dans un accordéon ; pour faire plaisir à Gertrude Stein il s'exerça et réussit à jouer, accompagné au violon par Bravig Imbs, les morceaux préférés de Gertrude Stein :

The Trail of the Lonesome Pine, My Name's June, Very Very Soon.
   The Trail of the Lonesome Pine est une romance qui a séduit Gertrude Stein. Mildred Aldrich l'avait en disque et quand nous passions l'après-midi chez elle à Huiry, inévitablement, Gertrude Stein jouait *The Trail of the Lonesome Pine* sur le phonographe et ne se lassait pas de l'écouter. Elle l'aimait en romance et pendant la guerre elle avait été fascinée par l'empire qu'exerçait sur les poilus américains le roman *The Trail of the Lonesome Pine*. Que de fois à l'hôpital un soldat américain qui s'était attaché particulièrement à elle lui avait dit : « J'ai lu une fois un livre épatant, le connaissez-vous ? il s'appelle : *The Trail of the Lonesome Pine*. » Enfin, au camp de Nîmes on se procura un exemplaire du livre et il ne cessa plus d'être au chevet de tous les malades américains. Ils n'en lisaient pas beaucoup, d'après ce qu'elle voyait, quelquefois seulement un paragraphe qui leur prenait plusieurs jours à lire, mais quand ils en parlaient ils avaient la gorge serrée, et ceux qui avaient pour Gertrude Stein un attachement particulier lui offraient de lui prêter ce volume, très sale et maculé.
   Elle lit tout, naturellement elle lut ce livre et resta perplexe. Il n'y avait presque pas d'aventure dans le livre, rien d'excitant ni de romanesque, c'était bien écrit et plein de descriptions de paysages montagnards. Plus tard elle lut dans les souvenirs d'une femme du Sud que les montagnards des armées sudistes, pendant la guerre de Sécession, avaient une telle passion pour *Les Misérables* de Victor Hugo, qu'ils se passaient le livre les uns aux autres et le lisaient à tour de rôle. Cela n'est pas moins étonnant que la popularité du *Trail of the Lonesome Pine*, car là non plus il n'y a guère d'aventures et le livre est plein de descriptions. Pourtant Gertrude Stein reconnaît qu'elle aime *The Trail of the Lonesome Pine* en romance autant que les poilus l'aimaient en roman, et Elliot Paul le lui joua sur l'accordéon.
   Un jour, Elliot Paul arriva tout excité. D'ordinaire, il semblait possédé d'une excitation sourde qu'il ne manifestait ni n'exprimait, mais ce jour-là, il la manifestait et l'exprimait. Il dit qu'il voulait demander un avis à Gertrude Stein. On lui avait proposé la direction d'une revue à Paris et il se deman-

dait s'il devait se lancer dans cette aventure ? Naturellement Gertrude Stein était toute en faveur du projet. « Après tout, dit-elle, nous aimons qu'on nous imprime. On écrit pour soi-même et pour des inconnus, mais sans éditeurs audacieux, comment rencontrerait-on jamais ces inconnus ? »

Pourtant elle avait beaucoup d'amitié pour Elliot Paul et ne désirait pas lui voir courir des risques trop grands. « Aucun risque, dit Elliot Paul, l'argent pour la publication est garanti pour plusieurs années. — Alors, dit Gertrude Stein, il y a une chose certaine, personne ne pourrait être un meilleur directeur que vous. Vous n'êtes pas égoïste, et vous connaissez exactement ce que vous sentez. »

Transition vit le jour, et, bien entendu, ce fut un grand jour pour nous tous. Elliot Paul choisit avec grand soin ce qu'il voulait publier dans *Transition*. Il disait qu'il avait peur de devenir trop populaire. « Si jamais nous avons plus de deux mille abonnés je m'en vais », se plaisait-il à dire.

Pour son premier numéro, il prit *Elucidation,* une œuvre que Gertrude Stein avait rédigée à Saint-Rémy, et qui représentait son premier effort pour s'expliquer. Plus tard, il prit *Comme une femme avec sa vache ; Histoire d'amour.* Il eut toujours beaucoup d'enthousiasme pour ce récit. Il aimait aussi *Fait à un kilomètre,* une description des tableaux que Gertrude Stein avait aimés, et plus tard un court roman, l'histoire d'un abandon : *S'il pense ;* et il mit tout cela dans *Transition.* Il avait une idée très nette de la méthode qu'il voulait suivre pour ouvrir graduellement les yeux du public et lui faire comprendre les œuvres des auteurs qui l'intéressaient ; et, comme je l'ai dit, il choisit avec grand soin ce qu'il voulait insérer. Picasso l'intéressait beaucoup, et il s'intéressa beaucoup à Juan Gris ; après sa mort il publia dans *Transition* une traduction de sa *Défense de la peinture,* déjà publiée en français dans la *Transatlantic Review,* et il publia l'élégie de Gertrude Stein sur sa mort : *La Vie et la Mort de Juan Gris* et *Un Espagnol.*

Puis, doucement, Elliot Paul se mit à disparaître, et Eugène et Maria Jolas apparurent.

Transition devint plus épais. A la prière de Gertrude Stein elle republia *Tender Buttons,* publia une biographie complète de son œuvre jusqu'à cette date, et publia son opéra *Quatre*

Saints. Gertrude Stein leur fut très reconnaissante d'avoir ainsi publié une partie de ses œuvres. Puis dans les numéros suivants de *Transition* il ne parut plus rien d'elle, et *Transition* mourut.

De toutes les petites revues qui sont mortes pour la libération du vers, comme Gertrude Stein se plaît à le dire, peut-être la plus jeune et la plus spontanée était *Blues*. Son directeur, Charles Henry Ford, est lui aussi venu à Paris, et il est aussi jeune, aussi spontané que ses *Blues* ; de plus il est honnête, ce qui est bien agréable. Gertrude Stein pense que lui et Robert Coates seuls parmi la jeune génération ont une perception originale du mot.

Durant ce temps nous recevions de loin en loin des étudiants de Cambridge et d'Oxford qui passaient par Paris et venaient nous voir. L'un d'entre eux nous amena Brewer, de la maison Payson et Clarke.

L'œuvre de Gertrude Stein intéressait Brewer, et, sans rien promettre, il parla de la possibilité que sa firme pût quelque jour publier quelques-unes des œuvres de Gertrude Stein. Elle venait de finir un court roman qu'elle avait intitulé *Un Roman,* et elle travaillait à un autre roman court qu'elle avait intitulé *Lucy Church Amiably* et qu'elle décrivait comme un « roman de beauté pittoresque et champêtre, ressemblant à une estampe ». A la demande de Brewer elle rédigea un résumé de son livre en forme de réclame, et, en réponse, il lui envoya un câble enthousiaste. Pourtant il désirait commencer par une collection de pièces courtes et il suggéra qu'en ce cas il aimerait publier tous les morceaux courts qu'elle avait écrits sur l'Amérique ; et l'appeler *Useful Knowledge (Connaissance Utile).* Ainsi fut fait.

Il y a beaucoup de marchands de tableaux à Paris qui ont le goût de l'aventure en affaires, il n'y a en Amérique aucun éditeur qui ait le goût de l'aventure. A Paris certains marchands de tableaux comme Durand-Ruel ont fait deux fois faillite en lançant les Impressionnistes, Vollard fit de même pour Cézanne, Sagot pour Picasso et Kahnweiler pour tous les cubistes. Ils gagnent de l'argent comme ils peuvent, mais ils continuent imperturbablement à acheter des toiles pour lesquelles il n'y a pas de marché, et ils continuent jusqu'à ce qu'ils réussissent à créer pour elles un public. Et ces marchands aventureux sont aventureux parce que c'est leur volonté réfléchie. D'autres n'ont pas aussi bien choisi, et se sont entièrement ruinés à ce jeu. Mais en somme l'aventure est une tradition pour les plus aventureux des marchands de tableaux parisiens. J'imagine que les éditeurs ont de bonnes raisons pour ne pas agir ainsi. Le seul des éditeurs qui le fit fut John Lane. Peut-être ne mourut-il pas très riche, mais il vécut bien et mourut assez riche.

Nous avions espéré que Brewer pourrait être un éditeur de ce genre. Il imprima *Useful Knowledge*, mais, comme il n'obtint pas les résultats qu'il avait escomptés, au lieu de continuer et de créer graduellement un public pour l'œuvre de Gertrude Stein, il fit traîner les choses en longueur et finit par dire « non ». Je suppose que c'était fatal. En tout cas c'est ainsi que cela se passa et a continué à se passer.

C'est alors que je me mis à songer à éditer moi-même l'œuvre de Gertrude Stein. Je la priai d'inventer un nom pour mon édition, elle se mit à rire et me répondit : « Appelez ça " Plain Edition [1] " ». Et cela s'appela « Plain Edition ».

Tout ce que je savais de mon futur métier était que j'aurais d'abord à faire imprimer le livre, puis à le répandre, c'est-à-dire à le faire vendre.

Je parlai à tout le monde pour savoir comment on pouvait atteindre ces deux buts.

D'abord, je me dis que je devrais prendre un collaborateur, mais bien vite j'y renonçai et je décidai de faire tout moi-même.

Gertrude Stein désirait que le premier livre : *Lucy Church Amiably* eût l'air d'un livre de classe, et fût relié en bleu. Une fois mon livre préparé et commandé à l'imprimeur, restait le problème de la vente. Sur ce point je reçus beaucoup de conseils. Les uns se trouvèrent bons, les autres se révélèrent mauvais. William Bradley, l'ami et le consolateur des auteurs parisiens, me dit de m'abonner au *Publisher's Weekly* [2]. C'était là assurément un sage conseil. Cela m'aida à apprendre quelque chose de mon nouveau métier, mais la vraie difficulté était de toucher les libraires. Ralph Church, le philosophe et

---

1. L'Edition Toute Simple.
2. Revue technique et professionnelle de l'Edition aux Etats-Unis.

notre ami, me dit : « Occupez-vous des libraires, avant tout et toujours. » L'avis était excellent, mais comment entrer en rapport avec les libraires ? A ce moment un ami serviable me dit qu'il pouvait faire copier pour moi une vieille liste de libraires, qui était entre les mains d'un éditeur. Cette liste me fut remise et je commençai à envoyer mes circulaires. La circulaire d'abord me parut bien, mais je conclus vite qu'elle ne l'était pas. Pourtant je reçus des commandes d'Amérique et je fus payée sans grande difficulté, et ça m'encouragea.

La vente à Paris était à la fois plus facile et plus difficile. Il était facile de faire placer les livres à la devanture de toutes les librairies de Paris qui vendaient des livres anglais. Ce spectacle procurait à Gertrude Stein un plaisir vif et enfantin qui touchait à l'extase. Elle n'avait jamais vu aucun de ses livres à une devanture de librairie, sauf peut-être la traduction française de ses *Dix portraits*, et elle passait tout son temps à se promener dans Paris pour aller voir les exemplaires de *Lucy Church Amiably* aux devantures des librairies, puis elle rentrait à la maison et m'en parlait.

Les livres se vendaient, puis, comme je devais être absente de Paris durant six mois de l'année, je confiai la partie parisienne du travail à un agent français. D'abord, cela marcha bien, mais, au bout de quelque temps, cela n'alla plus du tout. Pourtant il faut bien apprendre son métier.

Je me décidai à imprimer ensuite *L'Art d'écrire*, et comme je n'étais point entièrement satisfaite de la présentation de *Lucy Church Amiably*, bien qu'il ressemblât effectivement à un livre de classe, je décidai que le prochain livre serait imprimé à Dijon en caractères Elzévir. Mais alors la question de la reliure se trouva difficile à résoudre.

Je me mis à l'œuvre comme précédemment pour vendre *L'Art d'écrire*, mais vite je me rendis compte que ma liste de libraires était trop vieille. On me dit aussi que je devrais écrire des lettres pour relancer les libraires. Ellen du Pois m'aida à les rédiger. On me dit aussi qu'il fallait obtenir des journaux et revues qu'ils parlent du livre. Ellen du Pois m'aida pour cela encore. Enfin on me dit qu'il fallait faire de la publicité. Mais la réclame ne pouvait manquer de me ruiner. Je devais réserver mes fonds pour les dépenses d'impression, car mes plans devenaient de plus en plus ambitieux. Il était difficile d'obtenir des journaux et revues qu'ils parlent des livres, il ne manquait pas d'allusions humoristiques aux œuvres de Gertrude Stein (comme Gertrude Stein dit toujours pour se consoler : « Ils me citent, cela prouve que mes mots et mes phrases se gravent dans leur cerveau, bien qu'ils ne le sachent pas. ») Mais il était difficle de trouver des gens sérieux pour parler du livre. Il y a un grand nombre d'écrivains qui écrivent des lettres laudatives à Gertrude Stein, mais, même quand cela leur serait possible, ils évitent de se compromettre publiquement au point de publier une critique élogieuse du livre. Gertrude Stein aime à raconter l'histoire de Browning qui à un dîner rencontra un auteur célèbre ; l'auteur célèbre vint à Browning et lui parla longuement de la façon la plus flatteuse de ses poèmes. Browning écouta, puis dit : « Allez-vous publier ce que vous venez de me dire ? » Bien entendu il ne reçut point de réponse. Dans le cas de Gertrude Stein, il s'est trouvé quelques exceptions notables, Sherwood Anderson Edith Sitwell, Bernard Faÿ et Louis Bromfield.

J'imprimai aussi une édition de cent exemplaires, très bien imprimés à Chartres, du poème de Gertrude Stein : *Before the Flowers of Friendship Faded, Friendship Faded (Avant que les Fleurs de l'Amitié aient fané, l'Amitié était fanée).* Ces cent exemplaires se vendirent très facilement.

J'étais plus satisfaite de la fabrication de *L'Art d'écrire* que du précédent ouvrage, mais il restait le problème de la reliure. Il est pratiquement impossible de trouver en France une bonne maison de reliure en gros. Les éditeurs français vendent leurs livres brochés. Et cela était pour moi un angoissant problème.

Un soir nous allâmes à une soirée chez Georges Poupet, ami charmant de nombreux écrivains. J'y rencontrai Maurice Darantière. C'est lui qui avait imprimé *The Making of Americans* et il avait toujours été fier, à très juste titre, de son travail, et d'avoir publié le livre, et de l'avoir fabriqué. Il avait quitté Dijon et établi une presse dans les environs de Paris. Il y avait une presse à main et il imprimait de très beaux livres. C'était un homme très bon et naturellement je me mis aussitôt à lui raconter mes difficultés. « Ecoutez, dit-il, j'ai la solution. » Mais je l'interrompis : « Il faut vous rappeler, lui dis-je, que je ne veux point faire un livre coûteux. Après tout, les lecteurs de Gertrude Stein sont des écrivains, des étudiants d'Université, des bibliothécaires, et des jeunes gens qui ont peu d'argent. Gertrude Stein désire avoir des lecteurs, peu lui importent les collectionneurs. Malgré elle, ses livres trop souvent sont devenus des bijoux de collection, *Tender Buttons* et le *Portrait of Mabel Dodge* font de gros prix, mais cela ne lui fait aucun plaisir, elle désire qu'on lise ses livres, non qu'on les collectionne. — Oui, oui, dit-il, je comprends. Non, ce n'est pas ce que je vous propose. Nous composerons votre livre à la monotype, ce qui est comparativement bon marché. Je veillerai à cela. Puis j'imprimerai vos livres sur du papier, bon, mais pas trop coûteux, et ils seront très beaux à voir, mais au lieu de lourdes reliures, je vous les ferai relier dans des feuilles de papier solide comme *The Making of Americans*, juste pareil, et je ferai faire de petites boîtes dans lesquelles ils entreront exactement, de jolies petites boîtes, et le tour sera joué. — Mais pourrai-je les vendre à un prix raisonnable? — Oui, vous verrez », répondit-il.

Je devenais de plus en plus ambitieuse, je désirais maintenant entreprendre une série de trois volumes en commençant par *Operas and Plays*, puis en continuant par *Matisse, Picasso and Gertrude Stein*, et *Deux histoires plus courtes*, et enfin en terminant par *Deux longs poèmes* et *Beaucoup de poèmes plus courts*.

Maurice Darantière avait tenu parole exactement. Il avait imprimé *Operas and Plays*, et c'est un livre très beau, d'un prix très raisonnable ; en ce moment, il est en train d'imprimer le deuxième livre : *Matisse, Picasso and Gertrude Stein* et *Deux Histoires plus courtes*. Maintenant j'ai une liste à jour des libraires et je recommence.

Comme je l'ai dit, après notre retour d'Angleterre et la conférence, nous reçûmes beaucoup.

C'est alors que Gertrude Stein et Bernard Faÿ se virent pour la seconde fois, et cette fois ils trouvèrent qu'ils avaient beaucoup de choses à se dire l'un à l'autre. Gertrude Stein trouvait que son intelligence avait quelque chose de stimulant et de reposant à la fois. Et graduellement se formait entre eux une amitié solide.

Je me rappelle une fois, comme j'entrais dans l'atelier, avoir entendu Bernard Faÿ qui disait qu'il avait connu dans sa vie trois esprits supérieurs, Picasso, Gertrude Stein et André Gide ;

et Gertrude Stein demanda très simplement : « Oui, mais pourquoi mettre Gide dans votre liste ? » Un an plus tard environ, comme ils reparlaient de cette conversation, il s'écria : « Après tout, vous aviez peut-être raison. »

Sherwood Anderson vint à Paris cet hiver-là et il se montra charmant. Il s'amusait énormément et nous amusait énormément. On le recevait en héros, et je dois avouer qu'il était un héros très brillant, mais très fantasque. Je me rappelle un soir où on l'avait invité au Pen Club. Natalie Barney et un Français barbu, B. Crémieux, étaient ses parrains. Il voulait que Gertrude Stein y vînt aussi. Elle répondit qu'elle l'aimait beaucoup, mais qu'elle n'aimait pas le Pen Club. Natalie Barney vint aussi la prier de s'y rendre. Elle prit Gertrude Stein au dépourvu, au moment où elle se promenait dans la rue avec son chien, mais Gertrude Stein allégua qu'elle n'était pas bien portante. Le lendemain Sherwood vint chez nous. « Comment était-ce ? demanda Gertrude Stein. — Ah, dit-il, ce n'était pas une réception pour moi, c'était une réception pour une grosse femme, qui avait l'air d'un train de marchandises déraillé. »

Nous venions d'installer des radiateurs électriques dans l'atelier ; comme le disait notre femme de chambre finnoise : « Nous étions en train de nous moderniser. » Elle ne peut pas arriver à comprendre en effet pourquoi nous ne sommes pas plus modernes. Gertrude Stein répond que si vous êtes en avance sur votre temps pour les choses de l'esprit, il est naturel que vous soyez vieux jeu et de tout repos dans votre vie quotidienne. Et Picasso ajoute : « Pensez-vous que Michel-Ange aurait apprécié le don d'un mobilier Renaissance, non il voulait des monnaies grecques. »

Nous venions d'installer nos radiateurs électriques et Sherwood Anderson venait d'arriver à Paris, nous lui donnâmes une réception pour Noël. Les radiateurs empestaient, et il faisait terriblement chaud, mais tout le monde fut content et ce fut une soirée réussie. Sherwood avait très bel air, comme toujours, avec un de ses foulards rouges les plus neufs. Sherwood Anderson s'habille très bien et son fils Jean suit sa trace. Jean et sa sœur vinrent en Europe avec leur père. Tant que Sherwood fut à Paris, Jean, son fils, ne fut qu'un jeune homme gauche et timide. Le lendemain du départ de Sherwood, Jean vint nous voir, il s'assit sur le bras d'un sofa avec un geste gracieux, il faisait plaisir à voir, et il le savait. Au-dehors rien n'était changé, mais il avait changé et il le savait.

C'est durant cette visite de Sherwood Anderson que lui et Gertrude Stein eurent toutes ces amusantes conversations sur Hemingway que j'ai racontées. Ils trouvaient beaucoup de plaisir à se fréquenter. Ils découvrirent qu'ils avaient toujours eu pour héros national préféré le général Grant, et qu'ils continuaient à le préférer. Ils n'étaient point aussi enthousiastes de Lincoln. Ils avaient toujours aimé Grant et ils l'aimaient encore. Ils ont même projeté de collaborer à une vie de Grant. Gertrude Stein aime encore à rêver à ce projet et à sa réalisation.

Nous donnâmes beaucoup de réceptions à cette époque et la duchesse de Clermont-Tonnerre vint très souvent chez nous. Elle et Gertrude Stein se plurent beaucoup l'une à l'autre. Elles étaient aussi différentes qu'il est possible, comme vie, éducation et orientation, mais elles trouvaient un plaisir infini à si bien se comprendre réciproquement. Et puis elles deux étaient les deux seules femmes qu'elles connussent à porter encore des cheveux longs. Gertrude Stein avait toujours porté un chignon au sommet de sa tête selon une vieille mode qu'elle avait toujours suivie.

Madame de Clermont-Tonnerre arriva un soir très tard à une de nos soirées, alors que presque tout le monde était déjà parti ; et elle avait les cheveux coupés. « Ça vous plaît-il ? demanda-t-elle. — Tout à fait, répondit Gertrude Stein. — Alors, dit madame de Clermont-Tonnerre, si ça vous plaît et si ça plaît à ma fille, ça va bien. Or, ça plaît à ma fille. » Cette nuit-là, Gertrude Stein me dit : « Je crois bien qu'il me faudra en venir là moi aussi. Coupez », dit-elle. Et je me mis à couper.

Je coupais encore le lendemain, pendant toute la journée je n'avais cessé de couper un petit peu plus à chaque fois et quand Sherwood Anderson entra, Gertrude Stein ne portait plus qu'une calotte de cheveux. « Ah, dit-elle avec quelque appréhension, comment cela vous plaît-il ? — Ça me plaît, dit-il, ça vous donne l'air d'un moine. »

Comme je l'ai dit, quand Picasso vit cela il fut d'abord furieux et s'écria : « Mais mon portrait ? » Mais, bien vite, il ajouta : « Après tout, tout y est. »

Nous avions désormais une maison de campagne à nous, celle que nous avions vue de l'autre côté de la vallée, et juste avant de quitter Paris nous acquîmes notre caniche blanc, Basket. Ce n'était alors qu'un tout jeune chien aux yeux bleus, au nez rose, au poil blanc, nous le trouvâmes dans une boutique de marchand de chiens, et tout de suite il bondit dans les bras de Gertrude Stein. Avec notre nouveau chien et une nouvelle Ford nous partîmes pour notre nouvelle maison et nous étions ravies des trois. Basket, bien qu'il soit maintenant un gros caniche encombrant, a gardé l'habitude de sauter sur les genoux de Gertrude Stein et de s'y installer, elle prétend qu'en écoutant le rythme des gorgées dans sa gorge, quand il boit, elle a perçu la différence entre les phrases et les paragraphes, les paragraphes ont un rythme émotif, les phrases pas.

Bernard Faÿ vint nous voir et passa quelque temps chez nous cet été-là. Gertrude Stein et lui, dans le jardin, bavardèrent de toutes choses, de la vie, de l'Amérique, d'eux-mêmes, et de l'amitié. C'est alors qu'ils cimentèrent cette amitié qui est l'une des quatre amitiés permanentes de la vie de Gertrude Stein. Récemment, Picabia nous a donné un tout petit chien du Mexique, que nous appelons Byron. Bernard Faÿ aime Byron pour l'amour de Byron. Gertrude Stein le taquine et lui dit : « Bien entendu, vous préférez Byron parce que Byron est un Américain, mais moi, tout aussi naturellement, j'aime Basket parce que Basket est un Français. »

Bilignin m'amène à une vieille amitié renouvelée. Un jour Gertrude Stein, en rentrant de sa banque, tira de sa poche une carte, et dit : « Demain nous déjeunons chez les Bromfield. » Il y a longtemps, à l'époque de Hemingway, Gertrude Stein avait rencontré Bromfield et sa femme et, depuis lors, de temps en temps on s'était vu. Ç'avait été une amitié un peu vague, nous avions aussi une amitié un peu vague avec la sœur de Bromfield, mais voilà que tout à coup nous allions déjeuner avec les Bromfield. « Pourquoi ? » demandai-je. « Parce que, répondit Gertrude Stein avec un sourire radieux, il est très ferré sur les jardins. »

Nous déjeunâmes avec les Bromfield, et c'est vrai qu'il est très ferré sur les jardins, les fleurs et tous les travaux de la terre. Gertrude Stein et lui se prirent d'abord d'amitié comme jardiniers, puis comme Américains, enfin comme écrivains.

Gertrude Stein dit de lui qu'il est aussi Américain que Janet Scudder, aussi Américain qu'un poilu américain, mais un peu moins solennel.

Un jour les Jolas nous amenèrent Furman, l'éditeur. Et lui, comme beaucoup d'autres avant lui, manifesta beaucoup d'enthousiasme, et beaucoup d'enthousiasme pour *The Making of Americans*. « Mais c'est terriblement long, ça a mille pages, dit Gertrude Stein. — Mais, répondit-il, ne pourrait-on pas le réduire à environ quatre cents pages ? — Oui, dit Gertrude Stein, peut-être. — Eh bien, faites ça, et je le publierai », dit Furman.

Gertrude Stein y pensa et le fit. Elle passa une partie de l'été à cela et Bradley et moi trouvâmes que ça allait.

Entre-temps, Gertrude Stein avait parlé à Elliot Paul de cette offre. « Ça va bien tant qu'il est en Europe, dit Elliot Paul, mais quand il rentrera en Amérique *on* ne le laissera pas faire. » Qui est « on », je n'en sais rien, mais il est certain qu' « on » ne l'a pas laissé faire. Elliot Paul avait raison. En dépit des efforts de Robert Coates et de Bradley, rien n'arriva.

Entre-temps, la réputation de Gertrude Stein parmi les écrivains français et dans le public français ne cessait de grandir. La traduction de fragments de *The Making of Americans* et des *Dix portraits* avait intéressé les Français. C'est à cette époque que Bernard Faÿ écrivit un article sur son œuvre qui parut dans *La Revue Européenne*. Cette revue publia aussi les seules pages que Gertrude Stein ait jamais écrites en français, un petit scénario de cinéma sur son chien Basket.

Les Français s'intéressèrent à ses œuvres récentes aussi bien qu'à ses œuvres anciennes. Marcel Brion écrivit dans *Echange* une étude approfondie sur son œuvre, qu'il compare à celle de Bach. Depuis lors il n'a jamais cessé de parler dans *Les Nouvelles littéraires* de chacun de ses livres quand il parut. *L'Art d'écrire* l'a beaucoup impressionné.

C'est vers cette époque aussi que Bernard Faÿ traduisit un fragment de *Melanctha* tiré de *Three Lives*, pour le volume *Dix Romanciers américains*, que publièrent les éditeurs français Denoël et Steele. On y ajouta comme préface son article de *La Revue européenne*. Il vint rue de Fleurus un après-midi nous lire sa traduction. Madame de Clermont-Tonnerre se trouvait là et cette traduction produisit sur elle une impression profonde.

Un jour, peu après, elle demanda à venir nous voir car elle désirait causer avec Gertrude Stein. Elle vint et dit : « Le moment est venu maintenant où vous devez être connue par un public plus étendu. — Moi aussi, dis-je, je préfère le grand public, et Gertrude Stein est de mon avis, mais le chemin lui a toujours été barré. — Non, dit madame de Clermont-Tonnerre, on peut ouvrir un chemin. Essayons. »

Elle dit qu'il fallait commencer par la traduction d'un gros livre important. Gertrude Stein suggéra *The Making of Americans* et raconta comment elle avait préparé une édition abrégée pour un éditeur américain. « Ça ira très bien », dit madame de Clermont-Tonnerre, et elle partit.

Enfin, et peu de temps après, M. Boutelleau, de la Maison Stock, eut une entrevue avec Gertrude Stein et décida de publier le livre. On eut quelque peine à trouver un traducteur, mais à la fin tout s'arrangea. Bernard Faÿ, aidé de la baronne Seillière, entreprit la traduction, et c'est cette traduction qui fait dire à Gertrude Stein : « En anglais, c'était un livre magnifique, mais en français, eh bien, je ne peux pas dire pourtant que ce soit un livre plus magnifique, mais c'est un livre aussi magnifique. »

L'automne dernier, le jour où nous revînmes de Bilignin à Paris, j'étais, comme toujours, très affairée, et Gertrude Stein sortit pour aller acheter des clous au bazar de la rue de Rennes. Elle y rencontra Guevara, qui est un peintre chilien, et sa femme. Ils sont nos voisins et ils dirent à Gertrude Stein : « Venez goûter demain. » Gertrude Stein répondit : « Mais nous venons juste de rentrer de la campagne, attendez un peu. — Venez, je vous en prie », dit Méraud Guevara. Et elle ajouta : « Nous aurons quelqu'un que vous serez heureuse de voir. — Qui est-ce ? dit Gertrude Stein avec une curiosité toujours aiguisée. — Sir Francis Rose, répondit-elle. — Très bien, dit Gertrude Stein, alors nous viendrons. » Elle avait cessé de refuser de rencontrer Francis Rose. Nous fîmes sa connaissance ce jour-là et, bien entendu, il revint avec nous chez nous tout de suite. Il était, comme on peut le penser, rouge d'émotion. « Mais, dit-il, qu'a dit Picasso, quand il a vu mes tableaux ? — La première fois qu'il les a vus, répondit Gertrude Stein, il a dit : " Au moins ils sont moins bêtes que les autres. " — Et depuis ? demanda-t-il. — Depuis, il va toujours dans le coin et il retourne les toiles pour les regarder, mais il ne dit rien. »

Depuis lors nous avons vu très souvent Francis Rose et cela n'a pas dégoûté Gertrude Stein de ses tableaux. Cet été il a fait un tableau de notre maison vue de l'autre côté de la vallée, comme nous la vîmes la première fois, et un autre de la cascade que Gertrude Stein a célébrée dans *Lucy Church Amiably*. Il a aussi fait son portrait. Le portrait plaît à Rose et me plaît, mais Gertrude Stein n'est pas sûre qu'il lui plaise, pourtant, comme elle dit, peut-être lui plaît-il. Nous avons eu un été très agréable grâce à Bernard Faÿ et à Francis Rose qui sont l'un et l'autre des hôtes charmants.

Paul Frederick Bowles est un jeune homme qui fit la connaissance de Gertrude Stein grâce à des lettres très gentilles qu'il lui envoyait d'Amérique. Gertrude Stein dit de lui qu'il est délicieux et raisonnable en été mais ni l'un ni l'autre en hiver. Cet été-là, Aaron Copeland vint nous voir avec Bowles et Gertrude Stein le trouva très gentil. Bowles raconta à Gertrude Stein un mot de Copeland qui l'amusa beaucoup. Copeland avait dit à Bowles, un jour d'hiver où il se montrait comme d'ordinaire aussi peu délicieux que peu raisonnable : « Si vous ne travaillez pas maintenant que vous avez vingt ans, quand vous aurez trente ans personne ne vous aimera. »

Depuis quelque temps beaucoup de gens et même des éditeurs sont venus prier Gertrude Stein d'écrire son autobiographie, et elle a toujours répondu : « Impossible. »

Elle s'est mise à me taquiner et à me dire que je devais écrire mon autobiographie. « Pensez, mais pensez donc, dit-elle, quelle masse d'argent vous gagnerez. » Elle s'est mise à inventer des titres pour mon autobiographie : *Ma Vie avec les Grands, Les Femmes des Génies avec qui j'ai conversé, Mes vint-cinq ans avec Gertrude Stein.*

Puis elle a commencé à prendre cela au sérieux et à dire : « Vraiment, sérieusement, vous devriez écrire votre autobiographie. » Enfin j'ai promis que, si j'en pouvais trouver le temps durant l'été, j'écrirais mon autobiographie.

A l'époque où Ford Maddox Ford était directeur de la *Transatlantic Review*, il dit un jour à Gertrude Stein :

« Je suis un assez bon écrivain et un assez bon directeur de revue et un assez bon homme d'affaires, mais je trouve très difficile d'être tout cela à la fois. »

Je suis une assez bonne maîtresse de maison et une assez bonne jardinière et une assez bonne brodeuse et une assez bonne secrétaire et une assez bonne éditrice et une assez bonne vétérinaire pour chiens, et il faut que je fasse tout cela en même temps, aussi ai-je trouvé difficile d'être, par-dessus le marché, un auteur assez bon.

Il y a six semaines environ, Gertrude Stein m'a dit : « On dirait que vous n'allez jamais vous décider à écrire cette autobiographie. Savez-vous ce que je vais faire ? Je vais l'écrire pour vous. Je vais l'écrire tout simplement comme Defoe écrivit l'autobiographie de Robinson Crusoé. » C'est ce qu'elle a fait et que voici.

Préface	7
I. Avant mon arrivée à Paris	9
II. Mon arrivée à Paris	12
III. Gertrude Stein à Paris (1903-1907)	36
IV. Gertrude Stein avant son arrivée à Paris	77
V. 1907-1914	94
VI. La guerre	152
VII. L'après-guerre	204

DU MÊME AUTEUR

Aux Éditions Gallimard

AUTOBIOGRAPHIE D'ALICE TOKLAS.
TROIS VIES.

*Ouvrage reproduit
par procédé photomécanique.
Impression B.C.I.
à Saint-Amand (Cher), le 15 mai 1995.
Dépôt légal : mai 1995.
Premier dépôt légal : janvier 1980.
Numéro d'imprimeur : 1/1231.*
ISBN 2-07-020134-1./Imprimé en France.

73198